誉高等学校

〈収録内容〉

便利な DL コンテンツは右の QR コードから

解答用紙

過去年度

⇒ 

※データのダウンロードは 2025 年 3 月末日まで。
※データへのアクセスには、右記のパスワードの入力が必要となります。 ⇒ 753981

〈合格最低点〉

※学校からの合格最低点の発表はありません。

本書の特長

実戦力がつく入試過去問題集

- 問題 …………… 実際の入試問題を見やすく再編集。
- 解答用紙 …… 実戦対応仕様で収録。
- 解答解説 …… 詳しくわかりやすい解説には、難易度の目安がわかる「基本・重要・やや難」の分類マークつき（下記参照）。各科末尾には合格へと導く「ワンポイントアドバイス」を配置。採点に便利な配点つき。

入試に役立つ分類マーク 

基本 確実な得点源！
受験生の90％以上が正解できるような基礎的、かつ平易な問題。
何度もくり返して学習し、ケアレスミスも防げるようにしておこう。

重要 受験生なら何としても正解したい！
入試では典型的な問題で、長年にわたり、多くの学校でよく出題される問題。
各単元の内容理解を深めるのにも役立てよう。

やや難 これが解ければ合格に近づく！
受験生にとっては、かなり手ごたえのある問題。
合格者の正解率が低い場合もあるので、あきらめずにじっくりと取り組んでみよう。

合格への対策、実力錬成のための内容が充実

- 各科目の出題傾向の分析、合否を分けた問題の確認で、入試対策を強化！
- その他、学校紹介、過去問の効果的な使い方など、学習意欲を高める要素が満載！

解答用紙ダウンロード 解答用紙はプリントアウトしてご利用いただけます。弊社ＨＰの商品詳細ページよりダウンロードしてください。トビラのＱＲコードからアクセス可。

UD FONT 見やすく読みまちがえにくいユニバーサルデザインフォントを採用しています。

誉高等学校

▶ 交通　名鉄小牧線「味岡駅」下車，巡回バス約10分（「本庄郷浦」バス停より徒歩約5分）
名鉄小牧線「味岡駅」下車，スクールバス約10分
名鉄小牧線「田県神社駅」下車，徒歩約20分

〒485-0821　愛知県小牧市大字本庄字郷浦2613番地2
☎0568-79-7700

沿革

1976年，学校法人尾関学園設立認可。1983年，尾関学園高等学校を設立。2009年，誉高等学校に校名を変更。2016年4月より，普通科進学コースと総合オフィスコースの２コース制となり，多様な分野への進出を可能にする教育体制を充実させてきた。

建学の精神

学徳は人なり（学問と徳を積む人こそ人間である）

校訓五則

勤勉力行（学問に励み，何事も力いっぱい行う）
剛毅朴直（しっかりした心と素直な態度を養う）
穏健中庸（穏やかな思想と中正な考えを持つ）
四海比隣（世界友好を目指し，国際人となる）
立志立身（確かな志を立て，立派な人となる）

教育課程

●普通科・進学コース

国公立大や地元私立短大まで幅広い進学希望に対応したコース。個別の進路指導や「誉ドリル」の活用により，個人に合った学習が可能である。また，入試に限らず学びの幅を広げるため１種目以上の資格取得を卒業要件として，手厚くサポートする。（実用英語技能検定，日本漢字能力検定，実用数学技能検定など）

●普通科・総合オフィスコース

社会で役立つ知識やスキルを身に付ける実学重視のコース。大学・短大・専門学校への進学もしっかりとサポートする。「情報処理」「簿記」「原価計算」「ビジネス基礎」など，オフィス実務で役立つ実践的な知識を身に付ける授業が充実している。実務教育の成果を確認するため１種目以上の資格取得を卒業要件として，手厚くサポートする。（全商情報処理検定，全商ビジネス文書実務検定，全商簿記実務検定，全商英語検定など）

部活動

●体育系

テニス，硬式野球（男），サッカー（男），ソフトボール（女），バスケットボール，バレーボール，チアリーディング・ダンス

●文化系

書道，美術，地域ボランティア，放送，軽音楽，ブラスバンド

年間行事

４月／入学式，進路ガイダンス

６月／勤勉力行式（１年），学校見学会（１年）

７月／企業求人受付開始

８月／企業見学（３年），インターンシップ（希望）

９月／学校推薦型入試説明会（３年），就職模擬面接（３年），学園祭

10月／いのちの授業

11月／校外学習

12月／修学旅行（２年），インターンシップ（１年）

２月／立志式（２年），校歌コンクール（１・２年），高大連携体験授業（１・２年），創立記念日

３月／修了式，インターンシップ（２年）

進　路

●主な合格実績

〈四年制大学・短期大学〉

旭川市立大，早稲田大，駒澤大，亜細亜大，東京国際大，玉川大，横浜商科大，横浜美術大，愛知大，愛知学院大，愛知淑徳大，愛知東邦大，金城学院大，至学館大，椙山女学園大，星城大，中京大，中部大，東海学園大，同朋大，名古屋外国語大，名古屋学院大，名古屋経済大，名古屋芸術大，名古屋産業大，名古屋商科大，日本福祉大，名城大，人間環境大，朝日大，岐阜医療科学大，岐阜協立大，岐阜聖徳学園大，中部学院大，佛教大，大阪学院大，大阪体育大，関西国際大，神戸学院大，広島国際大

〈専門学校〉

愛生会看護専門学校，あいち造形デザイン専門学校，あじさい看護福祉専門学校，トヨタ名古屋自動車大学校，トライデントコンピュータ専門学校，名古屋医健スポーツ専門学校，名古屋医療秘書福祉専門学校，名古屋歯科医師会附属歯科衛生士専門学校，名古屋情報メディア専門学校，尾北看護専門学校，名鉄自動車専門学校

●主な就職先

愛知県警察，自衛隊，福岡ソフトバンクホークス，読売巨人軍，東北楽天ゴールデンイーグルス，石川ミリオンスターズ，キムラユニティー㈱，三和鐵鋼㈱，佐藤食品工業㈱，昭和化学㈱，テクノエイト㈱，東罐興業㈱小牧工場，住友理工㈱，東名化学工業㈱，㈱豊田自動織機，ホンダロジコム㈱，丸徳産業㈱，㈱美鈴工業，㈱両口屋是清，リンナイ㈱，㈱アオキスーパー，㈱ ENEOS フロンティア，㈱清水屋，トナミ第一物流㈱，名古屋鉄道㈱，佐川急便㈱，㈱ヒューテックノオリン，㈱ブランシェ，㈱ミュゼプラチナム，トヨタカローラ名古屋㈱，丸菱工業㈱，日本プラスチックス・テクノロジーズ㈱，㈱ニイミセラミックス，㈱日本通運，㈱サカイ引越センター，日鉄電磁㈱，福玉ロジスティクス㈱，間口東海㈱，松永製菓㈱，㈱メイコン

◎2024年度入試状況◎

学　科	普通科		合　計
	進学コース	総合オフィスコース	
募集数	120	80	200
応募者数	479	251	730
受験者数	非公表		
合格者数			

過去問の効果的な使い方

① **はじめに**　入学試験対策に的を絞った学習をする場合に効果的に活用したいのが「過去問」です。なぜならば，志望校別の出題傾向や出題構成，出題数などを知ることによって学習計画が立てやすくなるからです。入学試験に合格するという目的を達成するためには，各教科ともに「何を」「いつまでに」やるかを決めて計画的に学習することが必要です。目標を定めて効率よく学習を進めるために過去問を大いに活用してください。また，塾に通われていたり，家庭教師のもとで学習されていたりする場合は，それぞれのカリキュラムによって，どの段階で，どのように過去問を活用するのかが異なるので，その先生方の指示にしたがって「過去問」を活用してください。

② **目的**　過去問学習の目的は，言うまでもなく，志望校に合格することです。どのような分野の問題が出題されているか，どのレベルか，出題の数は多めか，といった概要をまず把握し，それを基に学習計画を立ててください。また，近年の出題傾向を把握することによって，入学試験に対する自分なりの感触をつかむこともできます。

過去問に取り組むことで，実際の試験をイメージすることもできます。制限時間内にどの程度までできるか，今の段階でどのくらいの得点を得られるかということも確かめられます。それによって必要な学習量も見えてきますし，過去問に取り組む体験は試験当日の緊張を和らげることにも役立つでしょう。

③ **開始時期**　過去問への取り組みは，全分野の学習に目安のつく時期，つまり，9月以降に始めるのが一般的です。しかし，全体的な傾向をつかみたい場合や，学習進度が早くて，夏前におおよその学習を終えている場合には，7月，8月頃から始めてもかまいません。もちろん，受験間際に模擬テストのつもりでやってみるのもよいでしょう。ただ，どの時期に行うにせよ，取り組むときには，集中的に徹底して取り組むようにしましょう。

④ **活用法**　各年度の入試問題を全問マスターしようと思う必要はありません。できる限り多くの問題にあたって自信をつけることは必要ですが，重要なのは，志望校に合格するためには，どの問題が解けなければいけないのかを知ることです。問題を制限時間内にやってみる。解答で答え合わせをしてみる。間違えたりできなかったりしたところについては，解説をじっくり読んでみる。そうすることによって，本校の入試問題に取り組むことが今の自分にとって適当かどうかが，はっきりします。出題傾向を研究し，合否のポイントとなる重要な部分を見極めて，入学試験に必要な力を効率よく身につけてください。

数学

各都道府県の公立高校の入学試験問題は，中学数学のすべての分野から幅広く出題されます。内容的にも，基本的・典型的なものから思考力・応用力を必要とするものまでバランスよく構成されています。私立・国立高校では，中学数学のすべての分野から出題されることには変わりはありませんが，出題形式，難易度などに差があり，また，年度によっての出題分野の偏りもあります。公立高校を含め，ほとんどの学校で，前半は広い範囲からの基本的な小問群，後半はあるテーマに沿っての数問の小問を集めた大問という形での出題となっています。

まずは，単年度の問題を制限時間内にやってみてください。その後で，解答の答え合わせ，解説での研究に時間をかけて取り組んでください。前半の小問群，後半の大問の一部を合わせて50％以上の正解が得られそうなら多年度のものにも順次挑戦してみるとよいでしょう。

英語

英語の志望校対策としては，まず志望校の出題形式をしっかり把握しておくことが重要です。英語の問題は，大きく分けて，リスニング，発音・アクセント，文法，読解，英作文の5種類に分けられます。リスニング問題の有無(出題されるならば，どのような形式で出題されるか)，発音・アクセント問題の形式，文法問題の形式(語句補充，語句整序，正誤問題など)，英作文の有無(出題されるならば，和文英訳か，条件作文か，自由作文か）など，細かく具体的につかみましょう。読解問題では，物語文，エッセイ，論理的な文章，会話文などのジャンルのほかに，文章の長さも知っておきましょう。また，読解問題でも，文法を問う問題が多いか，内容を問う問題が多く出題されるか，といった傾向をおさえておくことも重要です。志望校で出題される問題の形式に慣れておけば，本番ですんなり問題に対応することができますし，読解問題で出題される文章の内容や量をつかんでおけば，読解問題対策の勉強として，どのような読解問題を多くこなせばよいかの指針になります。

最後に，英語の入試問題では，なんと言っても読解問題でどれだけ得点できるかが最大のポイントとなります。初めて見る長い文章をすらすらと読み解くのはたいへんなことですが，そのような力を身につけるには，リスニングも含めて，総合的に英語に慣れていくことが必要です。「急がば回れ」ということわざの通り，志望校対策を進める一方で，英語という言語の基本的な学習を地道に続けることも忘れないでください。

国語

国語は，出題文の種類，解答形式をまず確認しましょう。論理的な文章と文学的な文章のどちらが中心となっているか，あるいは，どちらも同じ比重で出題されているか，韻文(和歌・短歌・俳句・詩・漢詩)は出題されているか，独立問題として古文の出題はあるか，といった，文章の種類を確認し，学習の方向性を決めましょう。また，解答形式は，記号選択のみか，記述解答はどの程度あるか，記述は書き抜き程度か，要約や説明はあるか，といった点を確認し，記述力重視の傾向にある場合は，文章力に磨きをかけることを意識するとよいでしょう。さらに，知識問題はどの程度出題されているか，語句(ことわざ・慣用句など)，文法，文学史など，特に出題頻度の高い分野はないか，といったことを確認しましょう。出題頻度の高い分野については，集中的に学習することが必要です。読解問題の出題傾向については，脱語補充問題が多い，書き抜きで解答する言い換えの問題が多い，自分の言葉で説明する問題が多い，選択肢がよく練られている，といった傾向を把握したうえで，これらを意識して取り組むと解答力を高めることができます。「漢字」「語句・文法」「文学史」「現代文の読解問題」「古文」「韻文」と，出題ジャンルを分類して取り組むとよいでしょう。毎年出題されているジャンルがあるとわかった場合は，必ず正解できる力をつけられるよう意識して取り組み，得点力を高めましょう。

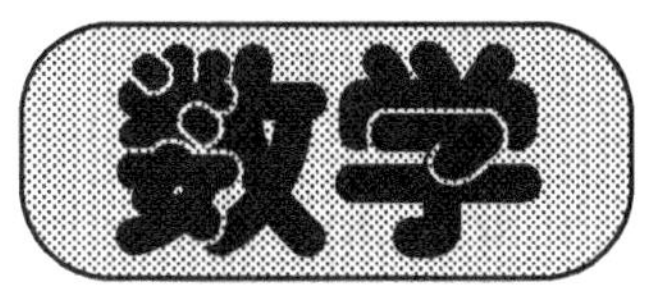

出題傾向の分析と 合格への対策

●出題傾向と内容

本年度の出題数は，大問5題，小問数にして20題で，昨年と同様であった。

本年度の出題内容は，①，②が数・式の計算，因数分解，方程式の計算，関数，統計，確率など。③が空間図形の計量，④が数の性質，平面図形の計量，⑤は関数・グラフが出題された。

出題構成は毎年変わるが，基本的な知識とそれを応用できる力を問う問題であることにかわりはない。

学習のポイント

まず基礎をしっかり固めること。その上で，過去の出題例を研究して応用力を養っておこう。

●2025年度の予想と対策

来年度もこれまでと大きく変わることなく，標準レベルの問題を中心に，20題前後出題されるだろう。出題範囲はほぼ全分野にわたっているので，まずは，教科書の中学数学全領域の基本事項をしっかりとおさえよう。苦手な分野をつくらないようにしておくこと。基礎が固まったら，過去の出題例を研究していこう。特に関数とグラフ，平面図形は，いろいろな問題にあたって解法を身につけておきたい。

▼年度別出題内容分類表 ……

出題内容			2020年	2021年	2022年	2023年	2024年
数と式		数の性質	○			○	○
		数・式の計算	○	○	○	○	○
		因数分解	○	○	○	○	○
		平方根	○		○	○	○
方程式・不等式		一次方程式		○		○	○
		二次方程式	○	○	○	○	○
		不等式			○		
		方程式・不等式の応用	○	○	○	○	
関数		一次関数	○	○	○	○	
		二乗に比例する関数	○	○	○	○	○
		比例関数					○
		関数とグラフ	○	○	○	○	○
		グラフの作成					
図形	平面図形	角度	○		○	○	○
		合同・相似	○	○	○	○	
		三平方の定理					
		円の性質	○				
	空間図形	合同・相似	○		○		
		三平方の定理				○	
		切断					
	計量	長さ	○		○		
		面積	○	○	○	○	
		体積			○	○	○
		証明		○			
		作図					
		動点					
統計		場合の数					
		確率	○		○	○	○
		統計・標本調査	○	○	○	○	○
融合問題		図形と関数・グラフ	○	○	○	○	
		図形と確率					
		関数・グラフと確率					
		その他					
その他				○			

誉高等学校

英語

出題傾向の分析と 合格への対策

●出題傾向と内容

本年度は，語彙の問題，語句補充問題，語句整序問題，会話文問題，読解問題の計5題の出題で，すべて記号選択である。

語彙の問題は英語で説明されている語を選ぶ問題，会話文問題は空所に入る語(句)を選ぶ問題であった。

読解問題は歴史・伝記文で会社の創立者の話であった。内容の理解を問う問題が中心。

✔学習のポイント

基本的な文法事項・会話表現をしっかり押さえておくことが重要。単語は発音・アクセントもおろそかにしないこと。

●2025年度の予想と対策

来年度も本年度と同様の出題となることが予想される。

語彙に関する問題が出題される可能性が高くて，すべての基礎になるので，語彙力をつけることが重要。

文法事項については，基礎レベルの問題集などを利用して，教科書で学習したことをよく復習しておこう。

読解問題については，さまざまなジャンルのものを数多くこなすのがよいだろう。

出題形式が多少変わる可能性もあるが，教科書を中心にしっかり復習することが重要である。

▼年度別出題内容分類表 ……

	出題内容	2020年	2021年	2022年	2023年	2024年
話し方・聞き方	単語の発音					
	アクセント	○	○			
	くぎり・強勢・抑揚					
	聞き取り・書き取り					
語い	単語・熟語・慣用句	○	○	○	○	○
	同意語・反意語					
	同音異義語					
読解	英文和訳(記述・選択)					
	内容吟味	○		○	○	○
	要旨把握	○	○		○	○
	語句解釈			○		○
	語句補充・選択		○	○	○	○
	段落・文整序					
	指示語	○		○		
	会話文	○	○	○	○	○
文法・作文	和文英訳					
	語句補充・選択	○	○	○	○	○
	語句整序	○	○	○	○	○
	正誤問題					
	言い換え・書き換え					
	英問英答					
	自由・条件英作文					
文法事項	間接疑問文				○	○
	進行形			○		○
	助動詞	○	○	○	○	○
	付加疑問文					
	感嘆文					○
	不定詞	○	○			○
	分詞・動名詞	○			○	○
	比較	○	○	○	○	○
	受動態	○		○	○	○
	現在完了		○	○	○	○
	前置詞	○	○	○	○	○
	接続詞	○	○	○	○	
	関係代名詞	○			○	○

誉高等学校

出題傾向の分析と 合格への対策

●出題傾向と内容

本年度は，昨年度同様，大問が3題，小問は15問であった。出題数も昨年同様で，大問は，歴史が1問，歴史と公民の総合問題が1問，各分野総合問題が1問であり，小問は全部で15題であった。解答形式は，すべてマークシート方式であった。

地理は，各分野総合問題の中で，諸地域の特色，交通などが出題された。歴史は，歴史マンガや会話文をもとに，政治・外交史，社会史などが出題された。公民は，会話文をもとに，政治のしくみ，時事問題などが出題された。

✔学習のポイント

地理：諸地域の特色を理解しよう。
歴史：歴史資料を活用した学習を深めよう。
公民：時事問題に強くなろう。

●2025年度の予想と対策

次年度も今年通り問題数は少なく，試験時間も短いと予想される。まずは，重要事項を中心に教科書の内容を正確に理解し，基礎を固めることが大切である。その上で，資料を活用して思考力・判断力を向上させよう。

地理は，地図帳や資料集などを活用しながら重要事項を理解しよう。歴史は，年表を活用し出来事の流れをおさえて，重要事項・人物など同士の因果関係にも関心をもとう。公民は，政治のしくみを中心に基本事項を正確に理解しておきたい。また，日頃からインターネットの主な報道を考察して，それと三分野の重要事項を関連させまとめるなどの学習をしておきたい。このようにして，主要な時事問題に関心を高め，社会的関心度を向上させていこう。

▼年度別出題内容分類表 ……

分野		出題内容	2020年	2021年	2022年	2023年	2024年
地理的分野	（日本）	地形図	○	○			
		地形・気候・人口	○				○
		諸地域の特色					○
		産業					
		交通・貿易					○
	（世界）	人々の生活と環境					
		地形・気候・人口	○	○	○	○	
		諸地域の特色		○		○	
		産業		○		○	
		交通・貿易					
	地理総合						
歴史的分野	（日本史）	各時代の特色					
		政治・外交史	○	○	○	○	○
		社会・経済史		○	○	○	○
		文化史		○	○		
		日本史総合					
	（世界史）	政治・社会・経済史	○			○	
		文化史					
		世界史総合					
	日本史と世界史の関連			○		○	
	歴史総合						
公民的分野	家族と社会生活						
	経済生活						
	日本経済						
	憲法（日本）			○	○	○	
	政治のしくみ		○	○	○	○	○
	国際経済						
	国際政治		○		○		
	その他			○	○	○	○
	公民総合						
各分野総合問題				○		○	○

誉高等学校

出題傾向の分析と合格への対策

●出題傾向と内容

例年，大問が4～6題，小問が15～25問である。教科書レベルの基本的な問題が多く，4分野から幅広く出題されている。また，解答はすべてマークシート方式である。ただし，4つの選択肢の中には，紛らわしいものも含まれているので，社会と合わせて40分という試験時間ですべて問題を解くためには，手際よさが必要である。

化学分野と物理分野では，複雑な計算を必要とする問題は少なく，基本的な計算問題が中心であるが，思考力を試す問題も出されているので，しっかりとした対策が必要である。地学分野と生物分野では，知識問題が中心であるが，こちらも思考力を試す問題が出されている。

✔学習のポイント

すべての分野において，教科書レベルの問題を中心に勉強しよう！！

●2025年度の予想と対策

教科書を中心とした学習をまず行うこと。ただし，学習の過程で，理解不足の分野は徹底的に補っておくこと。具体的には，教科書ワークレベルの問題集を多く解き，基本的な用語や計算問題に関する問題に十分に慣れておくと良い。

特に，物理分野では，「力と圧力」・「仕事」・「電流」に関する計算問題をしっかり練習しておく必要がある。

また，生物分野では，「人体」・「生殖と遺伝」，地学分野では，「地球と太陽系」・「天気の変化」や「地層と岩石」からの出題が多いので，しっかりとした対策が必要である。

▼年度別出題内容分類表 ……

	出題内容	2020年	2021年	2022年	2023年	2024年
第一分野	物質とその変化	○	○		○	
	気体の発生とその性質	○		○		
	光と音の性質	○	○	○	○	○
	熱と温度					
	力・圧力	○	○	○	○	○
	化学変化と質量		○	○	○	
	原子と分子		○			
	電流と電圧	○		○		○
	電力と熱		○			
	溶液とその性質	○	○		○	
	電気分解とイオン			○		
	酸とアルカリ・中和	○				
	仕事			○		
	磁界とその変化					
	運動とエネルギー		○		○	
	その他					
第二分野	植物の種類とその生活		○	○	○	
	動物の種類とその生活			○	○	
	植物の体のしくみ	○		○		○
	動物の体のしくみ					
	ヒトの体のしくみ	○	○		○	○
	生殖と遺伝	○		○		○
	生物の類縁関係と進化					
	生物どうしのつながり					
	地球と太陽系	○		○	○	○
	天気の変化		○	○	○	○
	地層と岩石	○	○			○
	大地の動き・地震		○	○		
	その他					

誉高等学校

出題傾向の分析と合格への対策

●出題傾向と内容

本年度は，詩が1題，論理的文章が1題，古文の読解問題が1題の計3題の大問構成であった。

詩は，新聞掲載文からの出題で，漢字，表現技法なども出題された。論理的文章は論説文からの出題で，文脈把握や内容吟味を通して筆者の考えを正確に捉えさせる内容である。四字熟語，文法といった知識分野も本文に組み込まれる形で出題されている。

古文は『伊曽保物語』からの出題で，現代語訳が付されている。内容読解のほかに仮名遣い，口語訳，ことわざなどが幅広く問われた。

解答は全て記号選択式となっている。

✔学習のポイント

文章の要旨をつかめるようにしておこう！
知識分野は幅広く固めておこう！

●2025年度の予想と対策

現代文の読解問題と古文の読解問題を中心に，知識問題を含めた出題が予想される。

現代文は比較的短い文章が出題される傾向にあるので，短編小説や新聞の社説やコラム，エッセイなどで内容を把握する力をつけるとともに，さまざまな言葉に触れて語彙力もつけておきたい。さらに読んだものを要約して，文脈を的確に読み取れるようにしておこう。

漢字や文法，語句の意味などの知識分野も着実に積み重ねておこう。

古文は仮名遣いや古語の意味など教科書で扱った知識をしっかり身につけておこう。

▼年度別出題内容分類表……

出題内容			2020年	2021年	2022年	2023年	2024年
内容の分類	読解	主題・表題					○
		大意・要旨	○	○	○		○
		情景・心情	○				○
		内容吟味	○	○	○	○	○
		文脈把握	○	○		○	○
		段落・文章構成			○	○	
		指示語の問題				○	○
		接続語の問題	○	○	○	○	○
		脱文・脱語補充	○	○	○	○	○
	漢字・語句	漢字の読み書き	○	○	○	○	○
		筆順・画数・部首					
		語句の意味	○	○		○	○
		同義語・対義語	○				
		熟語				○	○
		ことわざ・慣用句					○
	表現	短文作成					
		作文(自由・課題)					
		その他					
	文法	文と文節		○			
		品詞・用法			○	○	○
		仮名遣い		○	○	○	○
		敬語・その他					
	古文の口語訳				○	○	○
	表現技法			○	○	○	○
	文学史				○	○	
問題文の種類	散文	論説文・説明文	○	○	○	○	○
		記録文・報告文					
		小説・物語・伝記	○	○	○		
		随筆・紀行・日記					
	韻文	詩					○
		和歌(短歌)				○	
		俳句・川柳					
	古文			○	○	○	○
	漢文・漢詩						

誉高等学校

2024年度 合否の鍵はこの問題だ!!

数学 3, 4

3　空間図形の問題である。

(1)　辺CDとねじれの位置にあるのは辺CDと交わらず，平行でない辺である。辺CDと交わる辺は辺AC, BC, FC, AD, ED, FD, 辺CDと平行な辺は辺BEであるから，辺CDとねじれの位置にある辺は辺AB, AE, FB, FEの4本である。

(2)　正四角すいA－BCDEとF－BCDEは合同な正四角すいであるから，八面体ABCDEFの体積は正四角すいA－BCDEの体積を2倍したものである。四角すいの体積は$\frac{1}{3}$×底面積×高さで求められるので，正四角すいA－BCDE＝$\frac{1}{3}\times4\times4\times3=16(\text{cm}^3)$である。よって，八面体ABCDEF＝$2\times16=32(\text{cm}^3)$となる。

4　平方根と数の性質，角度の計量問題である。

(1)　根号の中が平方数となれば$\sqrt{280n}$が正の整数となる。280を素因数分解すると，$280=2^3\times5\times7$であるから，$280n=2^3\times5\times7\times n=2^2\times(2\times5\times7)\times n$である。よって，$\sqrt{280n}$が正の整数となるような$n$の最小値は$n=2\times5\times7=70$である。

(2)　内角と外角の関係を使って1つの図形に$\angle a$から$\angle e$の5つの角を集めるとよい。四角形AFBDにおいて，内角と外角の関係より，$\angle \text{AFB}=\angle a+\angle b+\angle d$である。また，対頂角は等しいので，$\angle \text{CFE}=\angle \text{AFB}=\angle a+\angle b+\angle d$である。したがって，△CEFの内角の和は$\angle \text{CFE}+\angle \text{FCE}+\angle \text{FEC}=\angle a+\angle b+\angle d+\angle c+\angle e=\angle a+\angle b+\angle c+\angle d+\angle e$となり，三角形の内角の和は180°であるから，$\angle a+\angle b+\angle c+\angle d+\angle e=180°$である。

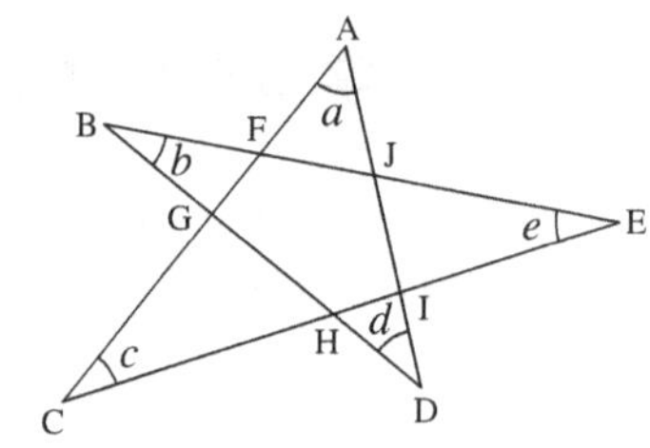

英語 4

4の会話文中の文挿入問題を取り上げる。小問5題から成り立っており，各4点×5題で，計20点の配点となっている。

文脈から当てはまる選択肢を探すことが基本だが，慣用表現が含まれていたり，選択肢の中に紛らわしいものが含まれていたりするので，注意が必要である。

標準レベルのもので良いので，なるべく多くの総合問題の演習をこなすと共に，読解力の下支えとなる単語や文法の基礎知識をしっかりと固めることが肝要である。

社会 ③ 問3，問5

③ 問3　公民の思考力・判断力を要する設問で，問題文や関係資料(会話文など)を正確に理解する読解力が必要となる。また，通常の授業では出てこない時事的要素のある重要用語もあり，時事問題などに関心がない生徒には解けない難問である。一方で，出題者は，生徒の関心を高めることを目的につくっているので，社会科の関心を高める良問ともいえる。日本水準原点は，日本における高さを決めるための基準となる点で，1891年にかつての陸地測量部内(東京三宅坂)に造られた。これは，全国の主要な道路沿いに設置されている水準点の高さの基準となる。会話文によると，この三宅坂には，戦前に陸軍省とその関連施設があったということで，戦前の日本地図作製は，陸軍陸地測量部で行われていたと推定できるのである。

③ 問5　歴史・公民の融合時事問題である。三権分立の中の司法権を持つ裁判所発祥の問題で，生徒の興味関心を抱かせる良問であるが，正確な知識と時事に関する関心がないと解けない問題でもある。最高裁判所は，日本国憲法が施行された1947年5月3日に設置された。それ以前には，明治23年に施行された明治憲法に基づき，近代的な三権分立主義を基調とした裁判所の制度ができていた。それを土台に戦後の民主化政策の中で，裁判所の制度をつくり変えていったのである。最高裁判所は，日本国内の裁判の上告や訴訟法が定めている抗告について，最終的な判断を下し法令解釈の統一を図る権限を持っている。また，法令の憲法適合性についても決定する終審裁判所となっており，「憲法の番人」とも称されている。

理科 ④

④で，物理総合に関する問題で，音の伝わり方や圧力や電流と電圧に関する計算問題が出され，⑤で，化学総合に関する問題で，銅が酸化するときに反応せずに残った銅の質量や水蒸気が水滴になって出てくる量や密度に関する計算問題が出され，⑥で，生物総合に関する問題で，子の形質の比率に関する計算問題が出され，⑦で，地学総合に関する問題で，湿度に関する計算問題が出された。このように，当校においては，すべての分野で，計算問題が出されているので，十分に慣れておくこと。

④の(1)では，本来は，花火が見える場所が低い位置であるという前提が必要であるが，AさんとBさんの位置が同一直線上にあることから，二人が聞こえた花火の音の時間の差だけからAさんとBさんの距離を求める問題であった。

(2)は，X～Zさんの3人の足が床に加える力や圧力に関する計算問題であった。

(3)は，2つの抵抗を直列につないだときに各抵抗にかかる電圧と電源の電圧を求める計算問題であった。

(4)は，「2つの力のつり合い」に関する問題であった。

国語 ㊀ 問5

★ なぜこの問題が合否を分けたのか

出題の意図を的確にとらえる注意力が試される設問である。語句の意味にも着目して解答しよう！

★ こう答えると「合格できない」！

①～⑤はすべて，破線部の直前に説明されている内容にあてはまるので，「『切ない』理由」としてすべてあてはまるように思われ，解答に迷ってしまう。「切ない」という言葉の意味に着目して考えてみよう！

★ これで「合格」！

「切ない」とは，胸がしめつけられるようにつらい，という意味。②の「大阪の大学生が廃棄物処理法違反の疑いで書類送検された」は，事実の説明であり，「切ない」理由にはあてはまらない。「教科書を川に投げ捨てた」「教科書が重たいという理由で川に捨てた」「教科書を『こんなん』と言って川へ投げ捨てる動画を拡散した」「教科書は学校生活を共にしてきたものなのに」というのは，「切ない」という感情の理由として適切なものであり，「大学生が廃棄物処理法違反の疑いで書類送検された」というのは，事実の説明にすぎないので理由として適切でない，と考えて②を選ぼう。

2024年度

★★★★★★★★★★★★★★★★★★★★★★★

入　試　問　題

2024年度

誉高等学校入試問題

【数　学】（40分）　<満点：100点>

1　次の(1)から(10)の問いに答えなさい。

(1)　$3-(-2)+(-4)$ を計算しなさい。【解答番号１】

①　-3　②　-1　③　1　④　2　⑤　5　⑥　9

(2)　$\frac{25}{27}\div\left(-\frac{10}{9}\right)\times\frac{6}{5}$ を計算しなさい。【解答番号２】

①　$-\frac{100}{81}$　②　$-\frac{25}{36}$　③　-1　④　$\frac{25}{36}$　⑤　1　⑥　$\frac{100}{81}$

(3)　$\sqrt{125}+\sqrt{45}-\sqrt{20}$ を計算しなさい。【解答番号３】

①　$5\sqrt{5}-5$　②　$\sqrt{5}$　③　$5\sqrt{6}$　④　$6\sqrt{5}$　⑤　10　⑥　$10\sqrt{6}$

(4)　$3(5x-4y)-2(7x-y)$ を計算しなさい。【解答番号４】

①　$x-14y$　②　$x-10y$　③　$x+10y$

④　$x+14y$　⑤　$29x-14y$　⑥　$29x-10y$

(5)　$\frac{2x-5y}{8}+\frac{7x-3y}{12}$ を計算しなさい。【解答番号５】

①　$-6xy$　②　$\frac{20x-21y}{24}$　③　$20x-21y$

④　$\frac{25x-19y}{24}$　⑤　$25x-19y$　⑥　$6xy$

(6)　$(x+3)^2-(x+4)(x-4)$ を展開して計算しなさい。【解答番号６】

①　-7　②　25　③　$-2x-7$

④　$-2x+25$　⑤　$6x-7$　⑥　$6x+25$

(7)　$x^2+3x-28$ を因数分解しなさい。【解答番号７】

①　$(x+7)(x-4)$　②　$(x-7)(x+4)$　③　$(x+14)(x-2)$

④　$(x-14)(x+2)$　⑤　$(x+6)(x-3)$　⑥　$(x-6)(x+3)$

(8)　１次方程式 $4x+7=6x-5$ を解きなさい。【解答番号８】

①　$x=-6$　②　$x=-1$　③　$x=\frac{1}{5}$

④　$x=1$　⑤　$x=\frac{6}{5}$　⑥　$x=6$

(9)　２次方程式 $2x^2-7x+4=0$ を解きなさい。【解答番号９】

①　$x=-4,\ \frac{1}{2}$　②　$x=4,\ -\frac{1}{2}$　③　$x=\frac{-7\pm\sqrt{17}}{4}$

④　$x=\frac{7\pm\sqrt{17}}{4}$　⑤　$x=\frac{-7\pm\sqrt{41}}{4}$　⑥　$x=\frac{7\pm\sqrt{41}}{4}$

(10)　連立方程式 $\begin{cases}\frac{2}{3}x-\frac{y}{2}=\frac{11}{6}\\ -0.6x+y=2.2\end{cases}$ を解きなさい。【解答番号10】

① $(x,\ y) = (-8,9)$　② $(x,\ y) = (-7,8)$　③ $(x,\ y) = (-7,6)$
④ $(x,\ y) = (6,7)$　⑤ $(x,\ y) = (8,7)$　⑥ $(x,\ y) = (9,8)$

2 次の(1)から(4)の問いに答えなさい。

(1) yはxに反比例し，$x=-2$のとき$y=-5$です。yをxを用いて表しなさい。【解答番号11】

① $y=-\dfrac{2}{5x}$　② $y=-\dfrac{2}{5}x$　③ $y=\dfrac{5}{2}x$
④ $y=\dfrac{5}{2x}$　⑤ $y=\dfrac{10}{x}$　⑥ $y=10x$

(2) 右の度数分布表において，最頻値を求めなさい。
【解答番号12】

① 165（cm）　② 165.5（cm）　③ 166（cm）
④ 167.5（cm）　⑤ 169（cm）　⑥ 170（cm）

生徒の身長

階級(cm)	度数(人)
155 以上 ～160 未満	5
160 以上 ～165 未満	7
165 以上 ～170 未満	11
170 以上 ～175 未満	9
175 以上 ～180 未満	3
合計	35

(3) 右の図で，$\ell \parallel m$のとき，$\angle x$の大きさを求めなさい。
【解答番号13】

① 37°　② 38°　③ 39°
④ 40°　⑤ 41°　⑥ 42°

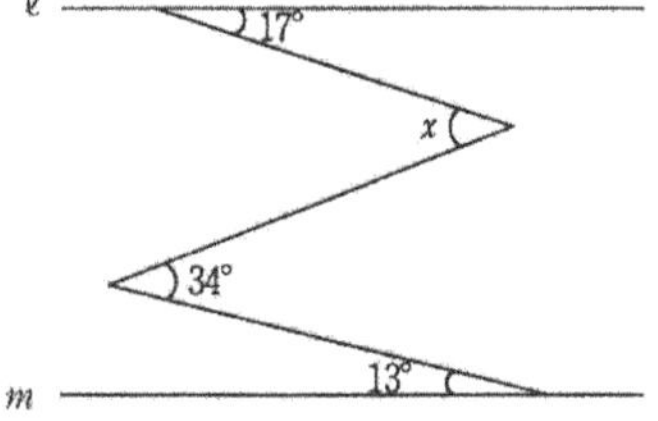

(4) 3枚の硬貨を同時に投げるとき，表が2枚だけ出る確率を求めなさい。ただし，硬貨の表と裏の出方は，同様にたしからしいものとする。【解答番号14】

① $\dfrac{1}{2}$　② $\dfrac{1}{3}$　③ $\dfrac{1}{4}$　④ $\dfrac{2}{5}$　⑤ $\dfrac{5}{6}$　⑥ $\dfrac{3}{8}$

3 底面が1辺4cmの正方形で，高さが3cmの2つの正四角すいがあります。右の図の八面体$ABCDEF$は，この2つの正四角すいの底面をぴったり合わせたものです。次の問いに答えなさい。

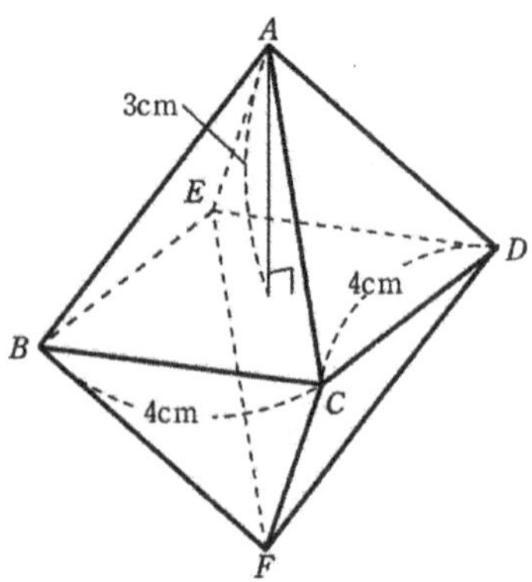

(1) 辺CDとねじれの位置にある辺は全部で何本あるか答えなさい。【解答番号15】

① 2本　② 3本　③ 4本
④ 5本　⑤ 6本　⑥ 7本

(2) 八面体$ABCDEF$の体積を求めなさい。【解答番号16】

① 16cm^3　② 24cm^3　③ 32cm^3
④ 48cm^3　⑤ 64cm^3　⑥ 96cm^3

4 次の(1), (2)の問いに答えなさい。

(1) n を正の整数とします。$\sqrt{280n}$ が正の整数となるような n の最小値を求めなさい。

【解答番号17】

① 10　② 14　③ 20　④ 35　⑤ 70　⑥ 140

(2) 右の図において，$\angle a + \angle b + \angle c + \angle d + \angle e$ の大きさを求めなさい。【解答番号18】

① 90°　② 120°　③ 135°

④ 180°　⑤ 270°　⑥ 360°

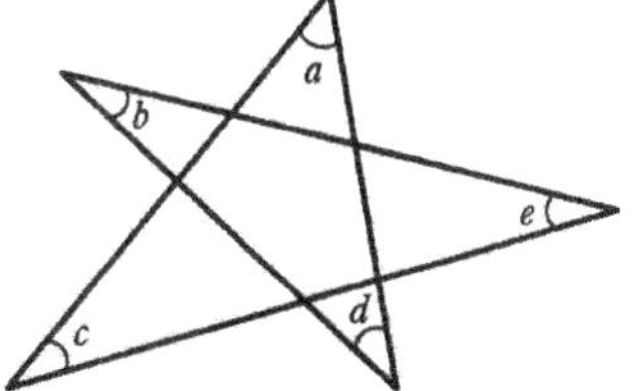

5 右の図のように，関数 $y = ax^2$ のグラフ上に，2点 A，B をとります。点 A の座標は（3，12）で，点 B の x 座標は -2 です。次の問いに答えなさい。

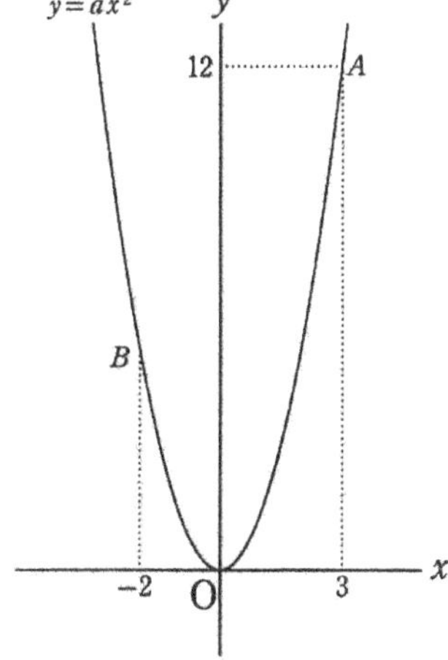

(1) a の値を求めなさい。【解答番号19】

① $\frac{1}{2}$　② $\frac{2}{3}$　③ $\frac{3}{2}$

④ $\frac{4}{3}$　⑤ 2　⑥ 4

(2) 点 B の y 座標を求めなさい。【解答番号20】

① $\frac{8}{3}$　② $\frac{16}{3}$　③ 2

④ 6　⑤ 8　⑥ 16

【英　語】（40分）　<満点：100点>

1　次の句が表すものとして，適当なものを選び，答えなさい。

(1) an exciting experience in which dangerous or interesting things happen 【解答番号1】

① adventure　② mountain　③ sea　④ TV game

(2) an animal with eight arms 【解答番号2】

① bird　② dinosaur　③ octopus　④ polar bear

(3) the ninth month of the year 【解答番号3】

① April　② December　③ November　④ September

(4) the front part of your head 【解答番号4】

① face　② ears　③ foot　④ hair

(5) a job making things 【解答番号5】

① carpenter　② dentist　③ hunter　④ journalist

2　次の日本語の意味になるように，（　）に入る適当なものを選び，答えなさい。

(1) 彼らは犬を何匹飼っていますか。【解答番号6】

(　　) dogs do they have?

① How long　② How many　③ How much　④ What animal

(2) タロウをお願いします。【解答番号7】

"(　　) I speak to Taro, please?"

① Should　② May　③ Must　④ Will

(3) 彼は多くのクラスメイトから愛されています。【解答番号8】

He (　　) by many classmates.

① love　② loves　③ loved　④ is loved

(4) 私たちにとって英語を勉強することは重要です。【解答番号9】

It is (　　) for us to study English.

① important　② impressive　③ necessary　④ popular

(5) 今までに誉高校を聞いたことはありますか。【解答番号10】

Have you (　　) heard of Homare High School?

① already　② ever　③ never　④ yet

3　次の日本語の意味になるよう（　）内の語（句）を並び替えたとき，4番目にくるものを選び，答えなさい。なお，文頭も小文字になっているので留意すること。

(1) ひとつお願いしてもよろしいですか。【解答番号11】

(① a　② ask　③ faver　④ I　⑤ may　⑤ you)?

(2) どちらのバスが小牧駅に行きますか。【解答番号12】

(① which　② Komaki　③ goes　④ to　⑤ bus　⑥ station)?

(3) あなたは朝食を食べる必要はありません。【解答番号13】
(① do ② have ③ breakfast ④ to ⑤ not have ⑥ you).
(4) タロウはジロウほど足が速くありません。【解答番号14】
(① fast ② as ③ not as ④ runs ⑤ Taro ⑥ Jiro).
(5) あなたはどれくらいここに住んでいますか。【解答番号15】
(① here ② lived ③ you ④ have ⑤ long ⑥ how)?
(6) タロウは野球をしている生徒です。【解答番号16】
(① is ② a student ③ is playing ④ baseball ⑤ who ⑥ Taro).
(7) 私はカレーの作り方を知りません。【解答番号17】
(① how ② to cook ③ know ④ don't ⑤ I ⑥ curry).
(8) ピアノを弾いている男性はタロウではありません。【解答番号18】
(① Taro ② not ③ the man ④ the piano ⑤ playing ⑥ is).

4 次の会話文を読んで，あとの各問いに答えなさい。

(Taro and Mike have just arrived at a rakugo theater.)

Taro : [A]

Mike : We can see rakugo here?

Taro : That's right. Rakugo are usually held at these special theaters. They are often found in old buildings in busy places.

Mike : Old Japanese buildings are beautiful.

Taro : Old buildings are perfect for rakugo because rakugo is very old, too. It started in the Edo period in the late seventeenth century. At first, [B]. Sometimes they did it beside the road. Later theaters were built for rakugo, and [C].

Mike : [D]

Taro : Most of the stories were made during the Edo and Meiji periods. The stories tell us about people from the eighteenth and nineteenth centuries.

Mike : [E]

Taro : That's right. Some stories are the same now as they were hundreds of years ago. That's rakugo.

Mike : That sounds good. I like old things.

Taro : It's going to start soon.

(1) [A] にあてはまる文はどれか。適当なものを選び，答えなさい。【解答番号19】
① Here we come. ② Here we are. ③ Here you are. ④ Here we go.
(2) [B] にあてはまる句はどれか。適当なものを選び，答えなさい 【解答番号20】
① one person acted out many characters
② storytellers did rakugo at parties
③ a man who liked talking started rakugo
④ people liked listening to funny stories

(3) [C] にあてはまる句はどれか。適当なものを選び，答えなさい。【解答番号21】

① it became popular for many people

② it was the first rakugo performance

③ they show many different gestures

④ rakugo is Japan's traditional storytelling

(4) [D] にあてはまる文はどれか。適当なものを選び，答えなさい。【解答番号22】

① So when does it start?　② So where did rakugo come from?

③ So what do they talk about?　④ So when did it become popular?

(5) [E] にあてはまる文はどれか。適当なものを選び，答えなさい。【解答番号23】

① So the stories are recreated?　② So we have to study history?

③ So we can meet an old actor?　④ So we listen to a really old story?

[5] 次の文章を読んで，あとの各問いに答えなさい。

(This story is about beginning of Hello Kitty with Shintaro Tsuji, the founder of Sanrio.)

Tsuji's first store was called Shinjuku Gift Gate. It opened in Tokyo, Japan, in 1971.

Tsuji decided the company might need a new name: something easy to say and remember. He thought it should be *[1]appealing *[2]and yet have a deeper meaning. [A] He remembered how the world's three earliest great *[3]civilizations were *[4]established on rivers: *[5]Babylon began near the *[6]Tigris River, Egypt along the *[7]Nile River, and China on the Yellow River. He decided to use the *[8] concepts of "three" and "river" for his store's name. San is the way to spell the Japanese and Chinese word for three using the Western alphabet. Río is the Spanish word for river. In 1973, the company *[9]officially changed its name to Sanrio. [B]

*[10]Throughout the 1960s, Tsuji had paid well-known cartoonists to use their characters on Sanrio products. But he wanted Sanrio to create its own characters. He wanted to have his own designers.

(a) Tsuji didn't want Sanrio gifts to be too expensive. He wanted kids to be able to buy them as small *[11]treats. [C] Tsuji had had success by putting strawberry designs on products. Then he tried cherries—but no one bought those items! He realized it was time to try something new. All children seemed to like animals, so he suggested that his artists draw animal characters. Tsuji knew from talking to kids that their (b) were dogs, cats, and bears. But Snoopy, the dog from the Peanuts *[12]comic strip, was already very popular in Japan. So was Winnie-the-Pooh, the British bear. That left cats. Tsuji thought a cat might be a successful character. [D]

Then in 1974, one designer brought Tsuji a new drawing of a character she called Kitty White. Kitty White had a very large head and a small body. She had a yellow nose, two black dots for eyes, and a red *[13]bow tilted over her left ear. She wore blue *[14]overalls and sat sideways with her face turned *[15]toward viewers. There was a small bottle of milk with a straw next to her on one side and a fishbowl with a red fish on her other side.

（注釈）
*[1] appeal アピールする　*[2] and yet なおかつ　*[3] civilization 文明　*[4] establish 設立する
*[5] Babylon バビロン（古代バビロニアの首都）　*[6] Tigris River ティグリス川
*[7] Nile River ナイル川　*[8] concept 構想，考え　*[9] officially 公式に
*[10]throughout の間ずっと　*[11]treat 喜び，楽しみ　*[12]comic strip 漫画
*[13]bow tilted ちょうちょ結びにしたリボン　*[14]overalls つなぎ服　*[15]toward に向かって

(1) 次の英文が入るのは A ～ D のうちどれか。適当なものを選び，答えなさい。

【解答番号24】

That meant he needed designs that would appeal to young people.

① A　② B　③ C　④ D

(2) 会社の名前の由来は次のうちどれとどれか。適当な組み合わせのものを選び，答えなさい。

【解答番号25】

（ア） スペインにリオという名前の川がある
（イ） スペイン語で川のことをリオと表す
（ウ） 文明が栄えた地域が３か所ある
（エ） 東洋で使われる three という単語は３を表す

① （ア）・（ウ）　② （ア）・（エ）　③ （イ）・（ウ）　④ （イ）・（エ）

(3) 下線部(a)とあるがその理由は何か。適当なものを選び，答えなさい。【解答番号26】

① Tsuji wanted kids to get the goods for pleasure.
② Tsuji didn’t want to pay cartoonists a lot of money.
③ Tsuji wanted kids to keep buying his goods.
④ Tsuji wanted some parents to buy a lot of Sanrio goods easily.

(4) 空欄（ｂ）にあてはまるものはどれか。適当なものを選び，答えなさい。【解答番号27】

① favorite pets　② favorite animals　③ favorite characters　④ favorite anime

(5) 本文の内容と一致するものはどれか。適当なものを選び，答えなさい。【解答番号28】

① Tsuji named his store Sanrio by three rivers which he has been to.
② Putting strawberry and cherries designs on products were popular among children.
③ Well-known cartoonists created a new character “Kitty White”.
④ Tsuji had to name his company an easy name for attracting people.

(6) 本文のタイトルとしてふさわしいものはどれか。適当なものを選び，答えなさい。

【解答番号29】

① What Hello Kitty Brings　② Before Hello Kitty Was Born
③ Hello Kitty, Hello World　④ How Popular Hello Kitty Is

【社　会】（理科と合わせて40分）　＜満点：50点＞

1　次の会話文を読んであとの問いに答えなさい。

ごろう：ここが賢島かぁ。初めて来たよ。

しんご：ごろうちゃんはここまでどうやって来たの。

ごろう：名古屋から近鉄特急だよ。乗り換えなしで楽々さ。

しんご：僕なんか，間違えて大阪へ行きそうになってさ。名古屋・大阪って結構近いんだね。

ごろう：近鉄電車は電車の軌道が標準軌道と狭軌があるんだけど，名古屋・大阪間は標準軌道だから直通で行けるんだよ。…………………………………………………………………………… A

しんご：つよしは一緒じゃなかったの。

ごろう：昨日から名古屋に来ていて，今日は朝一番で伊勢神宮に行くと言っていたよ。………… B
約束の時間には，間に合うように来るって…と言っていたら，来た来た。

つよし：おまたせ。

ごろう：時間通りだね。伊勢神宮はどうだった。

つよし：朝早く行ったけど，よかったよ。君たちも来ればよかったのに。

しんご：今回の旅の目的は美味しい海産物をいただくことだからね。この海岸線見てよ。美味しい魚が捕れそうな海だよ。…………………………………………………………………………… C

ごろう：そう。島があって警備がしやすいということで，この賢島で平成28年にＧ７伊勢志摩サミットが開かれたんだよ。ほらここに首脳会議の写真があるよ。

つよし：わぁ，なつかしい。「イエス・ウィー・キャン」のバラク・オバマ大統領だ。……………D

しんご：つよしくんは会ったことあるの。

つよし：あ…ない。

しんご：あれ，Ｇ７と言ったって，写真には９人写っているぞ。……………………………… E

つよし：ロシアと中国だろ。

ごろう：この２人は欧州理事会議長と欧州委員会委員長だよ。

問１　Aについて，1959年のできごとによって名古屋・伊勢中川間の線路が被害をうけ，当時の社長が復旧の際に狭軌から標準軌道に切り替えたことによって，名古屋・大阪（上本町）の直通運転が可能になったことによる。このできごととは何か。【解答番号１】

①　四日市空襲　　②　東海地震　　③　連合赤軍事件　　④　伊勢湾台風

問２　Ｂについて，1919年（大正８年）に公布された道路法では，国道１号は東京から伊勢神宮までであった。この1919年の国道１号が通過しない場所はどこか。【解答番号２】

①　横浜市　　②　静岡市　　③　名古屋市　　④　京都市

問３　Ｃについて，この海岸は何と言われるものか。【解答番号３】

①　離水海岸　　②　砂浜海岸　　③　リアス海岸　　④　トラス海岸

問４　Ｄについて，正面の左が安倍晋三，右がバラク・オバマであるが，オバマの右側に唯一の女性が写っている。それは誰か。【解答番号４】

①　オバマ夫人　　②　安倍夫人

③　アンゲラ・メルケル首相（ドイツ）　　④　パク・クネ大統領（韓国）

問５　Ｅについて，かつてＧ８と呼ばれた時期があった。Ｇ８の時代に参加していた国はどこか。【解答番号５】

①　ロシア　　②　インド　　③　中国　　④　ブラジル

２　次（10・11ページ）の漫画１・２についてあとの問いに答えなさい。

問１　漫画１は本能寺の変を表したものである。この事件の直前に滅亡した戦国大名は誰か。【解答番号６】

①　毛利輝元　　②　武田勝頼

③　上杉景勝　　④　北条氏政

問２　漫画１について，ここに登場する家臣の森乱（蘭丸・成利）はこの事件で討ち死にするが，一族の森家は江戸時代に美作国津山藩18万石の祖となる。のち将軍綱吉の時代に改易され，播磨国赤穂藩２万石として明治の廃藩置県まで続いた。

現在，津山から赤穂（播州赤穂）までJRで移動するには津山線と赤穂線を使うルートが安くて早いと考えられる。この移動で通る都市はどこか。【解答番号７】

①　岡山　　②　鳥取　　③　神戸　　④　広島

問３　漫画２は新田義貞による鎌倉攻撃の一場面である。この時点で鎌倉幕府の西国支配の中心である六波羅探題は反幕府軍によって攻略されていた。反幕府の中心だった人物は誰か。【解答番号８】

①　後白河上皇　　②　後鳥羽上皇

③　後醍醐天皇　　④　後亀山天皇

問４　漫画２について，新田義貞が攻撃したとされるこの稲村ヶ崎は現在江ノ島電鉄線が走っており，観光スポットが数多くある。気象条件が良好であると稲村ケ崎から見える山はどれか。【解答番号９】

①　富士山　　②　木曽御岳山

③　浅間山　　④　会津磐梯山

問５　漫画１と漫画２の事件の間にあるできごとは何か。【解答番号10】

①　壇ノ浦の戦い（平氏滅亡）　　②　承久の乱

③　応仁の乱　　④　関ヶ原の戦い

漫画１　『信長公記』マンガ日本の古典　小島剛夕 著　1996 年　中央公論社

258

漫画２　『太平記 上』　マンガ日本の古典　さいとうたかを 著　1995 年　中央公論社

3 次の中学３年生梅子と祖父富蔵の会話についてあとの問いに答えなさい。

梅子：おじいさーん，こんにちは。

富蔵：おおっ。梅子か，いらっしゃい。

梅子：探究学習で東京に行ってきたよ。はい，お土産。

富蔵：いつもすまんのう……おっ，大好物の佃煮。ありがとうな。

梅子：喜んでくれてうれしいよ。実はお願いがあって。

富蔵：どうした。

梅子：実は写真をいっぱい撮ったんだけど，何の写真なのか，わからなくなっちゃって。

富蔵：お安い御用だ。

梅子：まず，これなんだけど。

旧内務省ビル

富蔵：これは今は文部科学省だな。この建物は元々は内務省ビルといってな。

梅子：内務省なんて，今の日本にそんなお役所ないよね。……………………………………………A

富蔵：戦後はGHQによって解体されたよ。何しろ戦前は警察と地方自治を担当していたから，強大な力を持った役所だったんだ。この建物は戦前の貴重な建築物なんだよ。

梅子：なんとなくレトロな雰囲気がしてさ……やっぱりね。次はこれなんだけど。

大手町合同庁舎３号館

富蔵：大手町合同庁舎３号館といって，2020年までは気象庁が入っていたんだよ。このあたりは再開発されるらしいから，そのうちになくなるだろうね。

梅子：建物がちょっと一時代前の感じがしてさ。気象庁って，あの天気予報ででてくる？

富蔵：中央気象台が気象庁になったんだよ。今は近くの港区虎ノ門に移転したよ。………………B

梅子：次はこれなんだけど。この近くの坂に名前があったような。

富蔵：これは最高裁判所だよ。このあたりは三宅坂といって，戦前は陸軍省や参謀本部など陸軍関係の建物があったんだよ。三宅坂というのは参謀本部を指す言葉だったんだよ。太平洋戦争開戦直後に市ヶ谷に移転するまでは陸軍の施設が集まっていたんだ。

最高裁判所

梅子：戦前の陸軍があったということなら，このあたりは昔から大切な場所だったの？

富蔵：三宅坂というのは三河田原藩の三宅家の屋敷があったことが由来なんだけど，ここには彦根藩井伊家の広大な※上屋敷もあったんだよ。……………………………………………………… C

梅子：この場所は江戸城の内堀を渡る場所に近く，広い屋敷があって江戸城を守る重要な場所だね。あっ，そうか。この井伊家上屋敷から江戸城に入る門が桜田門だ。…………………… D

富蔵：そういうことだね。実際に現場に行ってくるとよくわかるよね。

梅子：この近くにある紀尾井町という名前も関係があるの？

富蔵：その通り。井伊家のほかに紀伊徳川家，尾張徳川家の屋敷もあったんだよ。

梅子：そうそう赤レンガの建物もあったよ。

法務省旧本館

富蔵：これは法務省旧本館だね。ドイツ人建築家が設計したネオバロック様式の建物だよ。…… E

梅子：これはわかったよ。有名だものね。

富蔵：大体わかったかな。

梅子：大名屋敷と現在の官庁との関係がよくわかったよ。ありがとう。

富蔵：よかった，よかった。

梅子：来月は京都にいくよ。次は豆大福買ってくるね。

富蔵：おおっ，大好物。やったぁ。

※上屋敷…かみやしき。江戸城およびその周辺にあって，大名家の当主やその妻子が居住していた。

問１　Aについて，かつて内務省が管轄していた警察は現在どこの管轄か。【解答番号11】

①　法務省　　②　内閣府　　③　人事院　　④　国家公安委員会

問２　Ｂについて，気象庁は現在どの省の外局か。【解答番号12】

①　文部科学省　　②　国土交通省　　③　経済産業省　　④　農林水産省

問３　Ｃについて，日本の地図を作るための基準となる「日本水準原点」が今でも置かれている。そのことから戦前の日本地図作製はどこで行われていたと考えられるか。【解答番号13】

①　国土地理院　　　②　陸軍の陸地測量部

③　海軍の水路部　　④　内務省地理調査所

問４　Ｄについて，安政７年（1860）３月３日に桜田門外で起きた事件で暗殺されたのは誰か。

【解答番号14】

①　大久保利通　　②　大村益次郎　　③　佐久間象山　　④　井伊直弼

問５　Ｅについて，法務省旧本館の南側にあるのが，東京高等裁判所と東京地方裁判所，東京家庭裁判所である。最高裁判所はかつてその場所にあったのだが，1974年に移転した。最高裁判所が組織として出来上がったのはいつか。【解答番号15】

①　日本国憲法が施行された1947年

②　大日本帝国憲法が施行された1890年

③　司法制度が導入された1875年

④　五箇条の誓文が発せられた1868年

【理　科】（社会と合わせて40分）　　＜満点：50点＞

4　以下の問いに答えなさい。

(1)　花火が破裂したとき，音が出ている位置と，Ａさんと B さんの位置が，同一直線上にある。このときに，花火が見えてから，音が聞こえる時間がＡさんは3.8秒で，Ｂさんは6.3秒であった。音の速さが340m/秒であるとき，ＡさんとＢさんの距離として，正しいものを選びなさい。

【解答番号16】

①　850m　　②　1292m　　③　2394m　　④　3776m

(2)　足の裏にかかる圧力を調べるために，Ｘさん，Ｙさん，Ｚさんの３人が，体重と両足の裏の面積をそれぞれ測定した。下表はその結果をまとめたものである。このとき，下の文章の（ａ），（ｂ），（ｃ）に入る語の組み合わせとして正しいものを選びなさい。【解答番号17】

	Ｘさん	Ｙさん	Ｚさん
体重　kg 重	63.0	56.0	55.0
両足の裏の面積　cm^2	300	280	250

両足の裏にかかる圧力の一番大きかった（ａ）さんは，体重計の上で，左足を上げ，右足だけで体重計の示す値を調べた。その結果，両足ではかったときと比べて，（ｂ）。また右足の裏にかかる圧力は，両足で立ったときに比べて（ｃ）と考えられる。

①　（ａ）…Ｘ，（ｂ）…変わらなかった，（ｃ）…大きくなった
②　（ａ）…Ｙ，（ｂ）…変わらなかった，（ｃ）…小さくなった
③　（ａ）…Ｚ，（ｂ）…変わらなかった，（ｃ）…大きくなった
④　（ａ）…Ｚ，（ｂ）…小さくなった　，（ｃ）…小さくなった

(3)　20Ωと30Ωの抵抗を直列につなぎ，全体に0.2Ａの電流を流したとき，それぞれの抵抗にかかる電圧と，電源の電圧の組み合わせとして正しいものを選びなさい。【解答番号18】

①　20Ω…2.0V，　30Ω…1.5V，　電源…3.5V
②　20Ω…2.0V，　30Ω…3.0V，　電源…5.0V
③　20Ω…4.0V，　30Ω…6.0V，　電源…5.5V
④　20Ω…4.0V，　30Ω…6.0V，　電源…10V

(4)　１つの物体にはたらく２つの力がつり合うときには以下の３条件が必要である。条件Ⅲにあう関係を説明した文として正しいものを選びなさい。【解答番号19】

条件Ⅰ　２つの力が同一直線上にある
条件Ⅱ　２つの力の大きさは等しい
条件Ⅲ　（　　　）

①　２つの力が反対の方向を向いている
②　２つの力が同じ向きをしている
③　２つの力が押し合うようにはたらいている
④　２つの力が垂直方向にはたらく

5 以下の問いに答えなさい。

(1) 銅の粉末をはかりとり，それを完全に酸化銅になるまで加熱してから，その質量をはかる実験をした。下表はその結果をまとめたものである。銅の粉末1.6gをステンレス皿の上でかき混ぜないまま加熱し，ステンレス皿が十分に冷えてから加熱後の質量をはかると，1.9gであった。このとき，反応せずに残った銅の質量として正しいものを選びなさい。【解答番号20】

銅の粉末の質量 g	0.4	0.8	1.2	1.6
酸化銅の質量 g	0.5	1.0	1.5	2.0

① 0.2g　② 0.4g　③ 0.8g　④ 1.2g

(2) 容積が100m³の部屋がある。室内の気温が31℃のとき，金属容器にくみ置きの水と温度計を入れ，かき混ぜながら少しずつ氷水を加えていく。室温が22℃になったとき，金属容器の表面がくもり始めた。下表は，気温と空気中1m³中の飽和水蒸気量との関係を示したものである。室内の気温を15℃まで下げたとき，部屋全体の水蒸気のうち，水滴に変わる質量として正しいものを選びなさい。【解答番号21】

気温 ℃	15	22	27	31
空気1m³中の飽和水蒸気量 g	13.0	19.5	26.0	32.5

① 300g　② 650g　③ 900g　④ 1200g

(3) 下表は4種類の金属の密度を示したものである。水50㎤を入れたメスシリンダーに，ある純粋な金属のかたまり55.9gを静かに入れたところ，金属のかたまりは完全に沈み，液面は57.1㎤を示した。この金属として正しいものを選びなさい。【解答番号22】

① アルミニウム
② 亜鉛
③ 鉄
④ 銀

金属	密度 g/cm³
アルミニウム	2.70
亜鉛	7.18
鉄	7.87
銀	10.49

(4) 次の文のうち，原子の説明として正しいものをすべて選びなさい。【解答番号23】

ア 物質を構成している最小の粒子である。
イ 他の種類に変わったり，なくなったりしない。
ウ 物質としての性質をもった最小の粒子である。
エ 種類によって，質量や大きさが決まっている。

① アとイ　② アとウ　③ アとイとエ　④ アとイとウとエ

6 以下の問いに答えなさい。

(1) 次の無性生殖について述べた文として正しいものを選びなさい。【解答番号24】

① 分裂はアメーバやゾウリムシなどの多細胞生物で見られる生殖法である。
② カビや酵母菌などは出芽によって新しい個体をつくりだす。
③ 根・茎・葉などの器官から新しい個体ができることを栄養生殖という。

④　大腸菌や乳酸菌などは胞子をつくって新しい個体をつくる。

(2)　次の選択肢のうち血液の流れとして正しいものを選びなさい。【解答番号25】

①　全身→右心室→右心房→肺→左心室→左心房→全身

②　全身→右心房→右心室→肺→左心房→左心室→全身

③　全身→左心房→左心室→肺→右心房→右心室→全身

④　全身→左心室→左心房→肺→右心室→右心房→全身

(3)　エンドウの種子の形を決める遺伝子を，丸形はA，しわ形はａとする。親の形質がAaとaaのとき，子の形質の比率として正しいものを選びなさい。【解答番号26】

①　丸形：しわ形＝１：１　　②　丸形：しわ形＝３：１

③　丸形：しわ形＝２：１　　④　丸形：しわ形＝４：０

(4)　次の実験の結果として正しいものを選びなさい。【解答番号27】

実験

ふ入りの葉（部分的に葉緑体の無い葉）を用意し，数日間暗室に置いた後，葉の一部をアルミホイルで覆い日光に当てた。その後アルミホイルを外し，温めたエタノールに浸した。最後に葉を水洗いした後，ヨウ素液に浸した。

①　葉の表面全体が青紫色になる。

②　アルミホイルに覆われていなかった部分が青紫色になる。

③　アルミホイルに関わらず，葉緑体のある部分が青紫色になる。

④　葉緑体があり，アルミホイルで覆われていなかった部分が青紫色になる。

7　以下の問いに答えなさい。

(1)　次の選択肢のうち有色鉱物ではないものを選びなさい。【解答番号28】

①　黒雲母　　②　石英　　③　輝石　　④　角閃石

(2)　20℃の空気１m^{3}中に，10.0ｇの水蒸気が含まれている。このときの湿度に最も近いものを選びなさい。なお20℃の飽和水蒸気量は17.2ｇ/m^{3}とする。【解答番号29】

①　17%　　②　46%　　③　58%　　④　60%

(3)　次の文章の（ア），（イ），（ウ）にあてはまる言葉の組み合わせとして正しいものを選びなさい。

【解答番号30】

地層が堆積した地質時代を知る手がかりとなる化石のことを（　ア　）という。古生代の化石としては（　イ　），中生代の化石としては（　ウ　）があげられる。

①　（ア）　示相化石　　（イ）　三葉虫　　（ウ）　アンモナイト

②　（ア）　示相化石　　（イ）　始祖鳥　　（ウ）　ナウマンゾウ

③　（ア）　示準化石　　（イ）　三葉虫　　（ウ）　アンモナイト

④　（ア）　示準化石　　（イ）　始祖鳥　　（ウ）　ナウマンゾウ

(4)　次の選択肢のうち太陽系の惑星ではないものを選びなさい。【解答番号31】

①　土星　　②　冥王星　　③　海王星　　④　天王星

② 主人の命令を忠実に守り、困難にも負けずにがんばるところ。
③ 主人の来客に対して、か弱い鳴き声でやきもちをやくところ。
④ とび付いたりなめたりして、帰ってきた主人に甘えるところ。

問3 傍線部Cの現代語訳として最も適当なものを次から番号で選びなさい。【解答番号25】
① 馬がはっきりとこの現場を見て
② 馬のようすをちょっと見たところ
③ 馬はじっくりとこの手立てを見て
④ 馬はぼんやりとこのようすを見て

問4 傍線部Dは「係り結び」が見られますが、どのような表現効果がありますか。最も適当なものを次から番号で選びなさい。

【解答番号26】
① 相手へ呼びかける効果　② 疑問の意味を表す効果
③ 前の言葉を打ち消す効果　④ 話し手の行動を促す効果

問5 文章の続きを読み、作者が伝えたかった内容に最も近いことわざを次から番号で選びなさい。【解答番号27】

〔原文〕
その如く、人の親疎をわきまへず、我が方より馳走顔（ちそうかほ）こそ、甚だもつて、おかしき事なれ。我が程々に従つて、その挨拶をなすべし。

〔現代語訳〕
そのように、人が親しいか親しくないかの区別を考えずに、自分の方からなれなれしく親しそうにふるまうのは、まことにおかしなことなのだ。自分の身分に応じて、人とのつきあいをするのがよい。

① あいさつは時の氏神
② かわいい子には旅をさせよ
③ 過ぎたるはなお及ばざるがごとし
④ 情けは人のためならず

問6 本文に書かれていることと内容が合うものを次から番号で選びなさい。【解答番号28】
① 子犬と馬は行動がたいへん似ているから、平等にお世話をしなければならない。
② 体の大きさも飼う目的も違うのだから、馬が子犬のまねをしてもうまくいかない。
③ 子犬も馬も主人からの強い愛情を求めており、主人も心の底から大切にしている。
④ 馬は子犬よりもかしこいのだが、だれからも相手にされないかわいそうな動物である。

① このたびの仕事のミスは、一族郎党わたくしの責任です。
② だらだら勉強するよりも、一旅郎党にやったほうがよい。
③ 敵は大勢いたが、一族郎党の集まりだから恐れることはない。
④ 直面する課題を解決するために、一族郎党の力を結集しよう。

問6 本文の内容として**適当ではないもの**を次から番号で選びなさい。【解答番号20】

① 自分のオシベの花粉を自分のメシベにつければタネをつくれる。
② 植物が生き残るためには、不都合な環境に耐えるしかない。
③ 植物はどれかの子どもが生き残れば、命をつなぐことができる。
④ いろいろな性質の子どもをつくることが、植物の生存戦略だ。

問7 この文章の特徴として**適当ではないもの**を次から番号で選びなさい。【解答番号21】

① 複数の具体例を挙げて、平易な文章で説明している。
② 擬人法を用いて、大衆に向けて知識を普及している。
③ 専門用語を多用して、研究者の立場から解説している。
④ 類似表現をくり返し用いて、文章の内容を強めている。

問8 この文章に付ける題名として最も適当なものを次から番号で選びなさい。【解答番号22】

① 「大仕事」とは？　② 自分の子どもは自分でつくる
③ 花の中は、「家庭内別居」　④ 分相応に生きる

三 次の文章を読んで、あとの設問に答えなさい。

〔原文〕

ある人、Aゑのこをいといたはりけるにや、その主人、外より帰りし時、かのゑのこ、その膝（ひざ）に上り、胸に手を上げ、口のほとりをねぶりまはる。Bこれによつて、主人愛すること、いやましなり。

C馬、ほのかにこの由を見て、うらやましくや思ひけん、「あつぱれ、我もDかやうにこそし侍らめ。」と思ひ定めて、ある時、主人、外より帰りける時、馬、主人の胸に跳びかゝり、顔をねぶり、尾を振りなどしければ、主人、これを見て、甚だ怒りをなして、棒をおつ取りて、もとの馬屋（うまや）に押し入れける。

（『伊曾保物語』）

〔現代語訳〕

ある人は、犬の子（子犬）をとてもかわいがっていたのであろうか、その主人が外から帰ってきたとき、その子犬は、その膝に上り、胸に手をあげ、口の周りをなめ回した。これによって、主人が（子犬を）愛することは（以前よりも）ますます強くなった。

C＿＿＿＿＿＿＿＿、うらやましく思ったのであろうか、「ああ、どうかして私もこのようにこそいたしましょう。」と心に決めて、ある時、主人が外から帰ってきた時に、馬は、主人の胸に跳びかかり、顔をなめたり、尾を振ったりしたところ、主人はこれを見て、たいそう怒り出し、棒を慌てて手につかんで、（馬を）もとの馬小屋に押し入れた。

問1 傍線部A「ゑのこ」は歴史的かなづかいです。これを現代かなづかいになおしたものを次から番号で選びなさい。【解答番号23】

① いのこ　② いぬのこ　③ えのこ　④ るのこ

問2 傍線部Bで主人は子犬のどんなところをかわいく思ったのですか。最も適当なものを次から番号で選びなさい。【解答番号24】

① 外出に必ずついてきて、主人のことを決して忘れないところ。

ら、多くの植物たちは、自分の花粉を同じ花の中にある自分のメシベにつけて、子どもをつくることを望んでいません。

Ⅳ、自分の花粉を自分のメシベにつけてタネをつくると、隠されていた悪い性質が発現する可能性があります。たとえば、「花粉をつくることができない」という性質が隠れていることがあります。ふつうに花粉をつくっていても、実はその性質を隠れもっている親がいます。その場合、自分の花粉を自分のメシベにつけて子どもをつくると、子どもに「花粉をつくることができない」という性質が表に出てくる確率が高くなるのです。

といっても、自分のメシベに自分の花粉がついてタネができると、子どもの数が増えます。また、そのタネは新しい生育地に移動して育つこともあるでしょう。また、タネは、夏の暑さや冬の寒さ、乾燥などの不都合な環境に耐えることもできます。

（田中　修『植物のあっぱれな生き方』）

問1　二重傍線部Ｘに共通で入る最も適当な慣用表現を、次から番号で選びなさい。【解答番号11】

①　ひと息入れ　②　ひと皮むけ
③　ひと花咲かせ　④　ひと風呂浴び

問2　Ⅰ～Ⅳに入る接続語の組み合わせとして最も適当なものを、次から番号で選びなさい。【解答番号12】

①　Ⅰところが・Ⅱですから・Ⅲなぜなら・Ⅳまた
②　Ⅰそのうえ・Ⅱつまり・Ⅲしたがって・Ⅳしかし
③　Ⅰしかも・Ⅱだが・Ⅲようするに・Ⅳそれで
④　Ⅰだから・Ⅱすなわち・Ⅲけれども・Ⅳなお

問3　二重傍線部（ⅰ）「個体」・（ⅱ）「世代」の本文における意味として最も適当なものをそれぞれ選び、次から番号で選びなさい。

（ⅰ）は【解答番号13】、（ⅱ）は【解答番号14】

（ⅰ）
①　これ以上分けることができない実体
②　一定の形や体積を持っていて、形を変えにくい物体
③　他のものとは異なる、物や人物固有の特性
④　それぞれ独立した生活を営む、ひとつひとつの生物

（ⅱ）
①　同時代に生き、共通の体験や考えを持つ同年齢ぐらいの人々
②　ある分野で年々進化を続けている基礎技術の水準
③　何らかの着眼点によって区切られる、年月のまとまり
④　親・子・孫と続いていく、それぞれの期間のひとまとまり

問4　傍線部Ａ「ある病気に強い」について文法の設問にそれぞれ答えなさい。適当なものを次から番号で選びなさい。

・「用言」はどれですか。【解答番号15】
・「名詞」はどれですか。【解答番号16】
・体言を修飾する単語はどれですか。【解答番号17】
・「付属語」はどれですか。【解答番号18】

【解答番号15】から【解答番号18】の選択肢
①　ある・②　病気・③　に・④　強い・⑤　病気に
⑥　ある病気に・⑦　病気に強い・⑧　該当するものがない

問5　傍線部Ｂの四字熟語「一族郎党」の最も適当な用例を、次から番号で選びなさい。【解答番号19】

問4　詩に用いられている修辞法を次から番号で選びなさい。　【解答番号8】

①　擬人法　②　現在法　③　直喩法

④　倒置法　⑤　反語法

問5　破線部「切ない」理由として最も**適当ではないもの**を次から番号で選びなさい。【解答番号9】

①　高校生の時に教科書計約六・五キロ分を川に投げ捨てたから。

②　大阪の大学生が廃棄物処理法違反の疑いで書類送検されたから。

③　若者は卒業前に教科書を持ち帰ることが重くて川に投げたから。

④　教科書を「こんなん」と言って川へ投げ捨てる動画だったから。

⑤　教科書は苦手科目でも、学校生活を共にしてきたはずだから。

問6　二重傍線部「こう」の品詞名を次から番号で選びなさい。　【解答番号10】

①　接続詞　②　代名詞　③　動詞

④　副詞　⑤　連体詞

二　次の文章を読んで、あとの設問に答えなさい。

「Xる」という言葉があります。私たちは、この言葉を何かを成し遂げたあとに使います。しかし、植物たちにとっては、Xたあとに、「大仕事」が待っています。タネをつくって子孫を残すという大仕事です。ですから、私たちとは違い、植物たちにとってはXたあとの方が大変なのです。

このようにいうと、反論を受けることがあります。「多くの種類の植物は、一つの花の中にオシベとメシベをもっており、オシベの先端にできる花粉がメシベにつけばタネができる」ということは、よく知られています。そのため、「同じ花の中で、オシベの花粉をそばにあるメシベにつければ、タネはできる。だから、子どもをつくることは、多くの植物たちにとって、そんなにたいそうな大仕事ではない」というものです。

Ⅰ、多くの植物は、自分の花粉を同じ花の中にある自分のメシベにつけてタネを残すことを望んでいません。なぜなら、生き物が子どもをつくるのは、仲間や子どもの(i)個体数を増やすためだけではないからです。自分たちの命を、次の(ii)世代へ確実につないでいくためには、いろいろな性質の子どもが生まれるほうがいいのです。

暑さに強い子ども、寒さに強い子ども、乾燥に強い子ども、日陰に強い子どもなど、いろいろな性質の子どもがいると、自然というさまざまな環境の中で、どれかの子どもが生き残ることができます。

Ⅱ、生き物はいろいろな性質をもった子どもをつくりたいのです。いろいろの性質をもった子どもをつくるために、多くの植物は、一つの花の中で、自分のオシベの花粉を自分のメシベにつけてタネをつくることを避けたいのです。

Ⅲ、自分の花粉を同じ花の中にある自分のメシベにつけてタネをつくっても、自分と同じような性質の子どもが生まれるだけだからです。もし親が^{A}「ある病気に強い」という性質をもっていたら、自分の花粉を同じ花の中にある自分のメシベにつけてタネをつくると、その性質はそのまま子どもに受け継がれます。

自分の花粉を同じ花の中にあるメシベにつけてタネをつくり続けていると、^{B}一族郎党のすべてがその病気に弱くなり、もしその病気が流行れば、子どもだけでなく、一族郎党が全滅する可能性があります。だか

【国　語】（四〇分）〈満点：一〇〇点〉

一　次の文章を読んで、あとの設問に答えなさい。

明治生まれの詩人、山之口貘の詩『古びた教科書』を(a)トチュウまで引く▼「ぼくの古びた　教科書たちよ　いつのまにやら学年末が来たのだ　㋐　鞄のなかゝらひきずり出されたりして　頁をめくられてはのぞかれ　手あかでよごされ　㋑　みんなすつかりくたびれちやつたらう　ぼくの古びた　教科書たちよ　みんなほんとうにごくろうさんだつた　㋒　おかげで少しは悧巧（りこう）になつた気がするのだ」▼こちらの若者に教科書への(b)ジョウはなかったか。高校時代に教科書計約六・五キロ分を川に投げ捨てたとして大阪の大学生が廃棄物処理法違反（不法投棄）の疑いで書類送検された▼捨てたのは高校三年だった昨年二月。「卒業前に教科書を持ち帰ることになったが、重くて川に投げた」という。教科書を「使ったことないです、こんなん」と言いながら投げ捨てる動画が交流サイト（SNS）で(c)カクサンした。警察は今年三月に動画を確認したという▼ふざけただけのつもりかもしれないが、後味はよくない。教科書は苦手科目であっても、学校生活の(d)バンソウ者。いずれ捨てるにしても、最後が冷たい川では切ない▼先の詩は引用部に続き、こう(e)シめくくられる。「まもなくおまへたちはみんなして押入の片隅にもぐりこみ　㋓　。」

（令和五年四月一九日付・中日春秋）

問1　波線部（a）〜（e）のカタカナを漢字に直すとき、同じ漢字を含むものをそれぞれ選び、次から番号で選びなさい。

（a）トチュウ　①登山　②生徒　③途絶　④都会　⑤図書　【解答番号1】

（b）ジョウ　①上気　②友情　③条文　④場外　⑤気丈　【解答番号2】

（c）カクサン　①直角　②別格　③自覚　④比較　⑤拡大　【解答番号3】

（d）バンソウ　①同伴　②出番　③万雷　④画板　⑤談判　【解答番号4】

（e）シ　①閉め　②占め　③絞め　④締め　⑤染め　【解答番号5】

問2　交流サイト（SNS）の「N」とは何のことですか。次から番号で選びなさい。【解答番号6】

①ナイス　②ニュース　③ネットワーキング　④ノートブック　⑤ノーマライゼーション

問3　詩の空欄　㋐　〜　㋓　にはA〜Dのいずれかが入ります。適切な順序を次から番号で選びなさい。【解答番号7】

A　つかれを休める時が来るのだ
B　毎日々々鞄（かばん）のなかにおしこまれては
C　へなへなになつたりして
D　ぼくもいよいよ進級だとおもふと

①　㋐＝A・㋑＝B・㋒＝C・㋓＝D
②　㋐＝B・㋑＝C・㋒＝D・㋓＝A
③　㋐＝C・㋑＝D・㋒＝A・㋓＝B
④　㋐＝D・㋑＝A・㋒＝B・㋓＝C
⑤　㋐＝D・㋑＝C・㋒＝B・㋓＝A

2024年度

解　答　と　解　説

《2024年度の配点は解答欄に掲載してあります。》

＜数学解答＞

1　(1) ③　(2) ③　(3) ④　(4) ②　(5) ②　(6) ⑥　(7) ①
　(8) ⑥　(9) ④　(10) ⑤

2　(1) ⑤　(2) ④　(3) ②　(4) ⑥

3　(1) ③　(2) ③

4　(1) ⑤　(2) ④

5　(1) ④　(2) ②

○配点○

各5点×20　　計100点

＜数学解説＞

1　(数・式の計算，平方根，因数分解，1次方程式，2次方程式，連立方程式)

(1)　$3-(-2)+(-4)=3+2-4=1$

(2)　$\frac{25}{27}\div\left(-\frac{10}{9}\right)\times\frac{6}{5}=\frac{25}{27}\times\left(-\frac{9}{10}\right)\times\frac{6}{5}=-1$

(3)　$\sqrt{125}+\sqrt{45}-\sqrt{20}=5\sqrt{5}+3\sqrt{5}-2\sqrt{5}=6\sqrt{5}$

(4)　$3(5x-4y)-2(7x-y)=15x-12y-14x+2y=x-10y$

(5)　$\frac{2x-5y}{8}+\frac{7x-3y}{12}=\frac{3(2x-5y)+2(7x-3y)}{24}=\frac{6x-15y+14x-6y}{24}=\frac{20x-21y}{24}$

(6)　乗法公式$(x+y)^2=x^2+2xy+y^2$より，$(x+3)^2=x^2+6x+9$，乗法公式$(x+y)(x-y)=x^2-y^2$より，$(x+4)(x-4)=x^2-16$であるから，$(x+3)^2-(x+4)(x-4)=(x^2+6x+9)-(x^2-16)=x^2+6x+9-x^2+16=6x+25$

(7)　乗法公式$x^2+(a+b)x+ab=(x+a)(x+b)$より，$x^2+3x-28=x^2+(7-4)x+7\times(-4)=(x+7)(x-4)$

(8)　$4x+7=6x-5$より，$-2x=-12$　　$x=6$

(9)　解の公式より，$x=\frac{-(-7)\pm\sqrt{(-7)^2-4\times2\times4}}{2\times2}=\frac{7\pm\sqrt{49-32}}{4}=\frac{7\pm\sqrt{17}}{4}$

基本　(10)　$\frac{2}{3}x-\frac{y}{2}=\frac{11}{6}$の両辺を6倍して，$4x-3y=11$…①　　$-0.6x+y=2.2$の両辺を10倍して，$-6x+10y=22$　　両辺を$\frac{1}{2}$倍して，$-3x+5y=11$…②　　①×3＋②×4より，$11y=77$　　$y=7$　　①に$y=7$を代入して，$4x-21=11$　　$4x=32$　　$x=8$　　よって，$x=8$，$y=7$である。

2　(反比例，資料の活用，角度，確率)

(1)　yはxに反比例するので，aを定数として，求める式を$y=\frac{a}{x}$とおく。$x=-2$，$y=-5$を代入すると，$-5=\frac{a}{-2}$　　$10=a$となるから，$a=10$　　よって，求める式は$y=\frac{10}{x}$である。

基本 (2)　最頻値は度数の最も大きい階級の中央値になる。度数の最も大きい階級は165cm以上170cm未満で，その中央値は(165＋170)÷2＝335÷2＝167.5(cm)となるから，最頻値は167.5cmである。

基本 (3)　平行線に対する錯角は等しいので，∠ABQ＝∠PAB＝17°，∠RCD＝∠CDS＝13°である。よって，∠BCR＝34－13＝21°であり，平行線に対する錯角は等しいので，∠QBC＝∠BCR＝21°
したがって，$\angle x$＝17＋21＝38°である。

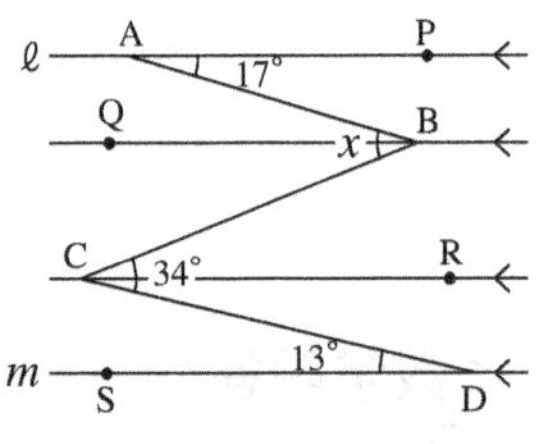

基本 (4)　硬貨には表と裏の2通りあるから，3枚の硬貨を同時に投げるときの場合の数は2×2×2＝8(通り)　3枚の硬貨をA，B，Cとすると，表が2枚だけ出る組み合わせは(A，B，C)＝(表，表，裏)，(表，裏，表)，(裏，表，表)の3通りであるから，求める確率は$\frac{3}{8}$である。

3 (ねじれの位置，八面体の体積の計量)

(1)　辺CDと交わらず，平行でない辺を見つければよい。そのような辺は辺AB，AE，FB，FEであるから，辺CDとねじれの位置にある辺は4本である。

基本 (2)　正四角すいA－BCDEとF－BCDEは合同な正四角すいであるから，八面体ABCDEFの体積は正四角すいA－BCDEの体積を2倍したものである。よって，八面体ABCDEF＝$2\times\left(\frac{1}{3}\times4\times4\times3\right)$＝2×16＝32(cm^3)となる。

4 (数の性質，角度)

基本 (1)　280を素因数分解すると，280＝$2^3\times5\times7$であるから，$\sqrt{280n}=\sqrt{2^3\times5\times7\times n}=\sqrt{2^2\times2\times5\times7\times n}=2\sqrt{2\times5\times7\times n}$である。よって，$\sqrt{280n}$が正の整数となるような$n$の最小値は$n$＝2×5×7＝70である。

重要 (2)　四角形AFBDにおいて，内角と外角の関係より，∠AFB＝$\angle a+\angle b+\angle d$である。また，対頂角は等しいので，∠CFE＝∠AFB＝$\angle a+\angle b+\angle d$である。したがって，△CEFの内角の和は∠CFE＋∠FCE＋∠FEC＝$\angle a+\angle b+\angle d+\angle c+\angle e$＝$\angle a+\angle b+\angle c+\angle d+\angle e$となり，三角形の内角の和は180°であるから，$\angle a+\angle b+\angle c+\angle d+\angle e$＝180°である。

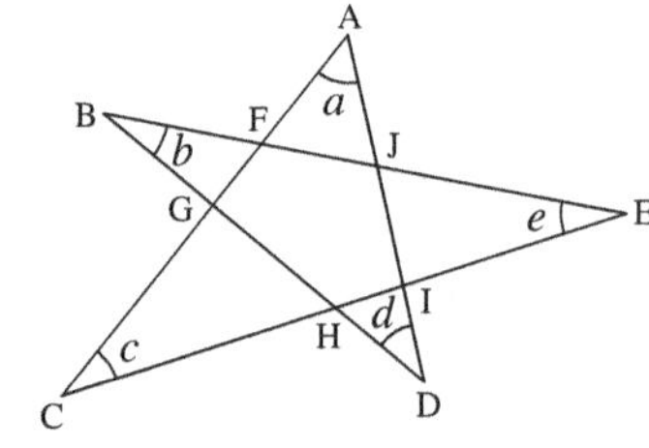

5 (2次関数)

(1)　$y=ax^2$にA(3，12)を代入すると，$12=a\times3^2$　$12=9a$　$-9a=-12$　$a=\frac{12}{9}=\frac{4}{3}$となる。

(2)　$y=\frac{4}{3}x^2$に$x=-2$を代入すると，$y=\frac{4}{3}\times(-2)^2=\frac{4}{3}\times4=\frac{16}{3}$　よって，点Bのy座標は$\frac{16}{3}$である。

★ワンポイントアドバイス★

基本問題の確認と演習をたくさんしておくことが大切となる。

＜英語解答＞

1 (1) ① (2) ③ (3) ④ (4) ① (5) ①
2 (1) ② (2) ② (3) ④ (4) ① (5) ②
3 (1) ⑥ (2) ④ (3) ④ (4) ① (5) ③ (6) ⑤ (7) ①
(8) ⑥
4 (1) ② (2) ② (3) ① (4) ③ (5) ④
5 (1) ③ (2) ③ (3) ① (4) ② (5) ④ (6) ②

○配点○
1 各2点×5 2 各2点×5 3 各3点×8 4 各4点×5 5 各6点×6
計100点

＜英語解説＞

基本 1 (文法・語い：単語，語句補充・選択，関係代名詞，前置詞，分詞)

(1) 「危険な，あるいは，興味深いことが起きるわくわくする体験」→ adventure「冒険」 an exciting experience in which ～ things happen ← 関係代名詞が前置詞の目的語になる場合 1)〈前置詞＋関係代名詞〉 2)〈(関係代名詞)～前置詞〉でも可。 mountain「山」 sea「海」 TV game「テレビゲーム」

(2) 「8本の腕のある動物」→ octopus「タコ」 with「～をもって，を所有する」(所持・所有) bird「鳥」 dinosaur「恐竜」 polar bear「ホッキョクグマ，シロクマ」

(3) 「1年の9番目の月」→ September「9月」 April「4月」 December「12月」 November「11月」

(4) 「頭部の前の部分」→ face「顔」 ears「耳」 foot「足」 hair「毛」

(5) 「物を作る仕事」→ carpenter「大工」 a job making things ←〈名詞＋現在分詞＋他の語句〉「～している名詞」現在分詞の形容詞的用法 dentist「歯医者」 hunter「猟師」 journalist「新聞雑誌記者」

重要 2 (文法・語い・単語・熟語：語句補充・選択，助動詞，受動態，不定詞，現在完了)

(1) 〈How many ＋複数名詞～？〉数を尋ねる表現「いくつ？」 How long ～?「どのくらい長い？」(長さ・時間) How much ～?「どのくらい多い？／いくら？」 What animal ～?「どの動物？」

(2) 〈May I speak to ～?〉電話で話し相手を呼び出す時に使う表現 may「～してもよい，かもしれない」 should「～すべきである，きっと～だろう」 must「～に違いない，せねばならない」 will 未来の助動詞「～だろう，するつもりだ」

(3) is loved「愛されている」だから，受動態〈be動詞＋過去分詞〉にする。

(4) important「重要な」←〈It is ＋形容詞＋ for ＋S＋不定詞[to ＋原形]〉「Sにとって～[不定詞]するのは…[形容詞]である」 impressive「印象的な」 necessary「必要な」 popular「人気のある」

(5) ever「今までに」〈Have[has]＋主語＋過去分詞～？〉現在完了(完了・経験・結果・継続)の疑問文 ever は過去分詞の前に入る。 already「既に」 never「決して～ない」 yet「否定文：まだ～ない／疑問文：既に」

や難 3 (文法・作文：語句補充，助動詞，比較，現在完了，関係代名詞，進行形，分詞)

(1) May I ask you a favor? 願い事を依頼する際の決まり文句 may「～してもよいですか，

かもしれない」 favor「好意，引立て，寵愛」〈ask ＋人＋もの〉の語順になるので，注意。

(2) Which bus goes to Komaki station? 疑問詞が主語の位置にある疑問文〈疑問詞＋動詞～？〉「どちらのバス」なので，which bus「疑問詞＋名詞」の一体型になるので，注意。

(3) You do not have to have breakfast. 〈have[has]＋不定詞[to ＋原形]〉「～しなければならない」の否定形 →「～する必要がない」 have = eat

(4) Taro runs not as fast as Jiro. 〈as ＋原級＋ as ＋A〉の否定形「Aほど～でない」

(5) How long have you lived here? 〈How long ～?〉「どのくらい長い？」ものや時間の長さを尋ねる表現／〈have[has]＋主語＋過去分詞〉現在完了(完了・経験・結果・継続)の疑問文

(6) Taro is a student who is playing baseball. 〈先行詞(人)＋主格の関係代名詞 who ＋動詞〉「～する先行詞」〈be動詞＋ -ing〉進行形「～しているところです」

(7) I don't know how to cook curry. 〈how ＋不定詞[to ＋原形]〉「～する方法，の仕方」

(8) The man playing the piano is not Taro. 〈名詞＋現在分詞＋他の語句〉「～している名詞」現在分詞の形容詞的用法

4 **(会話文問題：語句補充・選択，関係代名詞，動名詞，受動態，接続詞)**

(全訳) (タロウとマイクはちょうど寄席に着いたところだ)

タロウ(以下T)：A②さあ，着いたよ。／マイク(以下M)：ここで落語が見られるの？／T：その通りだよ。落語は通常これらの特別の劇場で開催されるんだ。劇場はしばしば人通りの激しい場所に面した古い建物内にあるんだ。／M：古い日本の建物は美しいよね。／T：落語も非常に伝統のあるものなので，落語には古い建物がピッタリなんだ。落語は17世紀後半の江戸時代に始まったんだ。最初はB②噺家が社交的な集まりで落語をしたのさ。時には，通りの傍ですることもあった。後に，落語のために劇場が建てられて，C①多くの人々に受け入れられたのさ。／M：D③それでは，それらの話は何に関するものだろうか？／T：ほとんどの話が江戸時代と明治時代の間に作られたんだ。それらの話は18世紀から19世紀にかけての人々に関して語っているよ。／M：E④したがって，僕らは本当に古い話を聞くのだね。／T：その通り。今でも，何百年前と同じ話があるんだ。それが落語さ。／M：それは興味深いね。僕は歴史の長いものが好きなんだ。／T：まもなく始まるよ。

重要 (1) 空所Aを受けて，「ここで落語が見られるの？」と述べられているので，正解は，Here we are.「さあ，着いた／(探していたものなどが)ここにあった，いいかね，見てごらん」。 Here we come.「ここに私達は来る」 Here you are.「(探し物・望みものを差し出す時に使用)はい，どうぞ」 Here we go.「さあ，始めるぞ，行くぞ，それっ！」

やや難 (2) 落語の由来について語られている箇所。空所の次の文は they が主語になっているので，①・③は主語が単数なので，不可。文脈上，正解は，②「(当初)噺家が社交的な集まりで落語を演じた」。at first「最初」 ①「1人の人物が多くの役柄を演じた」 act out「～を実演する，を表現する」 character「性格，特徴，登場人物，文字」 ③「話すのが好きな1人の人物が落語を創始した」 a man who liked talking started rakugo ← 〈先行詞(人)＋主格の関係代名詞 who ＋動詞〉「～する先行詞」／動名詞[-ing]「～すること」 ④「人々は面白い話を聞くのが好きだった」～ like listening to ～ ← 動名詞[-ing]「～すること」

やや難 (3) 空所を含む文は「後に，劇場が落語のために作られて，(C)」。正解は，①「多くの人々に落語は受け入れられた」。later「後に」 was built ← 〈be動詞＋過去分詞〉受動態「～される」 ②「それが最初の落語の興行だった」空所Bの前に at first とあり，空所Cの前には later とあるので，当てはまらない。 ③「落語家は多くの違う身振り手振りを示す」／④「落語は日本の伝統的な物語を語ることである」③・④共に，時制が食い違っていて，空所の前の「劇場の建設」に文脈上，つながらないので，不適。

やや難 (4) 空所を含むせりふに対して，「ほとんどの話が江戸時代と明治時代の間に作られた。それらの話は我々に18世紀から19世紀にかけての人々に関して伝えている」と落語が扱う対象を述べていることから考える。正解は，③「では，落語は何について語っているのか」。so「副詞；このように，そう／接続詞;それゆえに，だから，したがって，それでは，じゃあ」 were made ←〈be動詞＋過去分詞〉受動態「～される」 ①「では，それはいつ始まるか」後続文との時制・主語の数の食い違いが生じるので，不可。 ②「では，落語の起源はどこにあるのか」応答文が場所について述べていないので，不適。come from 由来，起源，出身などを表す。 ④「では，いつそれは人気が出たのか」次の発言で，人気を博した時期について触れられていないので，不可。

基本 (5) 空所の発言を受けて，「その通り。今でも，何百年前と同じ話があるんだ。それが落語さ」と答えているので，正解は「落語は長い歴史を有する」という趣旨の④「では，我々は本当に古い話を聞くのだね」。so「副詞；このように，そう／接続詞；それゆえに，だから，したがって，それでは，じゃあ」 the same as「～と同一の，同じ，同様の」 hundreds of「何百年の～」他の選択肢は全て文脈にそぐわない。①「だから，物語は再生される」 are recreated ←〈be動詞＋過去分詞〉受動態「～される」 recreate「改造する，作り直す，気晴らしさせる，元気づける，休養させる」 ②「だから，私達は歴史を勉強しなければならない」〈have[has]＋ to ＋原形〉「～しなければならない，違いない」 ③「だから，私達は年老いた俳優に会うことができる」

5 **(長文読解問題・歴史・伝記：文挿入，語句解釈，内容吟味，要旨把握，関係代名詞，助動詞，前置詞，動名詞，間接疑問文，比較，受動態，現在完了，感嘆文)**

(全訳) (この物語はサンリオの創設者である辻信太郎とハローキティーの創設に関するものである)

辻の最初の店は新宿ギフトゲイトと呼ばれた。1971年に日本の東京で開店した。

会社には，言い易く，覚え易い新しい名前が必要であるかもしれない，と辻は考えた。社名は人々の感情に訴え，なおかつ，深い意味を有するものであるべきだ，というのが彼の考えだった。世界3大古代文明が川に隣接して作り出された過程，つまり，バビロンはティグリス川の近くで，エジプトはナイル川に沿って，中国は黄河の流域に築かれたことを彼は記憶していた。彼は自分の店名に，「3」と「川」という構想を用いることを決意した。San(サン)は，日本語と中国語の「3」に対する単語を西洋のアルファベットを用いて表す綴り方である。リオは川に対するスペイン語だ。1973年に会社は公式にその名前をSanrio(サンリオ)に変えた。

1960年代の間ずっと，サンリオの商品に対して有名な漫画家のキャラクターを起用するのに，辻は使用料を支払ってきた。でも，サンリオが自前のキャラクターを創り上げることを辻は望んだ。彼はお抱えのデザイナーを起用したかったのである。

(a)辻はサンリオの贈り物が高価になりすぎることを望まなかった。彼は子供達がちょっとした楽しみとしてそれらを買うことができるようにしたかったのである。Cそれは若い人々の心に訴えるデザインを彼が必要としていることを意味した。辻はイチゴ模様を商品に描くことで成功をおさめた。続いて，彼はさくらんぼを試してみた。だが，誰もこれらの商品に手を出さなかった。何か新しいことを試す時期であることを彼は悟った。子供達はみんな動物のことが好きな様子だったので，彼の芸術家達に動物のキャラクターを描くように提案した。辻は子供達に話しかけることで，彼らのb②好みの動物は，犬，猫，そして，クマであるということを知っていた。でも，ピーナッツ漫画の犬，スヌーピーは既に日本で絶大な人気があった。イギリスのクマ，ウィニー・ザ・プーも同様だった。残されたのは猫であった。猫なら成功をおさめるキャラクターになるかもしれないと辻は考えた。

そして，1974年に，1人のデザイナーがキティーホワイトとみずからが呼ぶキャラクターの新たな線画を辻の元へ持参した。キティーホワイトの頭部はとても大きく，身体は小さかった。鼻は黄色で，目は2つの黒い点で，そして，左耳には，赤いちょうちょ結びにしたリボンが描かれていた。青いつなぎ服を着て，顔を見る者の方へ向けられ，横座りをしていた。一方の彼女の隣には，ストローの付いた小さな牛乳瓶が，もう一方には，赤い金魚が泳ぐ金魚鉢が配置されていた。

やや難 (1) 「子供がちょっとした楽しみとしてサンリオの贈り物を買うことができるようにするのが彼の希望だった」→「Cそれは若い人々の心に訴えるデザインを彼が必要としていることを意味した」→「辻はイチゴ模様を商品に描くことで成功をおさめた」 Cの位置に下線部の文を挿入することで，〈願い〉→〈解決策〉→〈実践〉という自然な論旨の展開が完成する。designs that would appeal to ～ ←〈先行詞＋主格の関係代名詞 that ＋動詞〉「～する先行詞」 would ← will の過去形〈be動詞＋ able ＋不定詞〉「～できる」 by putting ←〈前置詞＋動名詞〉

基本 (2) 第一段落に He remembered how the world's three earliest great civilizations were established on rivers：～／He decided to use the concepts of "three" and "river" for his store's name.／San is the way to spell the Japanese and Chinese word for three using the Western alphabet. Rio is the Spanish word for river. とあるので，これを元に考えること。remembered how the world's three earliest great civilizations were established ～ ← 疑問文(How were the world's three earliest great civilizations established?)が他の文に組み込まれる[間接疑問文]と，〈疑問詞＋主語＋動詞〉)の語順になる。／earliest ← early「早い」の最上級／were established ← 受動態〈be動詞〉「～される」 using ～「～を使って」

基本 (3) 下線部(a)は，「辻はサンリオの贈り物が高価になりすぎることを望まなかった」の意。その理由は，後続文に He wanted kids to be able to buy them as small treats. と説明されている。したがって，正解は，①「辻は喜びのために子供達に商品を手にして欲しかった」。〈want ＋人＋不定詞〉「人に～して欲しい」 for pleasure「慰みに」〈be動詞＋ able ＋不定詞〉「～できる」 as「接続詞：～と同じくらいに，のように，につれて，の時，なので／前置詞：～として」 ②「辻は漫画家に多くのお金を支払いたくなかった」 a lot of「多くの～」 ③「辻は子供達に彼の商品を買い続けて欲しかった」 keep －ing「～し続ける」 ④「親が簡単に多くのサンリオ商品を購入することを辻は望んだ」

やや難 (4) (b)を含む文は「辻は子供達に話しかけることで，彼らの(b)は，犬，猫，そして，クマであるということを知っていた」の意。直前に he suggested that his artists draw animal characters. とあるのを参考にすること。正解は favorite animals「好みの動物」。from talking to ～ ←〈前置詞＋動名詞〉／talk to「～に話しかける」〈suggest that ＋主語＋(should)原形〉「(考え・計画などを)(人に)持ち出す，提案する」 favorite pets「好きなペット」 favorite characters「好きなキャラクター」 favorite anime「好きなアニメ」

重要 (5) ①「辻は行ったことがある3つの川によって，彼の店をサンリオと名付けた」(×) 辻が3つの川に行ったことがあるか，ないかは未記載なので，不適。name O C「OをCと名付ける」 three rivers which he has been to ←〈先行詞(もの)＋目的格の関係代名詞 which ＋主語＋動詞〉「主語が動詞する先行詞」／have[has] been to「～へ行ったことがある，へ行ってきたところだ」 ②「イチゴとさくらんぼの模様を商品に取り付けることが，子供達の間で広まった」(×) イチゴやさくらんぼを商品に付けたのは子供達でなく，辻の試みであり，さくらんぼの図案は不評だったので，不可。putting ← 動名詞[-ing]「～すること」 had had 過去完了〈had ＋過去分詞〉 by putting ←〈前置詞＋動名詞〉 ③「有名な漫画家が新しいキャラクター，"キティーホワイト"を創り出した」(×) 第5段落第1文に Then, in 1974, one designer brought Tsuji a new drawing of a character she called Kitty White. と書かれているだけで，「有名」との記述はない。well-known「有名な」 a new drawing of a character▼she called Kitty White ←〈先行詞(＋目的格の関係代名詞)＋主語＋動詞〉目的格の関係代名詞の省略／call O C「OをCと呼ぶ」 ④「辻は人々を引きつけるために彼の会社を簡単な名前に名付けなければならなかった。」(○) 第2段落第1文・最終文に一致。〈had ＋不定詞[to ＋原形]〉「しなければならなかった」←〈have to ＋原形〉の過去形 for attracting ～〈前置詞＋動名詞〉 might ← may「～かもしれない，しても良い」の過去形 something easy to say and remember ←〈something ＋形容詞〉／〈名詞＋不定詞〉不定詞[to ＋原形]の形容詞的用法「～する(ための)すべき名詞」 change A to B「AをBに変える」

重要 (6) 本文はハローキティーが誕生するまでの経緯が記されているので，正解は，Before Hello Kitty Was Born「ハローキティーが生まれる前」。〈be動詞＋ born〉「生まれる」 ①「ハローキティーがもたらしたもの」関係代名詞 what ＝ the thing(s) which[that]「～すること，もの」先行詞を含む関係代名詞 ③「ハローキティー，こんにちは世界」 ④「ハローキティーがいかに人気があるのか」 How Popular Hallo Kitty Is ← 感嘆文〈How ＋形容詞[副詞]＋主語＋動詞！〉／〈What ＋形容詞で修飾された名詞＋主語＋動詞！〉「何と～だろう」

★ワンポイントアドバイス★

③の語句整序問題を取り上げる。2024年度は8題で，計24点分出題された。日本語は与えられているが，助動詞，比較，現在完了，関係代名詞，不定詞，分詞など文法項目が多岐に渡っているので，注意すること。

＜社会解答＞

1	問1 1 ④	問2 2 ④	問3 3 ③	問4 4 ③	問5 5 ①
2	問1 6 ②	問2 7 ①	問3 8 ③	問4 9 ①	問5 10 ③
3	問1 11 ④	問2 12 ②	問3 13 ②	問4 14 ④	問5 15 ①

○配点○

1 各3点×5　2 各3点×5　3 各4点×5　計50点

＜社会解説＞

1 (各分野総合問題)

やや難 問1 伊勢湾台風は1959年9月夕，紀伊半島先端の潮岬に上陸した台風15号を指す。死者・行方不明者数は全国32道府県で5098人に上り，台風の被害としては明治以降最悪であった。愛知県と三重県では高潮が発生して，両県の犠牲者数は，全体の83％を占めるほどの被害がでた。

問2 選択肢の都市を通過する順に並べると，東京→横浜市→静岡市→名古屋市→伊勢神宮となり，京都市は通過しない。

重要 問3 この海岸とは志摩半島の伊勢志摩国立公園周辺のリアス海岸を指している。その中でも英虞湾は真珠の養殖で有名である。

問4 平成28年G7伊勢志摩サミット当時のドイツの首相は，アンゲラ・メルケル(女性)であった。

問5 G8とは，G7にロシアを加えた首脳会議のことである。

2 (日本の歴史―政治・外交史，社会・経済史)

基本 問1　1582年本能寺の変で信長が自害する約3ヶ月前，武田勝頼は信長の息子の信忠に滅ぼされていた。

やや難 問2　津山から津山線で岡山に行き，岡山から山陽本線で東岡山に行き，東岡山から赤穂線で赤穂に行くのが最短ルートとなる。

重要 問3　後醍醐天皇は，政治の実権を朝廷に取り戻すために，幕府をたおそうとしたが，1度は隠岐に流された。しかし，楠木正成などの新興武士や有力御家人の足利尊氏や新田義貞などが味方に付いたことで，1333年，鎌倉幕府を滅ぼした。

問4　選択肢の4つの山の中では，富士山が稲村ケ崎の北西にあり，一番距離が近いので，正解となる。

問5　漫画2は1333年新田義貞が鎌倉を攻略して鎌倉幕府を滅亡させたことををあらわしている。漫画1は1582年本能寺の変をあらわしている。この2つの間に入るのは，1467年に起きた応仁の乱である。壇ノ浦の戦いは1185年，承久の乱は1221年，関ケ原の戦いは1600年，それぞれの年に起きている。

3 (日本の歴史と公民の総合問題)

問1　現在の行政機構の中では，警察は，国家公安委員会が統括している。

問2　かつて，気象庁は運輸省の外局であったが，2001年1月，中央省庁再編に伴い 国土交通省の外局となった 。

問3　現在の日本における高さを決めるための基準となる点である日本水準原点が置かれている場所が三宅坂である。そして，この三宅坂には戦前は陸軍省や参謀本部など陸軍関係の建物があったということから，正解は②と考えられる。

基本 問4　桜田門外の変は，1860年3月3日に，江戸幕府大老井伊直弼が江戸城外の桜田門の目の前で暗殺された事件である。

問5　最高裁判所は，日本国憲法が施行された1947年5月3日に，日本国憲法および同日に施行された裁判所法に基づき設置された，日本の司法機関における最高機関である。

★ワンポイントアドバイス★

2問1　武田勝頼は，上杉謙信と川中島の戦いで対決した武田信玄の子どもである。

3問1　国家公安委員会は，警察庁を管理する内閣府の外局で，行政委員会の1つであり，警察行政の政治的中立性の確保などを役割としている。

<理科解答>

	(1)	(2)	(3)	(4)
4	①	③	④	①
5	②	②	③	③
6	③	②	①	④
7	②	③	③	②

○配点○

4 (2) 4点　(4) 2点　他 各3点×2　5 (1) 3点　(4) 2点　他 各4点×2

6 (1) 2点　(2) 3点　他 各4点×2　7 (1) 2点　(3) 4点　他 各3点×2

計50点

＜理科解説＞

4 （物理総合―音の伝わり方，圧力，電流と電圧，力のつり合い）

(1) AさんとBさんが音を聞こえる時間の差は，6.3(秒)－3.8(秒)＝2.5(秒)なので，AさんとBさんの距離は，340(m)×2.5＝850(m)である。

(2) 100gの物体にはたらく重力が1Nとすると，X～Zさんに両足の裏にかかる圧力は，それぞれ次のようになる。X：630(N)÷0.03(m^2)＝21000(Pa)，Y：560(N)÷0.028(m^2)＝20000(Pa)，Z：550(N)÷0.025(m^2)＝22000(Pa)である。また，右足だけで体重計に立っていても重さは変わらないが，圧力は2倍になる。

(3) 20Ωの抵抗と30Ωの抵抗を直列につなぐと，回路全体では，20(Ω)＋30(Ω)＝50(Ω)となる。したがって，電源の電圧は，50(Ω)×0.2(A)＝10(V)である。また，20Ωの抵抗にかかる電圧は，20(Ω)×0.2(A)＝4.0(V)であり，30Ωの抵抗にかかる電圧は，30(Ω)×0.2(A)＝6.0(V)である。

基本 (4) 1つの物体に2つの力がはたらき，「2つの力が同一直線上にある。」「2つの力の大きさが等しい。」「2つの力が反対の方向を向いている。」とき，2つの力はつり合っているので，物体は静止したままか，等速直線運動をする。

5 （化学総合―銅の酸化，空気中の水蒸気量，密度，原子）

やや難 (1) 1.6gの銅の粉末を加熱すると1.9gになったので，1.9(g)－1.6(g)＝0.3(g)の酸素が結びついた。また，表の結果から，銅が酸化するときの銅と酸素と酸化銅の質量の比は4：1：5なので，このとき，酸素と結びついた銅の質量は，0.3(g)×4＝1.2(g)である。したがって，反応せずに残った銅の質量は，1.6(g)－1.2(g)＝0.4(g)である。

(2) 室温が22℃になったときに金属容器の表面がくもり始め，さらに15℃まで下げたので，1m^3の空気から出てくる水滴は，19.5(g)－13.0(g)＝6.5(g)である。したがって，100m^3の部屋では，6.5(g)×100＝650(g)の水滴が出てくる。

(3) 55.9gの金属の体積が，57.1(cm^3)－50.0(cm^3)＝7.1(cm^3)なので，密度が，$\frac{55.9(g)}{7.1(cm^3)}$＝7.873…($g/cm^3$)より，7.87$g/cm^3$なので，鉄であることがわかる。

重要 (4) 原子は，物質を構成している最小の粒子であり，他の種類に変わったり，なくなったりしない。また，種類によって，質量や大きさが決まっている。

6 （生物総合―無性生殖，血液の流れ，形質の比率，光合成）

(1) ① アメーバやゾウリムシは単細胞生物の仲間である。

② 酵母は出芽によって，カビは胞子によって，それぞれ新しい個体をつくる。

③ サツマイモは根，ジャガイモは茎にそれぞれ養分をたくわえていて，それぞれ芽や根が出てくることで新しい個体ができる。このようなふえ方を栄養生殖という。(正しい)

④ 細菌類の大腸菌や乳酸菌は分裂によって新しい個体を増やす。

基本 (2) 全身を通った血液は大静脈を通り，右心房から右心室に入り，肺動脈を通ってから肺に入る。また，肺では，酸素と二酸化炭素が交換されてから，血液は肺静脈を通り，左心房から左心室に入り，大動脈を通って全身に送られる。

重要 (3) 親の形質がAa(丸形)とaa(しわ形)のとき，子の形質は，Aa：aa＝1：1となる。

重要 (4) 光合成は，葉緑体で行われ，光のエネルギーを利用して，二酸化炭素と水からデンプンと酸素をつくるはたらきである。

7 （地学総合―鉱物，湿度，示準化石，惑星）

基本 (1) 石英と長石は無色鉱物である。

(2) 湿度は，$\frac{10.0(g)}{17.2(g)}$×100＝58.1…(%)より，58%である。

(3)　三葉虫は古生代の示準化石，アンモナイトは中生代の示準化石である。

(4)　冥(めい)王星は月よりも小さく，他の惑星とは軌道面が大きく傾いていることから，現在では，準惑星に区分されている。

★ワンポイントアドバイス★

生物・化学・地学・物理の4分野において，基本問題に十分に慣れておくこと。

＜国語解答＞

一　問1　1 ③　2 ②　3 ⑤　4 ①　5 ④　問2 ③　問3 ②　問4 ①　問5 ②　問6 ④

二　問1 ③　問2 ①　問3　13 ④　14 ④　問4　15 ④　16 ②　17 ①　18 ③　問5 ④　問6 ②　問7 ③　問8 ①

三　問1 ③　問2 ④　問3 ④　問4 ④　問5 ③　問6 ②

○配点○

一　問1・問2　各2点×6　問3　4点　他　各3点×3　二　問2・問6　各5点×2　問5・問7・問8　各7点×3　他　各2点×7　三　問1・問2　各3点×2　問3・問4　各5点×2　他　各7点×2　計100点

＜国語解説＞

一　(詩―漢字，語句の意味，脱文補充，表現技法，心情，品詞)

問1　(a)　途中　①　登山　②　生徒　③　途絶　④　都会　⑤　図書
(b)　情　①　上気　②　友情　③　条文　④　場外　⑤　気丈
(c)　拡散　①　直角　②　別格　③　自覚　④　比較　⑤　拡大
(d)　伴走　①　同伴　②　出番　③　万雷　④　画板　⑤　談判
(e)　締めくくられ　①　閉め　②　占め　③　絞め　④　締め　⑤　染め

問2　「SNS」は，ソーシャル(social)・ネットワーキング(networking)・サービス(service)の略なので，③が適切。

やや難　問3　アは，直後に「鞄のなかから引きずり出されたりして」とあるので，Bの「鞄のなかにおしこまれては」が入る。イは，直前の「手あかでよごされ」と並立するので，Cの「へなへなになつたりして」が入る。ウは，直後に「おかげで少しは悧巧(りこう)になつた気がするのだ」とあるので，Dの「ぼくもいよいよ進級だ」が入る。エは，直前に「押入の片隅にもぐりこみ」とあるので，Aの「つかれを休める時が来るのだ」が入る。

問4　「教科書」に対して，「教科書たちよ」と呼びかけ，「おまへたち」と表現しているので，人でないものを人に見立てて表現する「擬人法」が適切。

やや難　問5　「切ない」と感じる理由については，直前に「こちらの若者に教科書へのジョウはなかったか」「高校時代に教科書計六・五キロ分を川に投げ捨てたとして大阪の大学生が廃棄物処理法違反(不法投棄)の疑いで送検された」「卒業前に教科書を持ち帰ることになったが，重くて川に投げた」「教科書を『使ったことないです。こんなん』と言いながら投げ捨てる動画が交流サイト

(SNS)で拡散した」「ふざけたつもりかもしれないが，後味はよくない。教科書は苦手科目であっても，学校生活のバン走者。いずれ捨てるにしても，最後が冷たい川では」とある。②は，「書類送検された」という事実の説明なので，「切なさ」の理由にはあてはまらない。

問6　直後の動詞を含む文節「シめくくられる」にかかるので，主に用言を修飾する活用のない自立語の「副詞」が適切。

二　**(論説文—脱語補充，慣用句，接続語，語句の意味，品詞，四字熟語，文脈把握，主題)**

問1　直後に「何かを成し遂げたあとに使います」とあるので，ある一時期を華やかに過ごす，という意味の「ひと花咲かせ(る)」が適切。「ひと息いれる」は，ちょっと休むこと。「ひと皮むける」は，洗練される，技術などが以前よりも向上する，という意味。「ひと風呂浴びる」は，ちょっと風呂に入る，という意味。

問2　Ⅰ　直前に「……，多くの植物たちにとって，そんなにたいそうな大仕事ではない」とあるのに対し，直後には「多くの植物は，自分の花粉を同じ花の中にある自分のメシベにつけてタネを残すことを望んでいません」とあるので，逆接を表す「ところが」が入る。

Ⅱ　直前の「いろいろな性質の子どもがいると，……どれかの子どもが生き残ることができる」と直後の「生き物はいろいろな性質をもった子どもをつくりたいのです」は，順当につながる内容なので，順接を表す「ですから」が入る。　Ⅲ　文末の「～からです」に呼応する語として，理由を説明する意味の「なぜなら」が入る。　Ⅳ　前の「……一族郎党が全滅する可能性があります」と，直後の「隠されていた悪い性質が発現する可能性があります」を並立させているので，並立を表す「また」が入る。

問3　(ⅰ)「個体」は，一つ一つの事物，独立して生活を営む生物体，という意味。ここでは，「植物」「生き物」とあるので，④が適切。　(ⅱ)「世代」には，親・子・孫などと続くときの，人の一代，ある年齢層，という意味があるが，ここでは，直後に「つないでいく」とあるので④が適切。

問4　「ある(連体詞)・病気(名詞)・に(助詞)・強い(動詞)」と分けられるので，「用言(動詞)」は④の「強い」。「名詞」は②の「強い」。「体言を修飾するのは「連体詞」なので，①の「ある」が適切。「付属語」とは，「助詞」か「助動詞」なので，「助詞」にあてはまる③の「に」が適切。

問5　「一族郎党(いちぞくろうとう)」とは，血縁者とその家臣，という意味で，転じて，有力者を中心に，共通の利害関係で結ばれた関係者を意味するので，用例としては，「一族郎党の力を終結」とする④が適切。

問6　②は，「不都合な環境に耐えるしかない」という部分が適切でない。最終段落には「タネは，夏の暑さや冬の寒さ，乾燥などの不都合な環境に耐えることができます」とある。

問7　本文は，「植物」の営みを，「(植物たちの)大仕事」と表現し，具体例を用いてわかりやすく説明しているので，「専門用語を多用」とする③は適切でない。

問8　冒頭の段落に「植物たちにとっては……『大仕事』が待っています」とあり，「タネをつくって子孫を残すという大仕事」として，この後，植物たちの「大仕事」について説明されているので，①の「『大仕事』とは？」が適切。

三　**(古文—仮名遣い，指示語，文脈把握，現代語訳，係り結び，ことわざ，大意，主題)**

問1　歴史的仮名遣いの「ゑ」は，現代仮名遣いでは「え」となるので，「ゑのこ」は「えのこ」となる。「ゑのこ(狗)」は，犬の子，子犬，という意味。

問2　「これ」は，直前の「かの主人，外より帰りし時，かのゑのこ，その膝に上り，胸に手を上げ，口のほとりをねぶりまはる」を指すので，「とび付いたりなめたりして，帰ってきた主人に甘えるところ」とする④が適切。

問3 「ほのか」は，はっきりしていない，かすかだ，という意味，「由」には，理由，わけ，原因，ようす，などの意味があるので，④が適切。

問4 「かやうにこそ侍らめ」には，強調の係助詞「こそ」が見られ，係り結びの法則により，文末は已然形の「侍らめ」となっている。強調の係助詞「こそ」によって「私もこのようにしましょう」という意味になるので，「話し手の行動を促す効果」とする④が適切。

問5 文末に「自分の身分に応じて，人とのつきあいをするのがよい」とあるので，物事は中庸が大事だ，という意味の「過ぎたるはなお及ばざるがごとし」が適切。

問6 本文に描かれているのは，主人に可愛がられる子犬をうらやんで，自分も同じように可愛がられたいと思った馬が，子犬の行動をまねたところ，主人の怒りを買ってしまった，という話で，「その如く，人の親疎もわきまへず，我が方より馳走顔(ちそうがほ)こそ，甚だもつて，おかしき事なれ(そのように，人が親しいか親しくないかの区別も考えずに，自分の方からなれなれしく親しそうにふるまうのは，まことにおかしなことなのだ。)。」とあるので，「馬が子犬のまねをしてもうまくいかない」とする②が適切。

★ワンポイントアドバイス★

漢字，語句，文法などの国語知識は，幅広い出題に備えて，万全な対策を講じておこう！　読解対策として，接続語・指示語の問題の解答の仕方を確認しておこう！

2023年度

★★★★★★★★★★★★★★★★★★★★★★★★

入　試　問　題

2023年度

誉高等学校入試問題

【数　学】（40分）　＜満点：100点＞

[1] 次の⑴から⑻までの問いに答えなさい。

⑴ $5-(-4)$ を計算しなさい。【解答番号1】

① -20　② -9　③ -1　④ 1　⑤ 9　⑥ 20

⑵ $(-2)^3 \div 4 - 3^2$ を計算しなさい。【解答番号2】

① -11　② -7　③ -4　④ 4　⑤ 7　⑥ 11

⑶ $8ab^2 \times 3a \div 6a^2b$ を計算しなさい。【解答番号3】

① $4a$　② $4ab$　③ $4b$　④ $6a$　⑤ $6ab$　⑥ $6b$

⑷ $\dfrac{3x+2y}{5}-\dfrac{x-3y}{3}$ を計算しなさい。【解答番号4】

① $\dfrac{2x+5y}{15}$　② $\dfrac{4x-9y}{15}$　③ $\dfrac{4x+21y}{15}$

④ $\dfrac{12x+19y}{5}$　⑤ $\dfrac{14x-9y}{15}$　⑥ $\dfrac{14x+21y}{15}$

⑸ $(2\sqrt{3}+\sqrt{2})(\sqrt{3}-\sqrt{2})$ を計算しなさい。【解答番号5】

① $2-\sqrt{6}$　② $4-\sqrt{6}$　③ $6-\sqrt{6}$

④ $2-2\sqrt{6}$　⑤ $4-2\sqrt{6}$　⑥ $6-2\sqrt{6}$

⑹ $(x+3)^2-2(x+3)-24$ を因数分解しなさい。【解答番号6】

① $(x-8)(x+2)$　② $(x-7)(x+3)$　③ $(x-6)(x+4)$

④ $(x-4)(x+6)$　⑤ $(x-3)(x+7)$　⑥ $(x-2)(x+8)$

⑺ 連立方程式 $\begin{cases} ax-by=10 \\ 2ax+by=8 \end{cases}$ の解が $x=3$，$y=-1$ であるとき，a，b の値を求めなさい。

【解答番号7】

① $a=1$，$b=4$　② $a=1$，$b=8$　③ $a=2$，$b=4$

④ $a=2$，$b=12$　⑤ $a=3$，$b=8$　⑥ $a=3$，$b=12$

⑻ 2次方程式 $6x^2-2x-1=0$ を解きなさい。【解答番号8】

① $x=\dfrac{-1\pm\sqrt{7}}{6}$　② $x=\dfrac{1\pm\sqrt{7}}{6}$　③ $x=\dfrac{1\pm\sqrt{7}}{3}$

④ $x=\dfrac{-1\pm\sqrt{14}}{6}$　⑤ $x=\dfrac{1\pm\sqrt{14}}{6}$　⑥ $x=\dfrac{1\pm\sqrt{14}}{3}$

[2] あとの⑴から⑹までの問いに答えなさい。

⑴ 関数 $y=-\dfrac{1}{3}x^2$ について，x の値が3から6まで増加するときの変化の割合を求めなさい。

【解答番号9】

① -9　② -6　③ -3　④ 3　⑤ 6　⑥ 9

⑵　大小２つのさいころを同時に投げるとき，出た目の数の和が９以上となる確率を求めなさい。ただし，大小２つのさいころはともに，1から６までのどの目が出ることも同様に確からしいものとする。【解答番号10】

①　$\frac{2}{9}$　②　$\frac{5}{18}$　③　$\frac{1}{3}$　④　$\frac{7}{18}$　⑤　$\frac{4}{9}$　⑥　$\frac{1}{2}$

⑶　次の資料は，あるクラス10人の小テストの結果である。この資料における中央値を求めなさい。【解答番号11】

（単位：点）

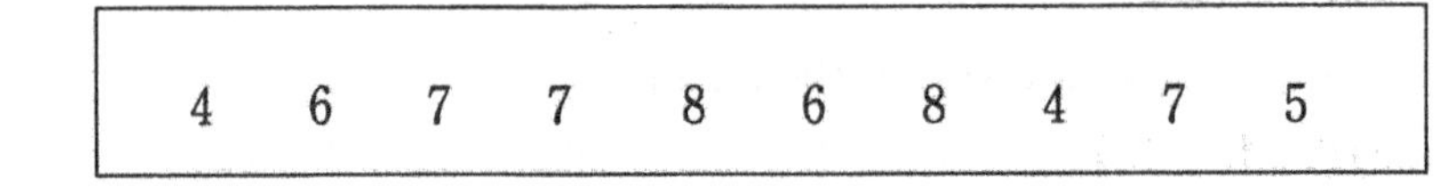

4　6　7　7　8　6　8　4　7　5

①　5.5点　②　6点　③　6.5点　④　7点　⑤　7.5点　⑥　8点

⑷　$\sqrt{\frac{540}{n}}$ が自然数となるような，最も小さい自然数 n の値を求めなさい。【解答番号12】

①　$n=3$　②　$n=5$　③　$n=6$　④　$n=10$　⑤　$n=15$　⑥　$n=30$

⑸　ある中学校の昨年度の生徒数は男女合わせて300人であった。今年度は，昨年度と比べて，男子は10％減少，女子は20％増加で，全体では２％増加した。今年度の女子の生徒数を求めなさい。

【解答番号13】

①　120人　②　128人　③　136人　④　144人　⑤　152人　⑥　160人

⑹　連続する３つの自然数を，それぞれ２乗して足すと365であった。もとの３つの自然数のうち，最も小さい数を求めなさい。【解答番号14】

①　7　②　8　③　9　④　10　⑤　11　⑥　12

3　右の図のように，関数 $y=ax^2$ のグラフと直線 $y=\frac{1}{2}x+2$ が，２点A，Bで交わっている。２点A，Bの x 座標が，それぞれ -2，4であるとき，次の⑴，⑵の問いに答えなさい。

ただし，$a>0$ とする。

⑴　a の値を求めなさい。【解答番号15】

①　$a=\frac{1}{8}$　②　$a=\frac{1}{4}$

③　$a=\frac{1}{2}$　④　$a=1$

⑤　$a=2$　⑥　$a=4$

⑵　△ＯＡＢの面積を求めなさい。【解答番号16】

①　2　②　4　③　6　④　8　⑤　10　⑥　12

4　右の図のように，平行四辺形ABCDがあり，辺CDの中点をEとする。また，線分AEと線分BDの交点をFとする。

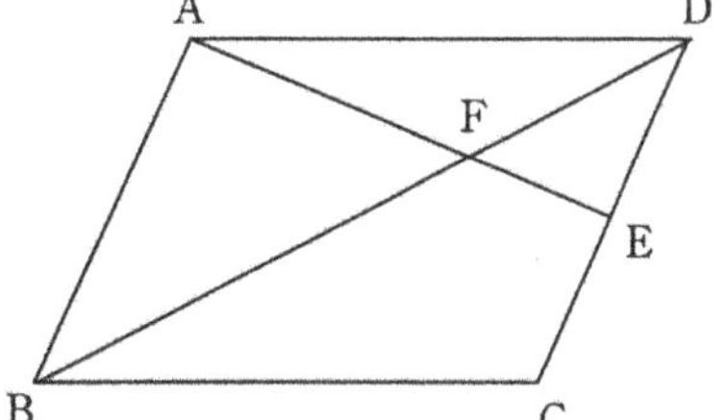

AB＝4㎝，△FAB＝12cm^2のとき，次の⑴，⑵の問いに答えなさい。

⑴　△FEDの面積を求めなさい。【解答番号17】

①　2 cm^2　②　3 cm^2　③　4 cm^2

④　6 cm^2　⑤　8 cm^2　⑥　9 cm^2

⑵　四角形FBCEの面積を求めなさい。【解答番号18】

①　13cm^2　②　14cm^2　③　15cm^2　④　16cm^2　⑤　18cm^2　⑥　20cm^2

5　右の図のように，底面の半径が1㎝，母線の長さが3㎝の円錐がある。このとき，次の⑴，⑵の問いに答えなさい。ただし，円周率はπとする。

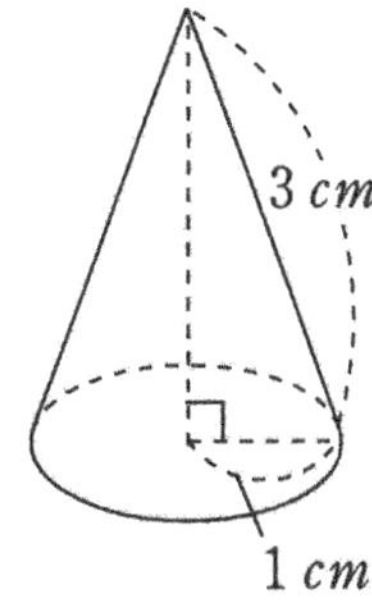

⑴　この円錐の体積を求めなさい。【解答番号19】

①　$\frac{2\sqrt{2}}{3}\pi\ cm^3$　②　$\frac{4\sqrt{2}}{3}\pi\ cm^3$　③　$\frac{8}{3}\pi\ cm^3$

④　$2\sqrt{2}\pi\ cm^3$　⑤　$4\sqrt{2}\pi\ cm^3$　⑥　$8\pi\ cm^3$

⑵　この円錐の表面積を求めなさい。【解答番号20】

①　$4\pi\ cm^2$　②　$8\pi\ cm^2$　③　$12\pi\ cm^2$

④　$18\pi\ cm^2$　⑤　$24\pi\ cm^2$　⑥　$36\pi\ cm^2$

【英　語】（40分）　＜満点：100点＞

1　次の句が表すものとして適当なものを１つ選び，答えなさい。

⑴　a small town in the countryside 【解答番号１】
① village　② street　③ border　④ city hall

⑵　to make something new 【解答番号２】
① report　② invent　③ support　④ invite

⑶　to take a short break from activity to relax 【解答番号３】
① collect　② rest　③ borrow　④ worry

⑷　what we get from a doctor 【解答番号４】
① fever　② headache　③ medicine　④ dentist

2　次の日本語の意味になるように，各英文の（　）に適当なものを１つ選び，答えなさい。

⑴　ご自由にお取りください。【解答番号５】
Please (　　) yourself.
① help　② work　③ take　④ move

⑵　そのケーキは私の母によって作られました。【解答番号６】
The cake was (　　) by my mother.
① make　② makes　③ making　④ made

⑶　ジョンは今週の金曜日までここに滞在する予定です。【解答番号７】
John is going to be here (　　) this Friday.
① by　② until　③ between　④ during

⑷　夏はすべての季節の中でもっとも暑いです。【解答番号８】
Summer is the (　　) of all seasons.
① hot　② hotest　③ hotter　④ hottest

⑸　ユミは私にチョコレートを買いました。【解答番号９】
Yumi bought chocolate (　　) me.
① of　② to　③ for　④ with

3　次の日本語の意味になるよう（　）内の語(句)を並び替えたときに，４番目にくるものを選び，答えなさい。なお，文頭にくる語(句)も小文字で示してある。

⑴　彼女は彼女の宿題をすでに終わらせました。【解答番号10】
(① has　② homework　③ she　④ already　⑤ finished　⑥ her).

⑵　木の下に３人の生徒がいます。【解答番号11】
(① the tree　② there　③ students　④ three　⑤ under　⑥ are).

⑶　飲み物はいかがですか。【解答番号12】
(① would　② to　③ you　④ something　⑤ drink　⑥ like)?

⑷　この自転車はあの自転車より大きいです。【解答番号13】
(① bigger　② is　③ one　④ than　⑤ this bike　⑥ that).

⑸　私が昨日買った本は面白いです。【解答番号14】

（ ① interesting　② is　③ I　④ bought　⑤ yesterday　⑥ the book ）.

⑹　雨だったので，私は家にいました。【解答番号15】

（ ① I　② because　③ was　④ stayed home　⑤ rainy　⑥ it ）.

⑺　これは多くの国で読まれている物語です。【解答番号16】

（ ① many countries　② this　③ read　④ in　⑤ is　⑥ a story ）.

⑻　私はあなたが何を言っているのかわかりません。【解答番号17】

（ ① don't　② I　③ what　④ know　⑤ mean　⑥ you ）.

4　次の会話文を読んで，あとの各問いに答えなさい。

(On the telephone)

A：Hello?

B：Hello.　Can I speak to Tomoki, please?

A：[A]

B：Lucy Watson.

A：[B]

(after a while)

C：Hi, Lucy.　What's up?

B：Are you free this Sunday? Students from Canada are coming my school. Do you want to meet them?

C：Oh, really?　I want to meet and talk with them.

B：OK.　I'll let my teacher know that you are coming.

C：[C]

B：First, we are going to the station at 10 to pick them up.　After that, we're going to National Park at 11.　We're having a party there.　It will be held for 3 hours.

C：I really want to attend it.　But I'm having soccer practice, so I can't tell you when I can join together.

B：I see.　Please let me know [D].

C：Of course.　I'll call you later. Thank you for [E].

B：You're welcome.　See you.

C：Bye.

⑴　[A] にあてはまる文はどれか。適当なものを１つ選び，答えなさい。【解答番号18】

① Sorry, he is out now.　② This is Tom speaking.

③ May I ask who's calling?　④ Could I have your name again?

⑵　[B] にあてはまる文はどれか。適当なものを１つ選び，答えなさい。【解答番号19】

① I'll call again.　② Just a minutes.

③ I'll take it.　④ He is studying now.

⑶　[C] にあてはまる文はどれか。適当なものを１つ選び，答えなさい。【解答番号20】

① Where and when should I go?　② What are we going to do that day?

③ How are you going to get there? ④ Why don't you come with me?

(4) [D] にあてはまる句はどれか。適当なものを1つ選び，答えなさい。【解答番号21】

① how to get there ② what you can bring

③ when you know your schedule ④ how long we are having the party

(5) [E] にあてはまる句はどれか。適当なものを1つ選び，答えなさい。【解答番号22】

① telling your phone number ② introducing your good friends

③ giving me good advice ④ telling the good event

[5] 次の文章を読んで，あとの各問いに答えなさい。

In January, General Motors (GM) made an announcement. The company plans to stop selling gas-powered cars. This will happen by 2035. Instead, the company will make more electric cars.

GM is just one company making electric cars. This could help the environment. [A] Most cars run on gas. They release carbon dioxide. This affects the climate. Electric cars are cleaner. *1 Venkat Viswanathan is a professor. He works at *2 Carnegie Mellon University. That is in *3 Pennsylvania. "Electric is the future," he says.

Electric cars use batteries. These batteries are like the ones in smartphones. They can be (a). And the *4 material inside can be *5 recycled.

Electric cars are not perfect. [B] They are (a) with energy from *6 power plants. These plants burn fossil fuels. But countries can change to cleaner energy *7 sources. These include wind and solar power. That means electric *8 vehicles can get cleaner too.

(b) Not many people own an electric car. Two things need to happen first. More charging stations need to be built. They must be widely usable. And electric cars must cost less. Last year, 67 million new cars were sold. [C] Only about 3 million were electric.

But this is just the beginning. Viswanathan thinks we will one day have more solar-powered homes. We may even have electric cars that fly. "Your life will run on batteries," he says. (c) "It will be a new world."

Sales of electric vehicles (EVs) are going up. Look at the graph. It shows cars sold through 2030. By then, half could be electric.

Electric cars are getting more popular. [D] And it is happening faster than *9 expected. Batteries are getting better. They are getting cheaper, too. Soon, a battery-powered vehicle might be as cheap as a gas-powered one.

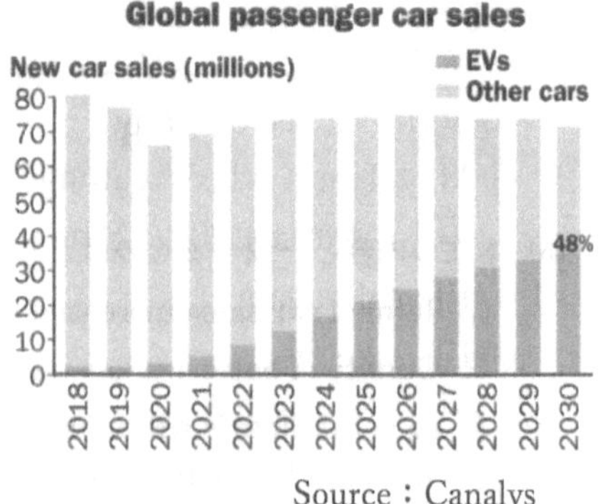

Source：Canalys

（注釈）＊[1]Venkat Viswanathan　ベンカット・ビスワナサン（人名）
＊[2]Carnegie Mellon University　カーネギーメロン大学　＊[3]Pennsylvania　ペンシルベニア州
＊[4]material　材料・原料　＊[5]recycle　リサイクルする　＊[6]power plant　発電所
＊[7]source　源　＊[8]vehicle　乗り物　＊[9]expect　予想する

⑴　空欄（ａ）にあてはまる単語はどれか。適当なものを１つ選び，答えなさい。【解答番号23】
① respected　② recharged　③ released　④ researched

⑵　下線部(b)の改善策は次のうちどれとどれか。適当な組み合わせのものを１つ選び，答えなさい。【解答番号24】
（ア）電気自動車の価格を下げる
（イ）電気自動車のメリットを広める
（ウ）電気自動車の充電所を増やす
（エ）電気自動車の充電速度を速める
①　（ア）・（ウ）　②　（ア）・（エ）　③　（イ）・（ウ）　④　（イ）・（エ）

⑶　下線部(c)と考えられるのはなぜか。適当なものを１つ選び，答えなさい。【解答番号25】
① The environment will be better.
② A new type of cars will be used.
③ There will be fewer gas station than now.
④ Everyone will live in solar-powered houses.

⑷　次の英文が入るのは A ～ D のうちどれか。適当なものを１つ選び，答えなさい。
【解答番号26】
That is because prices are falling.
①A　②B　③C　④D

⑸　本文の内容と一致するものはどれか。適当なものを１つ選び，答えなさい。【解答番号27】
① Total of car sales increased in 2020.
② Quality of batteries has improved.
③ General Motors will make more electric cars to get more sales.
④ The power plants have only eco-friendly energy.

⑹　本文のタイトルとしてふさわしいものはどれか。適当なものを１つ選び，答えなさい。
【解答番号28】
① Problem with Vehicles　② The Feature of Electric Cars
③ To Keep the Environment Clean　④ An Electric Future

6　次の文章を読んで，あとの各問いに答えなさい。

How long do you sit every day? It is natural to sit when you study, watch TV, and use a smartphone. However, researches show sitting for long time increases risks because the human body was built to stand up. Sitting all day in the same ＊[1]position puts you at some level of health risk. (a)<u>There are a lot of negative things of sitting too much.</u>

Hours of sitting can make the ＊[2]muscles in your legs and ＊[3]backside weak.

Sitting uses less energy and burns less *[4]calories. It may be connected with *[5]obesity, *[6]high blood pressure, *[7] high blood sugar, and other health problems. In fact, research shows that there is 112 percent more risk of developing *[8]diabetes (b) we sit too much. Also, there is a 147 percent increase in risk for *[9] heart attack or *[10]stroke from doing that.

We think that standing is more getting tired than sitting, so we don't want to stand while we do something. However, (c)there are a lot of good points of standing. Standing loses your weight because your body is better able to burn more calories. Recent research says that standing for about six hours decreases the percent of obesity in both men and women. Researchers in Australia found standing helps increase your good *[11]cholesterol and decrease your bad cholesterol levels. It will be lower the risk of *[12]heart disease. Also, standing helps lower the risk of diabetes and other *[13]metabolic diseases. Walking for 5 minutes can reduce blood sugar levels by 34%, especially women.

Some people who work in front of a desk all day cannot stand for long time. So, here are some ways that you can easily do. Take a two-minute break every 30 minutes. Stand while using a phone or watching TV. If you must sit, you need to take breaks, stretch, change your position, or going on a short walk during your lunch. We can relax by sitting, but sitting too much is bad for our health. It is important to continue taking an action. The human body is for standing.

(注釈) *[1]position 姿勢 *[2]muscle 筋肉 *[3]backside 尻 *[4]calorie カロリー
*[5]obesity 肥満 *[6]high blood pressure 高血圧 *[7]high blood sugar 高血糖
*[8]diabetes 糖尿病 *[9]heart attack 心臓発作 *[10]stroke 脳卒中
*[11]cholesterol コレステロール *[12]heart disease 心臓病 *[13]metabolic disease 代謝疾患

(1) 下線部(a)とはどんなことか。適当なものを1つ選び，答えなさい。【解答番号29】
① You will eat a lot because you use energy by sitting.
② You will have more than 100 percent risk of diabetes.
③ You will hurt your back because you sit in bad position.
④ You will get injured because your muscles become weaker.

(2) 空欄（b）にあてはまる単語はどれか。適当なものを1つ選び，答えなさい。【解答番号30】
① when ② what ③ where ④ which

(3) 下線部(c)とはどんなことか。適当なものを1つ選び，答えなさい。【解答番号31】
①作業をしながら気分転換をすることができる
②筋肉や体力をつけることができる
③多くのカロリーを消費することができる
④女性のみ肥満率を下げることができる

(4) 立ちながら作業をすることが難しい人はどうするべきか。適当なものを1つ選び，答えなさい。【解答番号32】
① They have to relax while sitting.

② They need to keep good position for their health.
③ They should not keep their position.
④ They should walk for 30 minutes.

⑸ 本文の内容と一致するものはどれか。適当なものを１つ選び，答えなさい。【解答番号33】
① It doesn't cost anything to stay healthy.
② Taking a lot of calories leads obesity.
③ Australian researchers searched about good cholesterol.
④ We must think about our health to live long.

【社　会】（理科と合わせて40分）　＜満点：50点＞

1　次の梅子（中学３年生）と祖父の富蔵の会話について，あとの問いに答えなさい。

熊本城天守閣内部

梅子：おじいちゃん，ただいま。
富蔵：お帰り梅子，修学旅行はどうだった。
梅子：鹿児島の天文館のアイスがおいしかったよ。
富蔵：あとは何がよかったのかな。
梅子：宮崎地鶏のから揚げがおいしかった。
富蔵：食べ物の話ばかりじゃな。
梅子：熊本城でくまモンに遭遇したよ。
富蔵：お城には入れたの。
梅子：まだ工事中で外から見ただけだったよ。
富蔵：そうか。残念だったね。
梅子：熊本城って誰が建てたの。
富蔵：A豊臣秀吉の部下の加藤清正だよ。
梅子：あれ，この間復元工事のニュース観ていたけど，中はコンクリートだったよ。
富蔵：名古屋城と同じだね。Bアメリカ軍が本当に狙ったのは軍需工場だったんだけどね。
梅子：じゃ，熊本城も太平洋戦争の空襲で燃えたの。
富蔵：いやいや，C明治10年の西南戦争のときに城を守っていた政府軍が燃やしたんだよ。
梅子：もったいないなあ。今残っていたら，国宝なのにね。
富蔵：お城の天守閣はどこからでも見えるからね。それに大砲があれば天守閣まで届いちゃうよ。大坂の陣で豊臣が負けたのは，D川の対岸から大砲を打って，天守閣に命中したのが一番の理由だと言われているからね。
梅子：でも，天守閣の方向はわかるけど，距離がわからないと当たらないんじゃないの。
富蔵：これは数学の問題だよ。これは宿題かな。ところでほかにはどこに行ったの。
梅子：鹿児島県の知覧（ちらん）の基地跡へ行ったよ。

知覧特攻平和会館

富蔵：太平洋戦争中の特攻隊の基地があったところだね。ここから多くの若者がE飛び立って帰ってこなかったそうだよ。
梅子：聞けば聞くほどひどい話…いやだな，そんな時代…。
富蔵：戦っている相手のアメリカ人だって，若者中心だからね。
梅子：どうしてみんな仲良くできないのかな。
富蔵：やっぱり相互理解が大事なんだよね。
梅子：お互いの心と心の…。
富蔵：どうしたんじゃ，梅子。
梅子：さっきのF宿題の答えがわかった！

問１　下線部Ａについて，豊臣秀吉が加藤清正を熊本に配置する前におこなったことは何か。【解答番号１】

①　薩摩の島津氏を攻めて屈服させた。　②　小田原の北条氏を滅ぼした。

③　朝鮮に出兵して明軍と戦った。　④　琉球王国を武力で征服した。

問２　下線部Ｂについて，アメリカ軍は軍需工場の位置を正確に把握していたにもかかわらず，正確に爆弾を工場に落とすことができなかった。その一番大きな理由は何か。【解答番号２】

①　名古屋は一年の半分が雨天で，晴天が少なく市街や工場が分かりにくいため。

②　日本の上空には強い偏西風が吹いているので，爆弾が風に流されてしまうため。

③　アメリカ軍の爆撃機の上空に，常に日本の戦闘機が待ち構えていたため。

④　富士山の火山活動が活発だったため。

問３　下線部Ｃについて，熊本城を攻撃してきたのは誰か。【解答番号３】

①　島津義久率いる鹿児島軍　②　土方歳三率いる旧幕府軍

③　桂小五郎率いる旧長州軍　④　西郷隆盛率いる鹿児島軍

問４　下線部Ｄについて，大坂城を攻撃していた徳川方は，川をはさんだ北側から大砲を打ったといわれている。徳川家康はこの大砲をどこから手に入れたか。【解答番号４】

①　アメリカ　②　フランス　③　オランダ　④　ロシア

問５　下線部Ｅについて，特攻隊はおもにどこに向けて飛び立ったのか。【解答番号５】

①　東京と周辺のアメリカ海軍艦船　②　沖縄と周辺のアメリカ海軍艦船

③　ハワイのアメリカ軍基地　④　フィリピンのアメリカ軍基地

問６　下線部Ｆについて，梅子はどうすれば天守閣までの距離がわかると考えたのか。

図１のようにＡ地点に立つと，Ｂ地点方向と大坂城天守閣との間の角Ａが，図２のようにＢ地点に立つと，Ｂ地点方向と大坂城天守閣との間の角Ｂが，それぞれ計測できるものとする。

ただし，Ａ地点からもＢ地点からも川があるため，ABそれぞれから天守閣までの距離を歩いて測ることが当時の技術からはできないとする。【解答番号６】

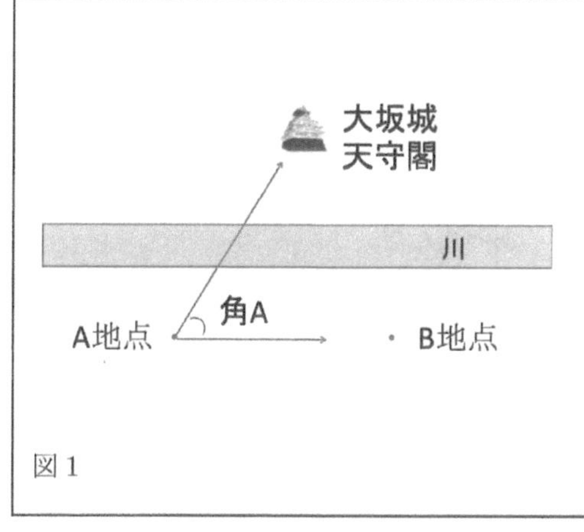

図１

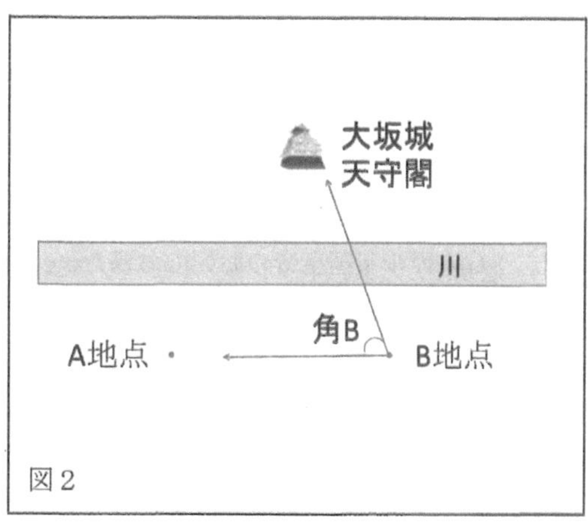

図２

①　180度から角Ａ・角Ｂを除いた角度を求める。

②　天守閣まで行かなくても，川までの距離を２倍すればよい。

③　AB２地点間の距離を測ればよい。

④　水にうつった天守閣の姿をねらえばよい。

2 次の会話文をよみ，あとの問いに答えなさい。

慎吾：Aエリザベス女王，亡くなられたね。

剛志：葬儀，たくさんの人が行ったんだよ。

慎吾：日本からも天皇陛下が参列されたんだね。

剛志：日本でも国葬があったし，世界の人々が集まる機会があったんだ。

慎吾：でも日本の国葬に参列したインドの首相は女王の葬儀には来なかったね。

吾郎：君たち，何にも知らないんだなぁ。

慎吾：何か理由でもあるの。

吾郎：女王の棺（ひつぎ）の上に何があった？

イギリス女王の王冠

剛志：女王の王冠があった。

吾郎：あの王冠にはいくつものダイヤモンドが付いているんだけど，その中の一つはイギリスがインドから手に入れたものなんだ。インド政府はイギリスに返還を求めているんだけれど，イギリスは応じていないんだな。

慎吾：ダイヤの一つくらい，返してやれよな。

吾郎：イギリスには帝国主義時代に植民地から取り上げたものがいっぱいあるんだ。あれも返せこれも返せで，ブリティッシュ・ミュージアムの収蔵品なんてほとんどなくなっちゃうんじゃないかな。

慎吾：インドってイギリスに植民地支配されていたんだ。

吾郎：インドは言語も文化も多様だよ。

剛志：あっ，それでインドの公用語の一つが【B】なんだ。

吾郎：インド国内でもその方が便利だからね。

慎吾：剛志くんはインドに興味があるんだ。

剛志：インドのお寺とか，行ってみたいんだ。

慎吾：タージマハルか。いいねえ。

吾郎：タージマハルって仏教のお寺じゃないんだよ。

慎吾：えっ，お寺じゃないの？

剛志：Cムガル帝国皇帝のお妃のお墓だよ。

慎吾：そっか…。

剛志：インドのカレーとかチャイにも興味があるんだ。

タージマハル

吾郎：お茶は寒暖差や湿気が大切だといわれているよ。

慎吾：カレーだったら日本のカレーもおいしいんだよね。

吾郎：D日本とはおコメが違うんだよ。

剛志：もっとパラパラしてるんだよ。

慎吾：もういいっ！わかった。ぼくはナンにするよ。

吾郎：本場インド料理にはナンはないらしいよ。・・・E

慎吾：えっ，何なんだよそれ…。

問１　下線部Ａについて，かつてイギリス（正確にはイングランド）にはエリザベスを名乗った女王がいた。エリザベス１世である。彼女と同時代を生きたのは誰か。【解答番号７】

①　足利尊氏　②　足利義満　③　織田信長　④　徳川吉宗

問２　空欄Ｂについて，あてはまる言語は何か。【解答番号８】

①　英語　②　フランス語　③　ドイツ語　④　スペイン語

問３　下線部Ｃについて，ムガル帝国皇帝が信仰する宗教は何か。【解答番号９】

①　キリスト教　②　仏教　③　ヒンドゥー教　④　イスラーム(イスラム教)

問４　下線部Ｄについて，インドでおもに食べられていれるコメは何か。【解答番号10】

①　インディカ種　②　ジャポニカ種　③　モチ米　④　無洗米

問５　会話文Ｅについて，日本のインド料理とは北インド料理とも称される。どこの国の人びとが携わっていると言われているか。【解答番号11】

①　スリランカ　②　ネパール　③　モルディブ　④　インドネシア

3　次の史料をよみ，あとの問いに答えなさい。

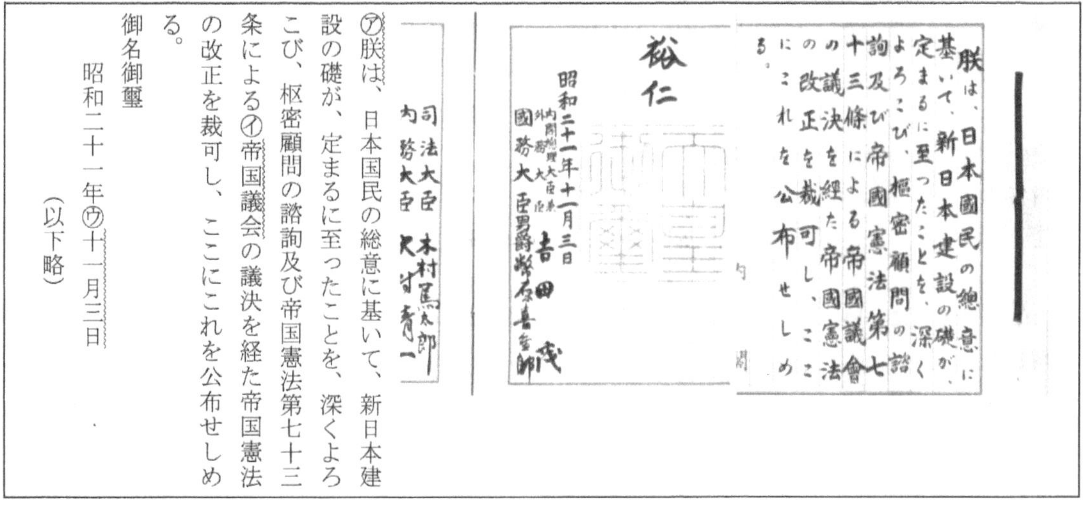

司法大臣　木村篤太郎
内務大臣　大村清一

㋐朕は、日本国民の総意に基いて、新日本建設の礎が、定まるに至ったことを、深くよろこび、枢密顧問の諮詢及び帝国憲法第七十三条による㋑帝国議会の議決を経た帝国憲法の改正を裁可し、ここにこれを公布せしめる。

御名御璽

昭和二十一年㋒十一月三日

(以下略)

問１　傍線部㋐について，「朕」とは誰か。【解答番号12】

①　明治天皇　②　大正天皇　③　昭和天皇　④　吉田茂

問２　この「朕」は現在の憲法では何と規定されているか。【解答番号13】

①　象徴　②　元首　③　皇帝　④　神

問３　傍線部㋑について，以下の説明の中で正しいものを選びなさい。【解答番号14】

①　帝国議会は現在でも存在する。

②　この憲法によって衆議院は廃止された。

③　二院制から一院制となった。

④　総理大臣は国会議員から選ばれることになった。

問４　傍線部㋒について，戦前は「十一月三日」は明治節（明治天皇の誕生日）として祝日であった。現在はどうなっているのか。【解答番号15】

① 現在も「明治節」と法律で規定されて祝日である。

② 「文化の日」と名を変えて祝日である。

③ 「勤労感謝の日」と名を変えて祝日である。

④ 現在は平日である。

【理　科】（社会と合わせて40分）　＜満点：50点＞

4　以下の問いに答えなさい。

(1)　次の光の進み方について述べたものとして誤っているものを選びなさい。【解答番号16】

①　鏡で光を反射させるとき，入射角と反射角の大きさは等しい。

②　空気中からガラスに斜めに光をあてると，光がガラスに入るときの光の道すじが折れ曲がるが，光が空気中に出て行く時には道すじは変わらず直進する。

③　水中から空気中へ光が進むとき，入射角がある大きさを超えると屈折する光がなくなるが，空気中から水中に進むときにはこの現象は起こらない。

④　凸レンズに平行光線をあてると，屈折により光が集まり１点を通る。

(2)　縦10㎝，横20㎝，高さ５㎝，質量500ｇの直方体の物体をスポンジの上に乗せたとき，最もスポンジのへこみが大きいときの圧力は，最もへこみが小さいときの圧力の何倍であるかを計算したものとして正しいものを選びなさい。【解答番号17】

①　２倍　②　４倍　③　６倍　④　８倍

(3)　摩擦のない水平面上で，台車を手で押してすぐに手を離したところ，台車は水平面上を運動した。台車の運動した時間と，移動距離との関係を調べると右図の様になった。このグラフから，台車の速さを計算したものとして正しいものを選びなさい。【解答番号18】

①　20㎝ / 秒

②　40㎝ / 秒

③　60㎝ / 秒

④　80㎝ / 秒

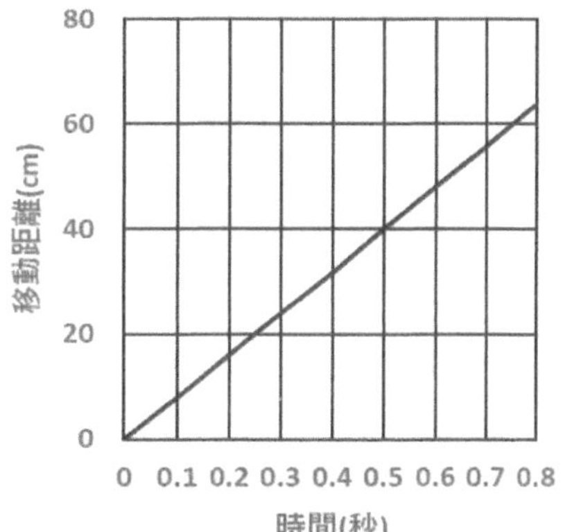

(4)　打ち上げ花火を見ていた少年が，花火の光が見えてからその音が聞こえるまでの時間を，ストップウォッチを用いて測定したところ，2.5秒であった。少年が測定した場所から，花火が開いた場所までの距離として正しいものを選びなさい。ただし，このときの音速は340m / 秒とする。【解答番号19】

①　136m　②　340m　③　850m　④　1020m

5　以下の問いに答えなさい。

(1)　４本の試験管Ａ～Ｄにはそれぞれ，食塩水・アンモニア水・砂糖水・うすい塩酸のいずれかが入っている。それぞれの試験管に入っている液体を調べるために次の実験1，2を行った。

〔実験１〕においをかぐと，ＣとＤだけ鼻をさすようなにおいがした。

〔実験２〕硝酸銀水溶液を加えると，ＢとＤだけ沈殿ができた。

この実験の結果から分かるＡ～Ｄの液体の組み合わせとして正しいものを選びなさい。【解答番号20】

①　Ａ：砂糖水　Ｂ：食塩水　Ｃ：アンモニア水　Ｄ：うすい塩酸

②　Ａ：食塩水　Ｂ：砂糖水　Ｃ：うすい塩酸　Ｄ：アンモニア水

③　A：アンモニア水　B：うすい塩酸　C：砂糖水　D：食塩水
④　A：うすい塩酸　B：アンモニア水　C：砂糖水　D：食塩水

⑵　銅の粉末をはかり取り，それを完全に酸化銅になるまで加熱してから，その質量をはかる実験をした。表はその結果をまとめたものである。銅の粉末1.6gをステンレス皿の上でかき混ぜないまま加熱し，ステンレス皿が十分に冷えてから加熱後の質量をはかると，1.9gであった。このとき，反応せずに残った銅の質量として正しいものを選びなさい。【解答番号21】

銅の粉末の質量(g)	0.4	0.8	1.2	1.6
酸化銅の質量(g)	0.5	1.0	1.5	2.0

①　0.2g　②　0.4g　③　0.6g　④　0.8g

⑶　表は，物質の融点と沸点を示したものである。20℃のとき，固体として存在するものの組み合わせとして正しいものを選びなさい。【解答番号22】

物質	融点(℃)	沸点(℃)
アンモニア	−77.7	−33.4
エタノール	−114.5	78.3
鉄	1535	2863
ナフタレン	80.5	217.9
水	0	100
パラジクロロベンゼン	54	174.1

①　アンモニア・鉄・ナフタレン・水　②　エタノール・鉄・ナフタレン
③　鉄・ナフタレン・パラジクロロベンゼン　④　鉄・水・パラジクロロベンゼン

⑷　50℃の水100gに硝酸カリウム70gを加えてよくかき混ぜたところ，すべて溶けた。この溶液を30℃まで冷やすと，溶けきれなくなった硝酸カリウムが固体として出てきた。硝酸カリウムの溶解度は50℃で85g，30℃で45gである。このとき，固体として出てきた硝酸カリウムの質量として，正しいものを選びなさい。【解答番号23】

①　15g　②　20g　③　25g　④　40g

6　以下の問いに答えなさい。

⑴　目に光が当たったときのまぶたの動きを，1秒間に120コマ撮影できるビデオカメラで記録し，映像を1コマずつ送りながら，まぶたが反応し始めるまでの時間を調べた。

目に突然強い光が当たると，無意識のうちにまぶたが閉じる反応が起こった。このとき，目に光が当たってから9コマ目でまぶたが反応し始め，その後まぶたが閉じていった。この際，光が当たり始めてから，まぶたが反応し始めるまでのおよその時間として正しいものを選びなさい。【解答番号24】

①　0.0008秒　②　0.08秒　③　0.2秒　④　0.9秒

⑵　次の文はホウセンカとマツの増え方を述べたものである。(a)，(b)に当てはまる言葉の組み合わせとして正しいものを選びなさい。【解答番号25】

マツの花粉には，空気の入った袋が両側についている。花粉は風によって飛ばされて，むきだしになった（a）にたどりつく。一方，ホウセンカは（a）が（b）に包まれていて，花粉は昆虫によって運ばれる。

①　a：子房　b：胚珠　　②　a：胚珠　b：子房
③　a：がく　b：子房　　④　a：がく　b：胚珠

⑶　表は，セキツイ動物を分類したものである。表中のCに分類される動物として正しいものを選びなさい。【解答番号26】

<table>
<tr><th></th><th>子の生まれ方</th><th colspan="2">呼吸器官</th><th>体表</th></tr>
<tr><td>魚類</td><td rowspan="4">卵生</td><td colspan="2">えら</td><td>うろこ</td></tr>
<tr><td>A</td><td>子はえら</td><td>親は肺</td><td>うすい皮膚</td></tr>
<tr><td>B</td><td colspan="2" rowspan="3">肺</td><td>うろこ</td></tr>
<tr><td>C</td><td>羽毛</td></tr>
<tr><td>D</td><td>胎生</td><td>毛</td></tr>
</table>

①　カエル　　②　キツネ　　③　トカゲ　　④　ペンギン

⑷　下図は５種類の動物を表の観点①～④のいずれかによってA～Dまでの４グループに分類したものである。このとき，C，Dグループの分類を決定するために，参考にした観点として正しいものを選びなさい。【解答番号27】

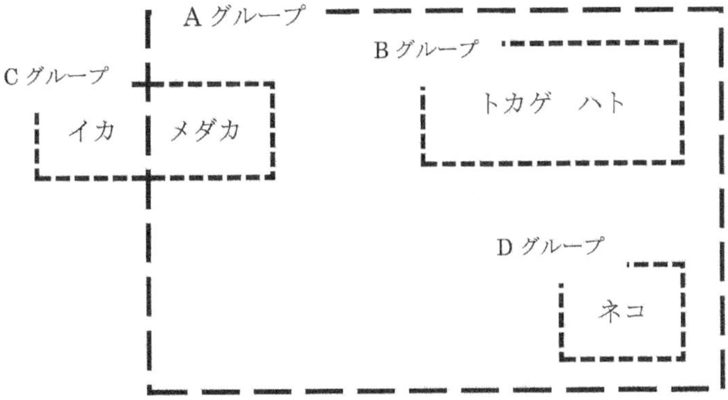

Aグループ
Bグループ
トカゲ　ハト
Cグループ
イカ　メダカ
Dグループ
ネコ

観点①	脊髄をもつ
観点②	えらをもつ
観点③	胎生である
観点④	陸上で活動し、卵生である

①　Cグループ：観点①　　Dグループ：観点③
②　Cグループ：観点①　　Dグループ：観点④
③　Cグループ：観点②　　Dグループ：観点③
④　Cグループ：観点②　　Dグループ：観点④

7　以下の問いに答えなさい。

⑴　表（次のページ）は，太陽から金星と地球までの距離について示したものである。金星と地球が最も離れた位置にあるときの両惑星間の距離は，最も近づいた位置にあるときの何倍か。小数第１位まで求めた値として正しいものを選びなさい。ただし，金星と地球は，太陽を中心とする円をえがく軌道で，同じ平面上を公転しているものとする。【解答番号28】

	金星	地球
太陽からの距離	0.7	1.0

注：太陽からの距離は，地球を1.0とした値である。

① 3.3倍　② 4.2倍　③ 5.7倍　④ 7.9倍

⑵ 下図は，気温と飽和水蒸気量との関係を示したグラフである。またＡ～Ｅは，５種類の空気の気温と空気１m³中に含まれる水蒸気の量を示したものである。Ａ～Ｅのうち，露点が等しい空気の組み合わせとして正しいものを選びなさい。【解答番号29】

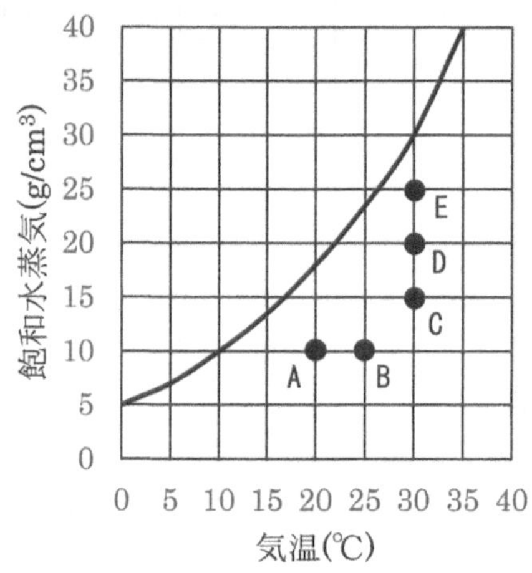

① ＡとＢ　② ＢとＣ　③ ＣとＤ　④ ＤとＥ

⑶ 下図は，太陽が南中したとき，屈折式の天体望遠鏡で太陽投影版を用いて，太陽を観察したものである。点線の円は望遠鏡の視野を，実線の円は太陽の像を示している。望遠鏡の鏡筒が固定されているとき，この後，太陽の像が投影版で動く方向として，正しいものを選びなさい。【解答番号30】

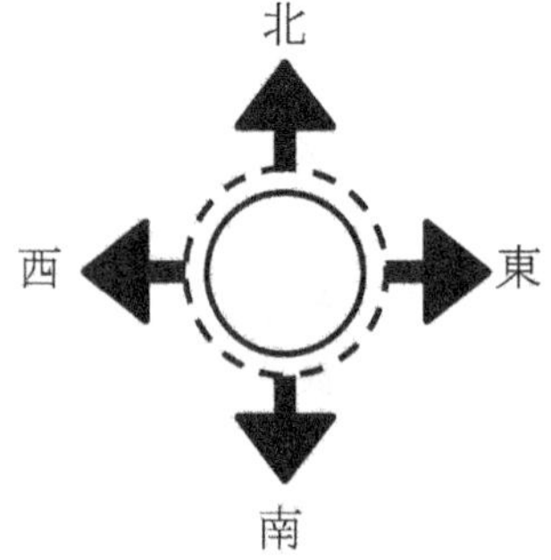

① 東　② 西　③ 南　④ 北

① 三文の丸いもちを四文で買うことになってしまったところ。
② 二つで六文になるので、値切ったことにならないところ。
③ 二文にまけてもらった、うづらやきだけを買ったところ。
④ まけてもらったが、持ち合わせがなくて買えなかったところ。

問6 原文の表記の特徴として**適当ではないもの**を次から番号で選びなさい。【解答番号27】

① ひらがな・カタカナ・漢字が混じっている。
② 繰り返しの記号が一種類で統一されている。
③ 会話文の終わりに「。」が付いていない。
④ 現代語の小さい「っ」や「ゅ」が大きい字で書いてある。

問7 江戸時代の作品を次から番号で選びなさい。【解答番号28】

① 『竹取物語』　② 『枕草子』
③ 『平家物語』　④ 『おくのほそ道』

Cわづかでも欲にはふけるうづらやき三もんばかりのちゑをふるひて

（『日本古典文学大系』による）

〔現代語訳〕

茶屋のばば「名物、砂糖餅。おめしなさりまあし。お休みなさりまあし」
北八「おい。この餅はいくらずつだ」
餅屋の亭主「三文でおざります」
北八「こいつは安い。こっちのうずら焼はいくらだ」
亭主「それも三文」
北八「いや、これは三文では高いようだ。どうだね。御亭主、こうしなせえ。こちらを二文に負ける。そのかわりそちらの丸い餅は、四文で（A）」

亭主は、これは奇妙なことを言う客だ、とおもいはしたが、どちらにしても、〔B（問3の答え）〕、

亭主「はい、ようおざりますとも、お取りなさいませ」

北八は、煙草入れから銭を二文つまみ出し、

北八「四文はいっていたら、丸いのは買おうとおもったが、二文しかないから、このうずらの焼餅にしておこう」

うずら焼を取ってほおばりながら、まだ、なんのことやらわからぬ変な顔の亭主をあとに行ってしまう。

弥次「ははは、こいつは北八でかしたぞ。さすがの亭主も肝をつぶして、考えこんでいやあがった」
北八「なんと、おれの知恵は、ぬけ目がないだろう」
弥次「べらぼう、おれだってそれくらいのことをしかねるもんか。ははははは」

わづかでも欲にはふけるうづらやき三文ばかりのちゑをふるひて

（伊馬春部『現代語訳東海道中膝栗毛』）

問1　波線部（a）～（c）の組み合わせとして適当なものを、次から番号で選びなさい。【解答番号22】

①（a）うづらやき・（b）さとう餅・（c）さとう餅
②（a）うづらやき・（b）うづらやき・（c）さとう餅
③（a）さとう餅・（b）さとう餅・（c）うづらやき
④（a）さとう餅・（b）うづらやき・（c）うづらやき

問2　傍線部Aを現代かなづかいに直して、ひらがなで書いたものを次から番号で選びなさい。【解答番号23】

①　かいやしょう　②　かいやせう
③　かいましよう　④　かひやせう

問3　傍線部Bの現代語訳として最も適当なものを次から番号で選びなさい。【解答番号24】

①　損をするのかもしれないから
②　損をすることはないのだから
③　損をすることは少ないのだから
④　損をするに決まっているから

問4　傍線部Cの和歌（狂歌）の句切れとして適切なものを次から番号で選びなさい。【解答番号25】

①　初句切れ　②　三句切れ　③　四句切れ　④　句切れなし

問5　この話の面白さはどこにあると考えられますか。最も適当なものを次のページから番号で選びなさい。【解答番号26】

（Ⅱ）① あることがらを気にして、強く心がとらわれること
② あることを実行しようと、はっきりと考えを決めること
③ 強く心がひかれて、それから離れられないこと
④ どこまでも自分の立場を主張して、変えようとしないこと
【解答番号18】

問5 傍線部②「あの日」とはいつのことですか。最も適当なものを次から番号で選びなさい。【解答番号19】
① いつもと異なる時間帯に出勤した日
② デイサービス施設を名古屋市内に立ち上げた日
③ 「もう修学旅行なんか行かない」とキレてしまった日
④ エッセー「自閉症の僕が跳びはねる理由」を出版した日

問6 本文の内容として**適当ではないもの**を次から番号で選びなさい。【解答番号20】
① ヘルプマークは援助や配慮を必要とする人が持っている。
② 小中学校に在籍する子の6％強に自閉症の可能性がある。
③ 山田さんは生徒の心に寄り添うことの大切さに気付いた。
④ 東田直樹さんにとって自閉症は戦いのようなものらしい。

問7 この文章の構成として最も適当なものを次から番号で選びなさい。【解答番号21】
① 第一段落の筆者の話題を第二段落で考察し、第三段落で反論する。
② 第一段落と第二段落で具体例を積み上げ、第三段落で一般化する。
③ 第一段落の筆者の問題提起を、第二段落と第三段落で例示補強する。
④ 第一段落の筆者の主張について、第二段落と第三段落で比較する。

三 次の文章を読んで、あとの設問に答えなさい。

この文章は、十返舎一九が江戸時代後期に書いた紀行文学『東海道中膝栗毛』です。主人公の弥次と北八が、現在の愛知県安城市で名物の餅（もち）菓子を買う場面です。

〔原文〕

ちや屋のばゞ「めいぶつ、さとう餅、おめしなさりまアし。おやすみなさりまアし〳〵　北八「ヲイこの餅はいくらヅ、だ　もちやのていしゆ「三文でおざります　北八「（a）こいつはやすい。こちらのうづらやきはいくらだのていしゆ「（b）それも三文　北八「イヤ（c）これは三文では高いよふだ。ナント御ていしゆ、こうしなせへ。これを二文にまけてくんなせへ。其かわりそちらの丸いもちは、四文にA買やせう　ていしゆ、こいつはへんちきなことをいふとおもへど、どちらにしてもBそんのいかぬことゆへ　ていしゆ「ハイよふおざります。おとりなさりませ　北八たばこ入からぜに二文取出して「四文あらば丸いのを買ふとおもつたが、二文あるからこのうづらやきにしやせう　トうづらやきをとつて打くらひながら行　弥次「ハ、、、、こいつは北八でかした。さすがのていしゆも肝ばかりつぶしていやアがつた　北八「ナントちゑはすさまじかろふ　弥次「へ、べらぼうめ。おれもそのくらひな事をしかねるものか。ハ、、、

元中学教諭の山田哲郎さん（六八）は昨年来、教員仲間と発達障害児のための放課後等デイサービス施設を三カ所、名古屋市内に立ち上げました。一緒にゲームや遊び、勉強をするなかで「一人一人のいいところを見つけ、伸ばしてあげたい」と言います。

（c）新米教諭のころ、友達付き合いが（d）不得手な子がいました。修学旅行を控えて、どの班にも加われません。山田さんは同じ班に入れてあげてくれないかと皆に頼み込みました。しかし、当の彼の方がその場で「もう修学旅行なんか行かない」とキレてしまいました。

山田さんは無事に（e）引率することに必死で、自分の思いを表現するのが難しい彼の心に寄り添うことができませんでした。結果として「彼を押しつける形になってしまった」。今でも②あの日のことが思い出され、（Ⅰ）胸が痛むそうです。

作家、東田直樹さんは〇七年、中学生のときにエッセー「自閉症の僕が跳びはねる理由」を出版しました。会話は困難ですが、文字でなら自分の言葉を紡げます。

なぜ、独り言や単独行動が多く、同じ事や物に（Ⅱ）固執してしまうのか。実は、自分ではこうすべきだと分かっていても「脳の命令」で抑えきれないそうです。命令に従わないと「地獄に突き落とされそうな恐怖と戦わなければならない。生きること自体が、僕たちには戦いなのです」。海外でも翻訳され、彼らの心の内が初めて理解できた、などと大反響を呼びました。

（令和四年七月三日・中日新聞／社説）

問1　傍線部①「ずっと」と同じ品詞の言葉を、次から番号で選びなさい。【解答番号10】

①　ぱっと見では分かりにくい。
②　修学旅行なんか行かない。
③　僕たちには戦いなのです。
④　大反響を呼びました。

問2　波線部（a）～（e）の漢字のよみをそれぞれ番号で選びなさい。

（a）①かじ　②げじ　③したじ　④しもじ　【解答番号11】
（b）①ぎょうしょう　②ぎょうせい　③こうしょう　④こうせい　【解答番号12】
（c）①しんまい　②しんべい　③にいまい　④にいべい　【解答番号13】
（d）①ふえしゅ　②ふえて　③ふとくしゅ　④ふとくて　【解答番号14】
（e）①いんそつ　②いんりつ　③ひきひき　④ひきりつ　【解答番号15】

問3　次の一文は【A】～【D】のどこに入りますか。最も適当なものを次から番号で選びなさい。【解答番号16】

「もしかしたら彼は発達障害だったのかもしれません。」

①【A】　②【B】　③【C】　④【D】

問4　二重傍線部（Ⅰ）「胸が痛む」・（Ⅱ）「固執」の意味として最も適切なものをそれぞれ選び、あとから番号で選びなさい。

（Ⅰ）①　心が落ち着かない　②強い感動を受ける
③　ひどくびっくりする　④　申し訳なく思う
【解答番号17】

（b）カクメイ　①内閣　②輪郭　③沿革　④隔絶【解答番号2】

（c）エイキョウ　①脅威　②反響　③驚嘆　④海峡【解答番号3】

（d）ケイヤク　①啓発　②提携　③刑罰　④契機【解答番号4】

（e）キゲン　①厳重　②制限　③削減　④資源【解答番号5】

問2　二重傍線部　X　に共通して入る最も適当な四字熟語を次から番号で選びなさい。【解答番号6】

①　一心不乱　（いっしんふらん）

②　完全無欠　（かんぜんむけつ）

③　言語道断　（ごんごどうだん）

④　臨機応変　（りんきおうへん）

問3　Ⅰ　～　Ⅳ　に入る接続語の組み合わせとして最も適当なものを次から番号で選びなさい。【解答番号7】

①　Ⅰだから　・Ⅱでも　・Ⅲもしくは・Ⅳもっとも

②　Ⅰむしろ　・Ⅱつまり　・Ⅲただし　・Ⅳところで

③　Ⅰしかも　・Ⅱなぜなら・Ⅲゆえに　・Ⅳじつは

④　Ⅰたとえば・Ⅱさらに　・Ⅲまた　・Ⅳそもそも

問4　なぜ「掃除するルンバ」にやる気があると思わないのか、その理由として最も適当なものを次から番号で選びなさい。【解答番号8】

①　ルンバは掃除するが、部屋を一切整えようとしないから。

②　ルンバは外部からの力が供給されて初めて動き出すから。

③　ルンバには、集中力や粘り強さが全く感じられないから。

④　ルンバは自分の意志で勝手に掃除をしているだけだから。

問5　「やる気」の説明として**適当ではないもの**を次から番号で選びなさい。【解答番号9】

①　人間が生きるための源

②　人間の内部には存在していない力

③　人間のすべての行動を引き起こす源

④　人間のある行動を引き起こし、持続させる力

二　次の文章を読んで、あとの設問に答えなさい。

【A】いつもと異なる時間帯に出勤した日のことです。電車内はすいていて、先頭に近い席に座ることができました。しばらくすると、一人の若者が目の前に来て「あーあっ」と大声を出しました。ほかに空席はいくらでもあるのに、です。彼は不機嫌さを全身で表しつつ、ついには車両の床に座り込んでしまいました。その後も①ずっと不満げな様子のまま、数駅先で降りていきました。

【B】去り際、彼のかばんに、赤い（a）下地に白で「＋」と「ハート」マークが描かれたストラップがついていることに気付きました。ヘルプマークでした。

【C】ぱっと見では分かりにくいけれど、障害や疾患、妊娠初期などで援助や配慮を必要としていることを周りに伝えるマークです。東京都で二〇一二年に始まり、今は全国の（b）行政窓口で配布しています。

【D】発達障害には自閉症などが含まれ、例えば人との会話やコミュニケーション、習慣や予定の変更が苦手といわれます。国の〇二年調査で、小中学校の通常学級に在籍する子の6％強にその可能性があると分かり、広く知られることになりました。

彼にとっては、あの席に座ることが毎朝の決まりだったのかも。「席、譲ろうか」と声を掛ければよかったなと、後で思いました。

【国　語】（四〇分）〈満点：一〇〇点〉

一　次の文章を読んで、あとの設問に答えなさい。

　X　に勉強している人を見ると、「あの人はやる気のある人だなぁ」と思うことはありますが、ブウンブウンと音を立てて　X　に掃除しているルンバを見ても、「あのルンバはやる気があるなぁ」とは感じないでしょう。

　不思議な気がしますが、なぜこのように人とルンバに対して異なった感情が芽生えるのでしょうか。

　それは動くための力のありかが違うことを知っているからです。

　ルンバが動くことができるのは、ルンバの内部からの力ではなく、外部からの力、すなわち、電力によって動力を得ているからです。

　ルンバに限らず機械が動くためには、外部から電力やガソリンなどの物理的な力が供給される必要があります。その力を得た後に、スイッチを入れると動き出します。それに比べて、人間は外部による力で動くことはあまりありません。　I　、人間（やある種の動物）は、内部からのやる気によって自ら行動を起こします。

　そのように考えると、「やる気」とは、人間の内部に存在している力のことだということがわかります。もう少し説明を加えると、「やる気」とは、ある行動を引き起こし、その行動を持続させ、結果として一定の方向へ導く心理的過程のことだといえるでしょう。

　ちょっと難しく感じたかもしれませんね。それではみなさんに身近な勉強を例にやる気を説明してみましょう。「やる気」とは、「勉強する」という行動を引き起こして、「勉強する」という行動を持続させ、結果として、成績が向上するような過程であると考えられます。少しはわかりやすくなったのではないでしょうか。

　II　、ある行動を引き起こして、それを持続させる源（力）が「やる気」なのです。一般的には「やる気スイッチ」などというように、行動を引き起こすことに重点がおかれがちですが、持続させる力という点もあることに注意しましょう。

　III　、「やる気」は、勉強や運動に対してだけ使うものではありません。お母さんの手伝いをすることだったり、部屋を整理整頓することだったり、ゲームをすることだったりと、すべての行動を引き起こす源のことをいいます。

　IV　、みなさんは、フランスで（a）カツヤクした教育哲学者のルソーをご存知ですか？

　フランス（b）カクメイにも多大な（c）エイキョウを及ぼしたルソーですが、『社会（d）ケイヤク論』、『人間不平等（e）キゲン論』など、数多くの著作が残されています。ただの理論にとどまらない多感さを反映した『エミール』などは、現代でも多くの人に読まれています。

　そのルソーの言葉に「生きることは呼吸することではない。行動することである」というものがあります。私はその言葉が大好きなのですが、行動を引き起こす源と考えられている「やる気」は、生きるための源と考えてもよいのかもしれませんね。

（外山美樹『勉強する気はなぜ起こらないのか』）

問1　波線部（a）～（e）のカタカナを漢字に直すとき、同じ漢字を含むものをそれぞれ番号で選びなさい。

（a）カツヤク　①躍動　②訳文　③役所　④薬品　**【解答番号1】**

2023年度

解　答　と　解　説

《2023年度の配点は解答欄に掲載してあります。》

＜数学解答＞

1　(1)　⑤　(2)　①　(3)　③　(4)　③　(5)　②　(6)　⑤　(7)　③
(8)　②

2　(1)　③　(2)　②　(3)　③　(4)　⑤　(5)　④　(6)　④

3　(1)　②　(2)　③

4　(1)　②　(2)　③

5　(1)　①　(2)　①

○配点○

各5点×20　　計100点

＜数学解説＞

1　(数・式の計算，平方根，因数分解，連立方程式，2次方程式)

(1)　$5-(-4)=5+4=9$

(2)　$(-2)^3\div4-3^2=-8\div4-9=-2-9=-11$

(3)　$8ab^2\times3a\div6a^2b=\dfrac{8ab^2\times3a}{6a^2b}=4b$

(4)　$\dfrac{3x+2y}{5}-\dfrac{x-3y}{3}=\dfrac{3(3x+2y)-5(x-3y)}{15}=\dfrac{9x+6y-5x+15y}{15}=\dfrac{4x+21y}{15}$

(5)　$(2\sqrt{3}+\sqrt{2})(\sqrt{3}-\sqrt{2})=2\sqrt{3}\times\sqrt{3}-2\sqrt{3}\times\sqrt{2}+\sqrt{2}\times\sqrt{3}-\sqrt{2}\times\sqrt{2}=6-2\sqrt{6}+\sqrt{6}-2=4-\sqrt{6}$

(6)　$x+3=\mathrm{A}$とおくと，$(x+3)^2-2(x+3)-24=\mathrm{A}^2-2\mathrm{A}-24=(\mathrm{A}-6)(\mathrm{A}+4)$　$\mathrm{A}=x+3$を戻して，$(\mathrm{A}-6)(\mathrm{A}+4)=(x+3-6)(x+3+4)=(x-3)(x+7)$

基本　(7)　$ax-by=10$に$x=3$，$y=-1$を代入して，$3a+b=10\cdots$①　$2ax+by=8$に$x=3$，$y=-1$を代入して，$6a-b=8\cdots$②　①＋②より，$9a=18$　$a=2$　①に$a=2$を代入して，$6+b=10$　$b=4$

(8)　解の公式より，$x=\dfrac{-(-2)\pm\sqrt{(-2)^2-4\times6\times(-1)}}{2\times6}=\dfrac{2\pm\sqrt{4+24}}{12}=\dfrac{2\pm\sqrt{28}}{12}=\dfrac{2\pm2\sqrt{7}}{12}=\dfrac{1\pm\sqrt{7}}{6}$

2　(2次関数の変化の割合，確率，資料の活用，平方根，連立方程式の利用，2次方程式の利用)

(1)　$y=-\dfrac{1}{3}x^2$に$x=3$，6をそれぞれ代入すると，$y=-\dfrac{1}{3}\times3^2=-3$，$y=-\dfrac{1}{3}\times6^2=-12$　よって，変化の割合は$\dfrac{-12-(-3)}{6-3}=\dfrac{-9}{3}=-3$

基本　(2)　大小2つのさいころを同時に投げるときの場合の数は$6\times6=36$(通り)　出た目の数の和が9以上となる組み合わせは(3，6)，(4，5)，(4，6)，(5，4)，(5，5)，(5，6)，(6，3)，(6，4)，(6，5)，(6，6)の10通りなので，求める確率は$\dfrac{10}{36}=\dfrac{5}{18}$

(3)　この資料を小さい順に並べると，4，4，5，6，6，7，7，7，8，8　10人の中央値は5人目と

6人目の平均なので$(6+7)\div2=13\div2=6.5$(点)

基本 (4) $\sqrt{\frac{540}{n}}=6\sqrt{\frac{15}{n}}$なので$n=15$

重要 (5) 昨年度の男子の人数をx人，女子の人数をy人とすると，男女合わせて300人であったので，$x+y=300$…① 今年度は昨年度と比べて男子は10%減少したので$\left(1-\frac{10}{100}\right)\times x=\frac{9}{10}x$(人)，女子は20%増加したので，$\left(1+\frac{20}{100}\right)\times y=\frac{12}{10}y$(人)，全体では2%増加したので，$\left(1+\frac{2}{100}\right)\times300=\frac{102}{100}\times300=306$(人)となるから，$\frac{9}{10}x+\frac{12}{10}y=306$ $9x+12y=3060$ $3x+4y=1020$…② ②−①×3より，$y=120$ よって，今年度の女子の人数は$\frac{12}{10}y$に$y=120$を代入して，$\frac{12}{10}\times120=144$(人)

重要 (6) 連続する3つの整数を$n-1$，n，$n+1$とおくと，それぞれ2乗して足すと365となるので，$(n-1)^2+n^2+(n+1)^2=365$ $n^2+2n+1+n^2+n^2-2n+1=365$ $3n^2=363$ $n^2=121$ $n=\pm11$ $n>1$より，$n=11$ よって，連続する3つの自然数のうち，最も小さい数は10

基本 ## 3 (2次関数，図形と関数・グラフの融合問題)

(1) $y=\frac{1}{2}x+2$に$x=-2$，4をそれぞれ代入すると，$y=\frac{1}{2}\times(-2)+2=-1+2=1$，$y=\frac{1}{2}\times4+2=2+2=4$ よって，A$(-2,\ 1)$，B$(4,\ 4)$ $y=ax^2$にA$(-2,\ 1)$を代入すると，$1=a\times(-2)^2$ $1=4a$ $a=\frac{1}{4}$

(2) 直線ABの切片をDとすると，D$(0,\ 2)$なので，$\triangle$OAB$=\triangle$ODA$+\triangle$ODB$=\frac{1}{2}\times2\times2+\frac{1}{2}\times2\times4=2+4=6$

重要 ## 4 (平行四辺形・相似な図形の面積の計量)

(1) △FABと△FEDにおいて，∠FAB＝∠FED，∠FBA＝∠FDEより，2組の角がそれぞれ等しいので，△FAB∽△FED 相似比はAB：ED＝AB：$\frac{1}{2}$CD＝AB：$\frac{1}{2}$AB＝4：2＝2：1なので，面積比は△FAB：△FED＝$2^2:1^2=4:1$ よって，△FED＝$\frac{1}{4}$△FABだから，△FAB＝12cm^{2}のとき△FED＝$\frac{1}{4}\times12=3$(cm^2)

(2) △FAB∽△FEDで相似比は2：1だから，FB：FD＝2：1 よって，△FAB：△FAD＝FB：FD＝2：1なので，△FAD＝$\frac{1}{2}$△FAB＝$\frac{1}{2}\times12=6$(cm^2)であり，△ABD＝△FAB＋△FAD＝12＋6＝18(cm^2) また，△ABDと△CDBにおいて，AB＝CD，AD＝CB，∠BAD＝∠DCBより，2組の辺とその間の角がそれぞれ等しいので，△ABD≡△CDB よって，△CDB＝△ABD＝18cm^{2}だから，四角形FBCE＝△CDB－△FED＝18－3＝15(cm^2)

重要 ## 5 (円錐の体積・表面積の計量)

(1) 円錐の頂点をO，頂点Oから底面に下した垂線の足をHとする。底面の円周上に点Aをとると，OA＝3cm，HA＝1cmとなる。△OAHにおいて，三平方の定理より，OH＝$\sqrt{3^2-1^2}=\sqrt{9-1}=\sqrt{8}=2\sqrt{2}$(cm) よって，円錐の体積は，$\frac{1}{3}\times1\times1\times\pi\times2\sqrt{2}=\frac{2\sqrt{2}}{3}\pi$(cm^3)

(2) 底面積は$1\times1\times\pi=\pi$(cm^2)，側面積は母線×底面の半径×$\pi=3\times1\times\pi=3\pi$なので，表面積は底面積＋側面積＝$\pi+3\pi=4\pi$(cm^2)

★ワンポイントアドバイス★

基本的な問題がほとんどなので，教科書レベルの問題は完璧にしておきたい。

＜英語解答＞

1	(1) ①	(2) ②	(3) ②	(4) ③				
2	(1) ①	(2) ④	(3) ②	(4) ④	(5) ③			
3	(1) ⑤	(2) ③	(3) ④	(4) ④	(5) ⑤	(6) ⑥	(7) ③	
	(8) ③							
4	(1) ③	(2) ②	(3) ②	(4) ③	(5) ④			
5	(1) ②	(2) ①	(3) ②	(4) ④	(5) ②	(6) ④		
6	(1) ②	(2) ①	(3) ③	(4) ③	(5) ①			

○配点○

1～3　各2点×17　　4　各3点×5　　5　各4点×6　　6　(1)～(3)　各5点×3
他　各6点×2　　計100点

＜英語解説＞

1 （語彙の問題）

(1)　「田舎の小さな町」＝ village「村」　②「通り」，③「国境，境界」，④「市役所」

(2)　「新しいものを作ること」＝ invent「発明する」　①「報告する」，③「支持する」，④「招待する」

(3)　「くつろぐために活動から短い休みをとること」＝ rest「休憩する」　①「集める」，③「借りる」，④「心配する」

(4)　「医者からもらうもの」＝ medicine「薬」　①「熱」，②「頭痛」，④「歯医者」

本 **2** （語句選択補充問題：熟語，受動態，前置詞，比較）

(1)　help ～self で「(食べ物などを)自由に取る」という意味を表す。

(2)　主語が「ケーキ」で空所の前に was があることから，受動態〈be動詞＋過去分詞〉の文にする。

(3)　期間を表して「～まで(ずっと)」は until で表す。　①「(期限を表して)～までに」，③「(2つ[人])の間に」，④「(期間を表して)～の間に」。

(4)　「もっとも～」は形容詞・副詞の最上級で表す。hot は，〈短母音＋子音字〉で終わる語なので，語尾の t を重ねて最上級を作る est をつける。

(5)　「(人)に(もの)を買う」は〈buy ＋もの＋ for ＋人〉または〈buy ＋人＋もの〉で表す。

要 **3** （語句整序問題：現在完了，助動詞，比較，関係代名詞，接続詞，分詞，間接疑問文）

(1)　She has already <u>finished</u> her homework.　「すでに～した」とある動作が完了していることを表すときは現在完了〈have[has]＋過去分詞〉で表す。

(2)　There are three <u>students</u> under the tree.　「(場所に)～がいる[ある]」は〈there is[are] ～＋場所を表す語句〉で表す。

(3)　Would you like <u>something</u> to drink?　相手に勧めて「～はいかがですか」というときは Would you like ～? で表す。相手に何かを勧めたり依頼するときは疑問文でも some や some

がついた形の語を使う。

(4)　This bike is bigger than that one. 「～よりも…」は比較級を使って，〈比較級＋ than ～〉で表す。one は前に出たものと同じ種類のもの(ここでは「自転車」)を指すときに用いる。

(5)　The book I bought yesterday is interesting.　The book is interesting.「本は面白い」という文を考える。「私が昨日買った」は後ろから The book を修飾するように，The book の後に I bought yesterday を続ける。book と I の間に関係代名詞が省略されている。

(6)　I stayed home because it was rainy. 「雨だったので」は接続詞 because「～なので」の後に文の形〈主語＋動詞〉を続けて表す。because it was rainy を文の前半に置く場合は rainy の後にカンマを置く。

(7)　This is a story read in many countries.　This is a story.「これは物語です」という文を考える。「多くの国で読まれている」は過去分詞 read の後に in many countries を続けて a story の後に置く。read 以下が後ろから a story を修飾している。

(8)　I don't know what you mean.　疑問詞の意味を含む「あなたが何を言っているのか」というまとまりが文の一部になる間接疑問文。疑問詞の後は〈主語＋動詞〉の語順になる。

重要 **4**　(会話文問題：文・語句選択補充)

(全訳)　(電話で)

A：もしもし？

B：もしもし。トモキくんはいらしゃいますか。

A：$_A$どちらさまでしょうか。

B：ルーシー・ワトソンです。

A：$_B$少々お待ちください。

(少ししてから)

C：やあ，ルーシー。どうしたの？

A：今週の土曜日はあいてる？　カナダの生徒たちが私の学校に来るの。彼らに会いたい？

C：おや，本当かい？　彼らに会って話したいな。

B：いいわよ。私の先生にあなたが来ることを知らせるわ。

C：$_C$その日は何をするの？

B：最初に，私たちは彼らを車で迎えに行くために10時に駅に行くの。その後，11時にナショナル・パークへ行くわ。そこでパーティーをするのよ。それは3時間開かれるのよ。

C：とてもそれに参加したいよ。でも，ぼくはサッカーの練習があるから，いつ一緒に参加できるかわからないんだ。

B：わかったわ。$_D$いつ予定がわかるか知らせてね。

C：もちろん。後で電話するよ。$_E$すてきな行事を教えてくれてありがとう。

B：どういたしまして。またね。

C：じゃあね。

(1)　空所の後でBが名前を答えているので，電話をしてきた相手の名前を尋ねる表現の③が適切。④は「もう一度お名前をお聞きしてもいいですか」と相手の名前を尋ねる表現だが，Bは一度しか名前を言っていないので不適切。　①は「すみませんが，彼は外出中です」，②は「こちらはトムです」という意味。

(2)　空所の後に少し間があいて，その後Cがルーシーからの電話に出ているので，電話を受け取ったAの発言として適するのは②。　①は「また(電話を)かけます」，③は「(店で)それを買います」，④は「彼は今，勉強しています」という意味。

(3) 空所の後で，Bがカナダの生徒たちが来る日にすることを具体的に説明してるので，②が適切。①は「ぼくはいつどこへ行けばいいですか」，③は「あなたはどうやってそこへ行くつもりですか」，④は「ぼくと一緒に行きませんか」という意味。

(4) 空所を含むBの発言の前で，Cがサッカーの練習があるのでいつ一緒に参加できるかわからないと言っている。また，Bの発言の後でCが「後で電話する」と言っていることから，Bの発言が予定がわかったら知らせてほしいといった内容になると会話が成り立つ。したがって，③が適切。①は「どうやってそこへ行けばよいか」，②は「あなたが何を持って来ることができるか」，④は「私たちがどれくらいの間パーティーをするか」という意味。

(5) 空所の直前のThank you for ~ing. は「～してくれてありがとう」という意味で，何に対して感謝しているかを表す表現。BはCをカナダの生徒たちと行うパーティーに誘うために電話してきているので，そのすてきな行事を教えてくれたことに感謝するという内容になる④が適切。①は「あなたの電話番号を教えてくれて」，②「あなたの仲のよい友達を紹介してくれて」，③「ぼくによい助言をしてくれて」という意味。

5 **(長文読解問題・説明文：語句選択補充，内容吟味，文補充，要旨把握)**

(全訳) 1月にジェネラル・モータース(GM)がある発表をした。会社はガソリン車の販売をやめる計画を立てているのだ。これは2035年までに起こり，会社はさらに多くの電気自動車を作る。

GMは電気自動車を作っている1つの企業だ。このことは環境の役に立つだろう。ほとんどの車はガソリンで走る。それらは二酸化炭素を排出する。このことが気候に影響を及ぼす。電気自動車はもっときれいだ。ベンカット・ビスワナサンは教授である。彼はカーネギーメロン大学で働いている。それはペンシルベニア州にある。「電気は未来です」と彼は言う。

電気自動車は電池を使う。これらの電池はスマートフォンのものと同じようなものだ。それらは(a)再充電することができる。そして中の材料はリサイクルできる。

電気自動車は完ぺきではない。それらは発電所からのエネルギーで(a)再充電される。これらの発電所は化石燃料を燃やす。しかし，国はきれいなエネルギー源に変えることができる。これらには風と太陽の力が含まれる。それは，電動の乗り物もきれいになれるということだ。

(b)電気自動車を所有する人はあまり多くない。まず，2つのことが起こる必要がある。もっと多くの充電所をもっと作る必要がある。それらは広く使えるものでなければならない。そして，電気自動車はもっと費用がかからないようにならなければならない。去年，6,700万台の新車が売られた。電気自動車は300万台ほどしかなかった。

しかし，これは始まりに過ぎない。ビスワナサンは，いつか太陽光発電の家庭が増えるだろうと考えている。私たちは空を飛ぶ電気自動車さえ持つようになるかもしれない。「あなたたちの生活は電池で営まれるようになるでしょう」と彼は言う。(c)「それは新しい世界になるでしょう」

電気自動車(EV)の売り上げは上がっている。グラフを見てみよう。それは2030年中に売られる自動車を示している。その時までに，半数が電気になる可能性がある。

電気自動車はますます広まってきている。Dそれは価格が下がってきているからだ。そしてそれは予想以上に早まっている。電池はよくなってきている。それらは安くもなってきている。間もなく，電池で動く乗り物はガソリンで動くものと同じくらい安くなるかもしれない。

(1) 2つの空所を含む文の They は batteries「電池」を指す。最初の空所の前では，電気自動車は電池を使い，その電池はスマートフォンのものと似ていることが，2番目の空所の前後では，電気自動車が完ぺきではなく，化石燃料を燃やす発電所からのエネルギーを使うことが述べられている。こうした文脈に合うのは②「再充電される」。recharge はここでは「再充電する」という意味で，2か所の空所部分ではいずれも受動態で使われている。 ①は「尊敬する」の過去分詞，③は「解放する，公表する」の過去分詞，④は「研究する」の過去分詞。

(2) 下線部(b)は「電気自動車を所有する人はあまり多くない」という意味で，その直後に「2つのことが起こる必要がある」と続いているので，この後に電気自動車を所有する人を増やす方法が述べられていることがわかる。その1つが「もっと多くの充電所をもっと作る」こと，もう1つが「電気自動車はもっと費用がかからないようにする」ことなので，①が適切。

(3) 下線部(c)の発言の前で，ビスワナサンの考えとして，「私たちは空を飛ぶ電気自動車さえ持つようになるかもしれない」と述べられている。これは現在ではまだ実現していない技術で，現在とは違う新しい世界と言える。したがって，②「新しい自動車が使われる」が適切。 ①は「環境がよくなる」，③は「今よりもガソリンスタンドが減る」，④は「だれもが太陽光発電の家に住む」という意味。

(4) 抜き出されている文は，「それは価格が下がってきているからだ」という意味。第5段落第5文で，電気自動車を所有する人が増えるための条件として，電気自動車の価格が安くなることが挙げられていることから，「電気自動車の数が増えるのは値段が下がるから」という因果関係が成り立つ箇所が当てはまる。この流れに合うのは，直前で電気自動車が広まってきていることを述べているD。

(5) ①「自動車の総売り上げは2020年に増えた」(×) グラフ Global passenger car sales「世界の乗用車の売り上げ」から，自動車の総売り上げは2018年をピークに，やや下がった状態が続いていることがわかるので，一致しない。 ②「電池の質は改善した」(○) 最終段落最後から3文目の内容と一致する。 ③「ジェネラル・モータースは売り上げを増やすためにもっと多くの電気自動車を作るだろう」(×) 第1段落にジェネラル・モータースがガソリン車の製造をやめて電気自動車を増やすことが述べられているが，その目的については本文中で述べられていない。 ④「発電所には環境に優しいエネルギーしかない」(×) 第4段落第3文に，発電所では環境によくない化石燃料が使われていることが述べられているので一致しない。

やや難 (6) 本文では主に電気自動車について述べられているが，第6段落ではベンカット・ビスワナサン教授の考えとして，いつか太陽光発電の家庭が増え，空を飛ぶ電気自動車さえ持つようになり，そして生活は電池で営まれるようになって新しい世界になるだろうと述べられていることから，主題は電気自動車ではなく，電気で営まれる将来の生活であると考えられる。したがって，④「電気で動く将来」が適切。 ①は「乗り物の問題」，②は「電気自動車の特徴」，③は「環境をきれいに保つこと」という意味。

6 **(長文読解問題・説明文：内容吟味，語句選択補充)**

(全訳) あなたは毎日どれくらいの間座っているだろうか。勉強したり，テレビを見たり，スマートフォンを使ったりするときに座るのは自然なことだ。しかし，調査によると，人間の体は立ち上がるために作られたので，長時間座ることは危険を増すということだ。同じ姿勢で1日中座っていると，あるレベルの健康が危険な状態になる。(a)座り過ぎることにはよくないことがたくさんあるのだ。

何時間も座っていると，足と尻の筋肉が弱くなる。座っていると使うエネルギーが少なく，カロリーの燃焼が減る。それは肥満，高血圧，高血糖，そして他の健康問題に関係するかもしれない。実際，調査によれば，座り過ぎる(b)と糖尿病を発症する危険が112パーセント高まる。また，そうすることで心臓発作と脳卒中の危険が147パーセント増える。

私たちは立っている方が疲れると考えるので，何かをするときには立っていたいと思わない。しかし，(c)立っていることには多くのよい点がある。立っていると，体がより多くのカロリーをよりよく燃焼できるようになるので，体重が減る。最近の調査では，約6時間立っていると男性も女性も肥満の割合が減るという。オーストラリアの研究者たちは，立っていることがよいコレステロールを増やし，悪いコレステロールのレベルを下げるのに役立つことを見出した。それは心臓病の危険を低める。また，立っていることは肥満や他の代謝疾患の危険を低めるのに役立つ。5分間歩くことで，特に女性は血糖値を34パーセント下げることができる。

一日中机の前で働く人の中には長い間立っていることができない人もいる。そこで，簡単にできる方法がいくつかある。30分ごとに2分の休憩をとる。電話を使っているときやテレビを見ているときには立っている。座らなくてはならないときは，休憩をとり，ストレッチをし，姿勢を変える必要があり，あるいは昼食の間に短い散歩に行く。私たちは座ることでリラックスできるが，座り過ぎことは健康に悪い。行動し続けることが大切だ。人間の体は立つためにあるのだから。

(1)　下線部(a)は,「座り過ぎることにはよくないことがたくさんある」という意味。座り過ぎることによる悪影響を考える。第2段落第4文で，座り過ぎることと関連して，糖尿病を発症する危険が112パーセント高まることが述べられているので②「糖尿病の危険が100パーセントを超える」が適切。①「座ることでエネルギーを使うのでたくさん食べる」，③「悪い姿勢で座るために背中を痛める」，④「筋肉が弱まるのでけがをする」については本文で述べられていない。

(2)　空所(b)の直前「糖尿病を発症する危険が112パーセント高まる」と直後「座り過ぎる」をつなぐのに適切な接続詞を考える。糖尿病の危険が高まるのは座り過ぎたときのことなので，①「～するとき」が適切。②，③，④では2つの文をつなぐことができない。

(3)　下線部(c)の直後に,「立っていると，体がより多くのカロリーをよりよく燃焼できるようになるので，体重が減る」と，立っていることによるよい影響について具体的に述べられているので，③が適切。

(4)　最終段落第3文以下に，長い間立っていることができない人にも簡単にできる方法として,「30分ごとに2分の休憩をとる」,「電話を使っているときやテレビを見ているときには立っている」,「座らなくてはならないときは，休憩をとり，ストレッチをし，姿勢を変える」,「昼食の間に短い散歩に行く」ことが述べられている。③「姿勢を一定に保つべきではない」が,「座らなくてはならないときは，休憩をとり，ストレッチをし，姿勢を変える」ことと一致する。　①は「座っている間にリラックスしなくてはならない」，②は「健康のためによい姿勢を保つ必要がある」，④は「30分間歩くべきだ」という意味。

(5)　①「健康でいるのに費用はかからない」(○)　本文では座り過ぎることが健康に悪影響を及ぼすことと，その対策が述べられている。座り過ぎることの対策として挙げられているものは簡単にできることばかりで特に費用がかかるものではないので一致している。　②「カロリーのとり過ぎは肥満を引き起こす」(×)　第2段落第2，3文で，カロリーの燃焼が減ることが肥満などに関係する可能性があることが述べられているが，カロリーのとり過ぎについては述べられていない。　③「オーストラリアの研究者たちはよいコレステロールについて研究した」(×)　第3段落第5文を参照。オーストラリアの研究者たちが明らかにしたことは，立っていることがよいコレステロールを増やし，悪いコレステロールのレベルを下げるのに役立つことで，よいコレステロールそのものの研究をしたわけではない。　④「私たちは長生きするために健康について考えなくてはならない」(×)　本文で述べられているのは座り過ぎることが健康に与える悪影響についてであり，長生きするということについては述べられていない。

★ワンポイントアドバイス★

6の(5)は，迷う選択肢もあって簡単に正解しにくい問題と言える。このような場合は，本文中で使われていない live long を含む④を先にはずすという手段も有効である。

＜社会解答＞

1　問1　1　①　問2　2　②　問3　3　④　問4　4　③　問5　5　②　問6　6　③
2　問1　7　③　問2　8　①　問3　9　④　問4　10　①　問5　11　②
3　問1　12　③　問2　13　①　問3　14　④　問4　15　②

○配点○
1　問6　4点　他　各3点×5　2　問5　3点　他　各4点×4　3　各3点×4
計50点

＜社会解説＞

1　（日本の歴史―政治・外交史，社会史，その他）

問1　秀吉は，薩摩の島津氏を屈服させて九州全土を平定した後，部下の加藤清正を熊本に配置し治めさせた。その後，小田原の北条氏を滅ぼして，全国統一を成し遂げている。

やや難　問2　アメリカ軍による本土空襲では，日本上空を流れている偏西風の影響で，爆弾投下の位置に誤差が生じていた。

問3　熊本城は，明治初期の西南戦争の時に，西郷隆盛率いる鹿児島軍に攻められている。

問4　江戸幕府の友好国はキリスト教の布教を目的としていないオランダであったので，大砲等の武器は，オランダから手に入れていた。

重要　問5　太平洋戦争末期の特攻隊の標的は，主に沖縄とその周辺のアメリカ海軍艦船であった。

問6　角Aと角Bがわかり，AB2地点間の距離がわかれば，大阪城天守閣までの距離は，A地点からと，B地点からでは，どちらからが短いのかがわかるのである。

2　（各分野総合問題）

問1　エリザベス1世は16世紀後半に活躍した人物である。同時代に，日本では，織田信長が天下統一を目指していた。

基本　問2　インドでは，イギリスの植民地時代の影響で，ヒンドゥー語とともに，英語が公用語の1つとなっている。

問3　ムガル帝国はイスラーム教国なので，皇帝が信仰する宗教は，当然，イスラーム教であった。

やや難　問4　インディカ種は，世界の米生産量の約8割を占める。寒さに弱いため高温多湿な地域での栽培が適しており，インド・東南アジア・中国南部などが主な産地である。特にインドではこの米が食べられている。

問5　北インドというと，選択肢の中ではネパールが該当する。

3　（日本の歴史と公民の総合問題）

問1　昭和21年は1946年で，日本国憲法制定の年である。したがって，昭和天皇が正解となる。

重要　問2　日本国憲法においては，天皇は象徴となっている。

基本　問3　大日本帝国憲法下での帝国議会は現在はなく，日本国憲法下では国会となっている。貴族院が廃止され，現在は衆議院と参議院の二院制である。

問4　現在では，11月3日は文化の日となっている。文化の日は，1946年11月3日の日本国憲法公布を記念して制定された。

★ワンポイントアドバイス★

2問3　ムガル帝国は，18世紀にはイギリス・フランスの侵攻を受けて弱体化し，1857年のインド大反乱が起こり，翌年滅亡した。2問4　インディカ種は日本や朝鮮半島では栽培されていないため，日本では関心がない。

＜理科解答＞

	(1)		(2)		(3)		(4)	
4	(1)	②	(2)	②	(3)	④	(4)	③
5	(1)	①	(2)	②	(3)	③	(4)	③
6	(1)	②	(2)	②	(3)	④	(4)	③
7	(1)	③	(2)	①	(3)	①		

○配点○

4　(2)　4点　　他　各3点×3　　5　(1)，(3)　各3点×2　　他　各4点×2　　6　各3点×4

7　(1)　3点　　他　各4点×2　　計50点

＜理科解説＞

4　(物理総合一光の進み方，圧力，台車の速さ，音の速さ)

(1)　空気中からガラスに斜めに光をあてると，光がガラスに入るときの光の道筋が折れ曲がり，光が水中から空気中に出ていくときも光の道筋は折れ曲がる。

(2)　物体がスポンジにおよぼす圧力は，物体が接しているスポンジの面積に反比例する。したがって，圧力が最も大きいのは，10(cm)×5(cm)＝50(cm^2)が接しているときであり，圧力が最も小さいのは，10(cm)×20(cm)＝200(cm^2)が接しているときである。以上より，最も大きい圧力は最も小さい圧力の，$\frac{200(\mathrm{cm}^2)}{50(\mathrm{cm}^2)}$＝4(倍)である。

(3)　グラフより，台車は40cmを0.5秒で移動しているので，台車の速さは，$\frac{40(\mathrm{cm})}{0.5(秒)}$＝80(cm/秒)である。

(4)　花火が開いた場所までの距離は，340(m/秒)×2.5(秒)＝850(m)である。

5　(化学総合一水溶液の判別，銅の酸化，融点と沸点，再結晶)

やや難　(1)　実験1で，においがしたCとDはアンモニア水かうすい塩酸である。また，実験2で硝酸銀水溶液を加えると白色の塩化銀の沈殿が生じたので，BとDは塩素を含む食塩水かうすい塩酸である。したがって，Dがうすい塩酸であることがわかり，Cがアンモニア水，Bが食塩水なので，Aは砂糖水である。

やや難　(2)　銅と結びついた酸素は，1.9(g)－1.6(g)＝0.3(g)である。一方，表から，銅が酸化するときの質量の比は，銅：酸素：酸化銅＝4：1：5であることがわかる。したがって，0.3gの酸素と結びついた銅は，0.3(g)×4＝1.2(g)であり，反応せずに残った銅は，1.6(g)－1.2(g)＝0.4(g)である。

基本　(3)　融点が20℃よりも高い物質である鉄・ナフタレン・パラジクロロベンゼンが，20℃のとき固体である。なお，20℃のとき，アンモニアは気体，エタノールと水は液体である。

(4) 100gの水に硝酸カリウム70gを溶かし，30℃まで冷やしたので，固体として出てきた硝酸カリウムは，70(g)－45(g)＝25(g)である。

6 (生物総合―反射，ホウセンカとマツの増え方，セキツイ動物の分類)

(1) 1秒間に120コマするビデオカメラで記録し，目に光が当たってから9コマ目でまぶたが反応した時間は，$1(秒)\times\frac{9}{120}=0.075(秒)$より，約0.08秒である。

基本 (2) ホウセンカは被子植物，マツは裸子植物の仲間である。

基本 (3) Aは「両生類」でカエル，Bは「は虫類」でトカゲ，Cは「鳥類」でペンギン，Dは「ほ乳類」でキツネある。

基本 (4) 軟体動物のイカと魚類のメダカはえらで呼吸する。また，ホニュウ類のネコは胎生である。

7 (地学総合―惑星間の距離，飽和水蒸気量，太陽の観測)

(1) 地球と金星が最も近づいたときの距離は，1.0－0.7＝0.3であり，地球と金星が最も離れたときの距離は，1.0＋0.7＝1.7なので，$\frac{1.7}{0.3}=5.66\cdots(倍)$より，5.7倍である。

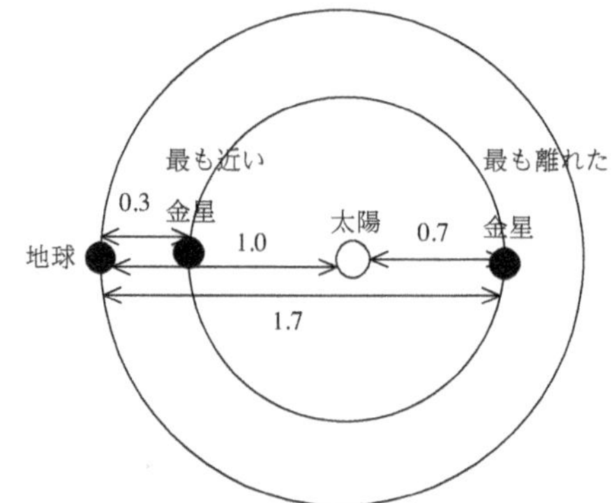

(2) 水蒸気量が10g/cm^{3}で等しいAとBの露点はどちらも10℃である。

(3) 太陽投影板上の太陽の像は上下左右が反対にうつっている。

★ワンポイントアドバイス★

生物・化学・地学・物理の4分野において，基本問題に十分に慣れておくこと。

<国語解答>

一 問1 (a) ① (b) ③ (c) ② (d) ④ (e) ④ 問2 ① 問3 ②
問4 ② 問5 ②

二 問1 ② 問2 (a) ③ (b) ② (c) ① (d) ② (e) ① 問3 ④
問4 (Ⅰ) ④ (Ⅱ) ④ 問5 ③ 問6 ② 問7 ③

三 問1 ④ 問2 ① 問3 ② 問4 ② 問5 ③ 問6 ② 問7 ④

○配点○

一 問1 各2点×5 他 各5点×4 二 問3・問4 各4点×3 問5 5点
問6・問7 各8点×2 他 各2点×6 三 問5・問6 各5点×2 他 各3点×5
計100点

<国語解説>

一 (論説文―内容吟味，文脈把握，接続語，脱語補充，漢字の書き取り，四字熟語)

問1 (a)「活躍」，(b)「革命」，(c)「影響」，(d)「契約」，(e)「起源」。

基本 問2 二重傍線部Xには，一つの事に集中して他の事に心の乱れることがないことという意味の①が入る。②は欠点や不足が全くなく完璧なこと。③は言葉が出ないほどひどいこと。④は状況に応じた行動をとること。

問3 Ⅰは直前の内容より直後の内容である，という意味で「むしろ」，Ⅱは直前の内容を整理して言いかえた内容が続いているので「つまり」，Ⅲは直前の内容を補足する内容が続いているので「ただし」，Ⅳは別の話題に切り替えた内容が続いているので「ところで」がそれぞれ入る。

やや難 問4 「掃除するルンバ」にやる気があると思わない理由として「ルンバが動く……」で始まる段落で，「ルンバが動くことができるのは，……外部からの力……によって動力を得ているからで」あることを述べているので②が適当。この段落内容をふまえていない他の選択肢は不適当。

重要 問5 「そのように……」で始まる段落で，「『やる気』とは，人間の内部に存在している力だということがわかります」と述べているので，②は適当ではない。①は最後の段落，③「Ⅲ……」で始まる段落，④は「Ⅱ……」で始まる段落でそれぞれ述べている。

二 (論説文―内容吟味，段落構成，指示語，脱文補充，漢字の読み取り，語句の意味，品詞・用法)

問1 傍線部①と2は副詞。①は名詞，③は人称代名詞，④は動詞。

基本 問2 波線部(a)はその上に塗ったり描いたりするための土台となるもの。(b)は国家の機関や公共団体などが法律や政令などにしたがってする政務。(c)は仕事などを始めたばかりで慣れていない人のこと。(d)は得意でないこと。(e)は多くの人を引き連れること。

問3 電車の座席に座っていた筆者の目の前で一人の若者が大声を出し，不満げな様子で数駅先で降りた→彼のかばんにヘルプマークのストラップがついていることに気付いた→ヘルプマークの説明→一文→「発達障害」の説明，という流れになるので4が適当。

問4 二重傍線部(Ⅰ)は申し訳なく思うこと。(Ⅱ)はあくまでも自分の意見を主張して変えないこと。

問5 傍線部②は直前の段落で述べているように，山田さんが新米教師だったころ，修学旅行を控えて，友達付き合いが不得手な子を同じ班に入れてくれないかと皆に頼み込んだが，その子が「もう修学旅行なんか行かない」とキレてしまった日のことを指しているので③が適当。

重要 問6 「【D】……」で始まる段落で，小中学校の通常学級に在籍する子の6%強に発達障害の可能性がある，ということを述べているので，②の「自閉症の可能性がある」は適当ではない。

やや難 問7　冒頭～「彼にとっては……」で始まる段落までの第一段落で，筆者が電車の中で発達障害かもしれない若者に出会った経験から，発達障害の理解についての問題提起をし，「元中学教諭……」～「山田さんは……」で始まる段落までの第二段落では，筆者と同様に自分の思いを表現するのが難しい生徒の心に寄り添うことができなかった山田さんの例，「作家，……」～最後までの第三段落でも，自閉症の作家である東田直樹さんのエッセーを例に挙げて，第一段落での問題提起を補っているので③が適当。①の「反論する」，②の「一般化する」，④の「比較する」はいずれも不適当。

三 **(古文一内容吟味，文脈把握，仮名遣い，口語訳，表現技法，文学史)**

問1　波線部(a)は「さとう餅」，(b)と(c)は「うづらやき」を指している。

問2　歴史的かなづかいの語頭以外の「は行」は現代かなづかいでは「わ行」に，「エ段＋う」は「イ段＋ょ＋う」になるので，「かひやせう」→「かいやしょう」となる。

問3　砂糖餅とうずら焼はどちらも三文だが，うずら焼を二文，砂糖餅を四文で買うと客が言うことに対し，それぞれの値段が違っても合計金額は同じということなので2が適当。

問4　傍線部Cは三句目の「うづらやき」で一旦区切れるので2が適切。和歌は「五・七・五・七・七」の五句三十一音から構成されている。

重要 問5　北八は，もともと三文のうづら焼を二文で買ったことになるので3が適当。「『四文あらば……』」で始まる北八のせりふから，持ち合わせがないと言って砂糖餅の分の四文は払わずにうづら焼の分として二文しか払っていないことをふまえていない他の選択肢は不適当。

やや難 問6　繰り返しの記号は「〻」「く」「ヽ」などを用いているので，2の「一種類で統一」は適当ではない。

基本 問7　他の作品が成立した時代は，①・②は平安時代，③は鎌倉時代。

★ワンポイントアドバイス★

論説文では，具体例を通して何を述べようとしているのかをしっかり読み取っていこう。

2022年度

★★★★★★★★★★★★★★★★★★★★★★

入　試　問　題

2022年度

誉高等学校入試問題

【数　学】（40分）　<満点：100点>

1　次の各問いに答えなさい。

(1)　$7+4\times(2-3)$ を計算しなさい。【解答番号1】

①　-3　②　-1　③　1　④　2　⑤　3　⑥　4

(2)　$\sqrt{27}+\dfrac{2}{\sqrt{3}}-\sqrt{12}$ を計算しなさい。【解答番号2】

①　$-\sqrt{3}$　②　$\sqrt{3}$　③　$2\sqrt{3}$　④　$3\sqrt{3}$　⑤　$4\sqrt{3}$　⑥　$5\sqrt{3}$

(3)　$6x^3y\times(-2y)^2\div(3xy)^2$ を計算しなさい。【解答番号3】

①　$\dfrac{1}{2}x$　②　$\dfrac{3}{4}x$　③　$\dfrac{5}{6}y$　④　$\dfrac{8}{3}xy$　⑤　$\dfrac{9}{2}y$　⑥　$\dfrac{10}{3}xy$

(4)　ある学校の昨年の入学者数は x 人で，今年は昨年より３％増えて，400人を超えた。この数量の関係を，不等式で表しなさい。【解答番号4】

①　$x-\dfrac{3}{10}x<400$　②　$x+\dfrac{3}{10}x>400$　③　$x-\dfrac{3}{100}x<400$

④　$x+\dfrac{3}{100}x>400$　⑤　$x+\dfrac{3}{100}x\leqq400$　⑥　$x+\dfrac{3}{100}x\geqq400$

(5)　$x^2+7x-18$ を因数分解しなさい。【解答番号5】

①　$(x-3)(x+6)$　②　$(x+3)(x-6)$　③　$(x-2)(x+9)$

④　$(x+2)(x-9)$　⑤　$(x-18)(x+1)$　⑥　$(x+18)(x-1)$

(6)　２次方程式 $(x-3)^2=4x-5$ を解きなさい。【解答番号6】

①　$x=-3\pm\sqrt{5}$　②　$x=-1\pm\sqrt{3}$　③　$x=2\pm\sqrt{7}$

④　$x=3\pm\sqrt{10}$　⑤　$x=5\pm\sqrt{11}$　⑥　$x=\dfrac{5\pm\sqrt{13}}{2}$

2　次の各問いに答えなさい。

(1)　袋の中に，赤玉が４個と白玉が３個入っています。この袋から同時に２個の玉を取り出すとき，２個とも赤玉である確率を求めなさい。【解答番号7】

①　$\dfrac{1}{4}$　②　$\dfrac{2}{7}$　③　$\dfrac{4}{9}$　④　$\dfrac{5}{11}$　⑤　$\dfrac{7}{13}$　⑥　$\dfrac{11}{15}$

(2)　１次関数 $y=-3x+2$ における x の変域が $-1\leqq x<4$ のとき，y の変域を求めなさい。【解答番号8】

①　$-20<y<3$　②　$-15\leqq y<4$　③　$-10\leqq y<5$

④　$-10<y\leqq5$　⑤　$-5\leqq y<10$　⑥　$5\leqq y<10$

(3)　Ａさんは，家から2000m離れた学校へ通っています。８時に家を出て，分速80mで進んでいましたが，遅刻しそうなことに気が付き，途中の交番からは分速160mで進み，学校には８時20分に着きました。家から交番までの道のりと交番から学校までの道のりを，それぞれ求めなさい。

（家から交番までの道のりは【解答番号９】，交番から学校までの道のりは【解答番号10】）

① 200m　② 300m　③ 500m　④ 800m

⑤ 1200m　⑥ 1500m　⑦ 1700m　⑧ 1800m

(4) 下の表は，10人の生徒の小テスト（50点満点）の結果をまとめたものである。
得点の平均値，中央値を求めなさい。

（平均値は【解答番号11】，中央値は【解答番号12】）

15	40	22	35	32
50	18	30	25	45

(単位：点)

① 22.1　② 26　③ 29.5　④ 31　⑤ 31.2

⑥ 32.4　⑦ 33　⑧ 35.2　⑨ 36　⑩ 38.5

(5) 右の図において，正方形の紙ABCDを，PQを折り目として折った。
∠C'PB＝56°となったとき，∠xの大きさを求めなさい。

【解答番号13】

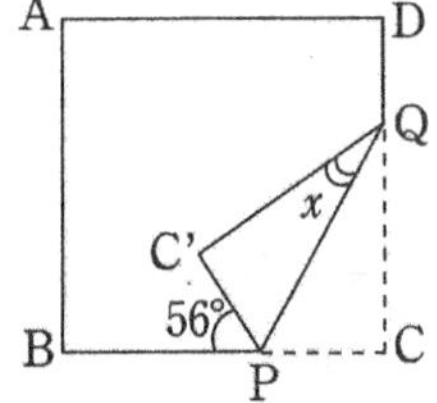

① 20°　② 23°　③ 25°　④ 28°　⑤ 30°　⑥ 32°

(6) 右の図において，底面の半径が８，高さが12の円すいＰを底面に平行な面で切り，円すいＱと，円すいＰから円すいＱを取り除いた立体Ｒに分ける。円すいＰと円すいＱの高さの比が４：３であるとき，立体Ｒの体積を求めなさい。　【解答番号14】

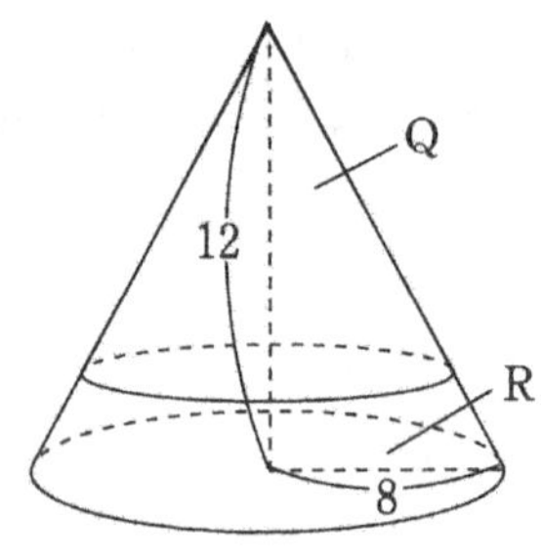

① 108π　② 112π　③ 126π　④ 132π　⑤ 144π　⑥ 148π

3 次の各問いに答えなさい。

(1) 図において，ADとBE，BEとCFが平行であるときBEの長さを求めなさい。

【解答番号15】

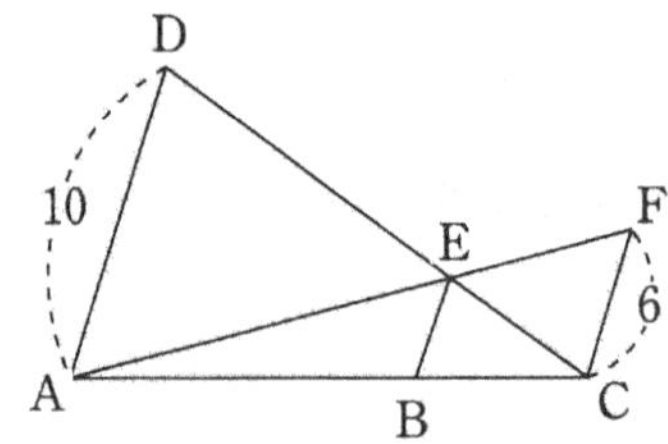

① $\frac{3}{2}$　② $\frac{5}{2}$　③ $\frac{8}{3}$　④ $\frac{15}{4}$　⑤ $\frac{19}{5}$　⑥ $\frac{23}{6}$

(2) 右の図において，半径 6，中心角90°のおうぎ形OPQを，OPを直径とする半円によって 2 つに分ける。このとき，図形Bの周の長さと図形Aの面積を，それぞれ求めなさい。

（周の長さは【解答番号16】，面積は【解答番号17】）

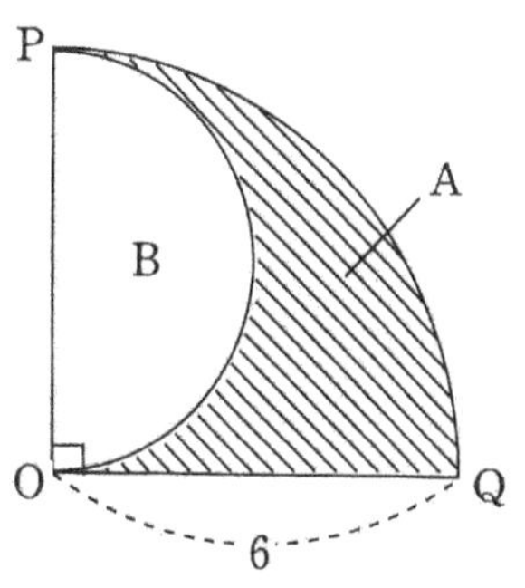

周の長さの解答群

① $3+3\pi$　② $6+3\pi$　③ $6+6\pi$

④ $9+3\pi$　⑤ $9+6\pi$　⑥ $12+3\pi$

面積の解答群

① $\frac{7}{2}\pi$　② $\frac{9}{2}\pi$　③ $\frac{11}{2}\pi$　④ $\frac{13}{2}\pi$　⑤ $\frac{15}{2}\pi$　⑥ $\frac{17}{2}\pi$

4 図において，関数 $y=\frac{1}{2}x^2$ のグラフ上に，2 点A，Bがある。次の各問いに答えなさい。

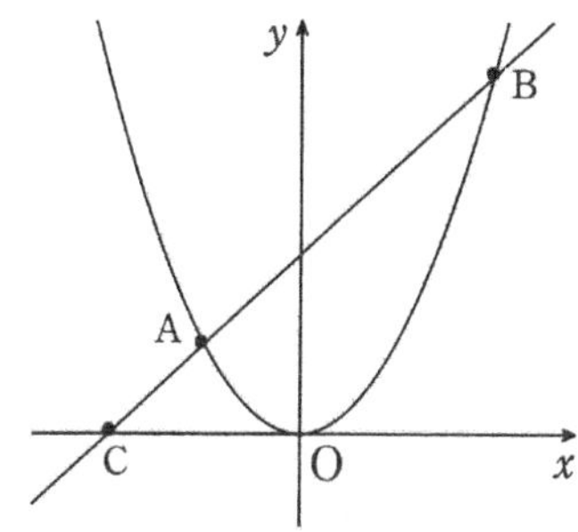

(1) A，Bの x 座標がそれぞれ－2，4であるとき

2 点A，Bを通る直線の式を求めなさい。【解答番号18】

① $y=x+4$　② $y=x+5$　③ $y=x+6$

④ $y=2x+1$　⑤ $y=2x+3$　⑥ $y=2x+5$

(2) △BCOの面積を求めなさい。【解答番号19】

① 10　② 12　③ 14　④ 16　⑤ 18　⑥ 20

(3) △ACOの面積を求めなさい。【解答番号20】

① 2　② 3　③ 4　④ 5　⑤ 6　⑥ 7

【英　語】（40分）　＜満点：100点＞

1　次の句が表すものとして適当なものを１つ選び，答えなさい。

(1) something that happens to you　【解答番号１】
① experience　② enough　③ example　④ expensive

(2) a place in a school where we take lessons　【解答番号２】
① classic　② classroom　③ classmate　④ clean

(3) the sixth month of the year　【解答番号３】
① July　② June　③ Join　④ Just

(4) something remembered from the past　【解答番号４】
① message　② medicine　③ memory　④ minute

2　次の日本語の意味になるように，各英文の（　）に適当なものを１つ選び，答えなさい。

(1) 手紙をありがとうございます。　【解答番号５】
Thank you (　) your letter.
① for　② in　③ with　④ by

(2) なぜトムは日本に来たのですか。　【解答番号６】
(　) did Tom come to Japan?
① How　② When　③ Why　④ Where

(3) ジョンは彼の部屋を掃除しなければなりません。　【解答番号７】
John (　) clean his room.
① may　② have to　③ must　④ would

(4) 私はバスケットボールよりサッカーが好きです。　【解答番号８】
I like soccer (　) than basketball.
① much　② better　③ well　④ best

(5) あの家は去年建てられましたか。　【解答番号９】
Was that house (　) last year?
① build　② builed　③ built　④ building

3　次の日本語の意味になるよう（　）内の語（句）を並び替えたときに，４番目にくるものを選び，答えなさい。なお，文頭にくる語（句）も小文字で示してある。

(1) 私はその時電車を待っていました。　【解答番号10】
(① then　② was　③ the train　④ for
⑤ waiting　⑥ I).

(2) 私たちは３日間彼に会っていません。　【解答番号11】
(① we　② seen　③ not　④ for three days
⑤ have　⑥ him).

(3) ケンは明日泳ぎに行く予定ですか。 【解答番号12】
(① Ken ② swimming ③ tomorrow ④ go
⑤ is ⑥ going to)?

(4) 当時彼女は自転車に乗れませんでした。 【解答番号13】
(① able to ② at that time ③ ride ④ she
⑤ a bike ⑥ wasn't).

(5) 彼はこの町のサッカークラブのメンバーです。 【解答番号14】
(① the soccer club ② he ③ a member ④ in this town
⑤ of ⑥ is).

(6) 私たちはジョンがひどい風邪をひいていることを知っています。 【解答番号15】
(① has ② know ③ we ④ John
⑤ cold ⑥ a bad).

(7) そのクラスには生徒が何人いますか。 【解答番号16】
(① students ② in the class ③ are ④ many
⑤ there ⑥ how)?

(8) ピアノを弾くことは私を幸せにします。 【解答番号17】
(① the ② playing ③ happy ④ makes
⑤ piano ⑥ me).

4 次の会話文を読んで，あとの各問いに答えなさい。

(Emi is walking on the street.)

A man: Excuse me.
Emi: Yes. Can I help you?
A man: I lost my way. I want to go to the post office. Could you tell me how to get there?
Emi: Sure.
A man: [A]
Emi: Well, you can walk there, but I think you should go by bus.
A man: I see. I'll go by bus. Where is the bus stop?
Emi: Go straight this street and turn left at the next traffic light.
A man: Turn left at the next traffic light?
Emi: Yes. You'll see ⓐ it on your right. Take the No.7 bus there and get off the second bus stop. It (ⓑ) about 10 minutes.
A man: How often do the buses come?
Emi: [B] The bus will be there soon.
A man: OK. Your English is very good. Thank you very much.
Emi: [C]

(1) [A] にあてはまる文はどれか。適当なものを次のページから１つ選び，答えなさい。
【解答番号18】

① Which bus should I take? ② Is the post office far from here?
③ How much is the bus ticket? ④ Can I write letters there?

(2) 下線部ⓐは何を指しているか。適当なものを１つ選び，答えなさい。【解答番号19】

① the bus stop ② the No.7 bus
③ the post office ④ the next traffic light

(3) (ⓑ) にあてはまる単語はどれか。適当なものを１つ選び，答えなさい。【解答番号20】

① times ② gives ③ takes ④ goes

(4) [B] にあてはまる文はどれか。適当なものを１つ選び，答えなさい。【解答番号21】

① They go to the post office. ② They come every 15 minutes.
③ They have already come. ④ They go around this city.

(5) [C] にあてはまる文はどれか。適当なものを１つ選び，答えなさい。【解答番号22】

① I'm glad to help you. ② I'll go there with you.
③ I like your post card. ④ This is your bus ticket.

[5] 次の文章を読んで，あとの各問いに答えなさい。

When you are looking for the bathroom, you will see a sign of two people. Then, you will know where the bathroom is.

A pictogram is a *[1]visual sign that is *[2]displayed to get people's attention and show information. It shows us *[3]characteristics of things, how to get to places, and how to use *[4]machines. We can see pictograms all over the place. Because pictograms have no language and only use simple pictures, ⓐ everyone can easily understand them. [A]

In Japan, a pictogram became famous from the Tokyo Olympics in 1964. Before that time, there were many Japanese signs but not many Japanese people could speak English. [B] Then, Masaru Katsumi created pictograms for the Tokyo Olympics to guide foreigners. Pictograms were very useful when foreigners came to Japan. [C] Since the 1980s, they have spread to public *[5]spaces such as train stations and airports. In 2005, they were introduced for people (ⓑ) are hard of hearing or not able to understand words to get information. After that, they became universal design. [D] Pictograms help foreigners, children, elderly person, and of course us.

(注釈) *[1] visual 視覚の *[2] display ～を表示する *[3] characteristic 特質
*[4] machine 機械 *[5] space 空間，場所

(1) 下線部ⓐの理由は何か。適当なものを１つ選び，答えなさい。【解答番号23】

① 多くの場所で見ることができるから ② 文字が無く，絵で描かれているから
③ 目的地の近くに描かれているから ④ 日本語と外国語で説明書きがされているから

(2) 次のページの英文が入るのは [A] ～ [D] うちどれか。適当なものを１つ選び，答えなさい。【解答番号24】

It was difficult for foreigners to get information.

① A　② B　③ C　④ D

(3) (ⓑ) にあてはまる単語はどれか。適当なものを1つ選び，答えなさい。【解答番号25】

① when　② which　③ who　④ where

(4) 次の英文を本文の順になるように並び替えたとき，3番目になるものはどれか。適当なものを1つ選び，答えなさい。【解答番号26】

① Pictograms were decided as universal design.

② Most signs were in Japanese.

③ Pictograms are seen everywhere.

④ A man designed pictograms to help people.

(5) 2024年夏季オリンピックはどこで行われる予定か。適当なものを1つ選び，答えなさい。

【解答番号27】

① Paris　② London　③ Beijing　④ Milan

6 次の文章を読んで，あとの各問いに答えなさい。

ネズミのスニッフ（Sniff）とスカリー（Scurry），小人のヘム（Hem）とホー（Haw）はそれぞれが毎朝迷路を駆け巡り，その日の食料を探し求めていました。ある日，大量のチーズが置かれているCheese Station C を発見しました。

Sniff and Scurry woke early every day, always ran the same way to go to Cheese Station C. Then they enjoyed the cheese.

In the beginning Hem and Haw also ran for the Cheese every morning to enjoy the taste. But after a while, ⓐ a different *1 routine started for them. Hem and Haw got up each day a little later, and walked to the station. They knew where the Cheese was now and how to get there. But they had no idea where the Cheese came from, or who put it there. They just thought it would be there. Finally, they moved their homes near the station. The *2 Littlepeople felt happy and successful.

ⓑ Sniff and Scurry continued their routine. They went there early each morning. Also, they checked *3 if there were any changes from the day before. Then they sat down to eat the cheese.

One morning, they arrived at the station and discovered there was no cheese. But they weren't ⓒ surprise because ⓓ Sniff and Scurry *4 had known the cheese became smaller every day. They were ready what to do. Sniff and Scurry left to find another Cheese Station.

Later that same day, Hem and Haw arrived at the station. They had not known the small change every day, so they thought there were always a lot of cheese. "What! No Cheese?" Hem said. "Who moved my Cheese? It's not fair!"

The next day Hem and Haw returned to Cheese Station C again. But the *5 situation didn't change, the Cheese was ⓔ no longer there. The Littlepeople didn't know what to do. They just stood there. Haw looked around and said, "Where are Sniff and Scurry?" Hem answered "What do they know? They're just mice. We're Littlepeople. We're smarter than mice." "I know we're smarter, but things are changing around here, Hem. Maybe we need to change and do things differently," ⓕ Haw said.

While Hem and Haw were thinking, Sniff and Scurry already arrived at the Cheese Station N. They could not believe their eyes. A lot of cheese were there.

（注釈） ＊[1] routine 日課 ＊[2] Littlepeople 小人 ＊[3] if ～かどうか
＊[4] had known ～を知っていた ＊[5] situation 状況

(1) 下線部ⓐの理由は何か。適当なものを１つ選び，答えなさい。 【解答番号28】

① スニッフとスカリーが早く来ていたから
② 誰がチーズを持ってくるのかがわかったから
③ チーズがどこから来るのかがわからなかったから
④ チーズがどこにあるのかがわかったから

(2) 下線部ⓑがしたことは何か。適当なものを１つ選び，答えなさい。 【解答番号29】

① 歩いてステーションに向かった。
② ステーションの近くに家を移動させた。
③ チーズがどこから来るのかを確認した。
④ 早起きをしてステーションに向かった。

(3) 下線部ⓒを適当な形に直したものはどれか。適当なものを１つ選び，答えなさい。
【解答番号30】

① surprises ② surprisingly ③ surprised ④ surprising

(4) 下線部ⓓの理由は何か。適当なものを１つ選び，答えなさい。 【解答番号31】

① 毎日座ってチーズを食べていたから
② 誰かがチーズを持っていったことを知っていたから
③ 毎日チーズの確認をしていたから
④ 他にチーズを食べている人を知っていたから

(5) 下線部ⓔの意味に近いものはどれか。適当なものを１つ選び，答えなさい。 【解答番号32】

① not long ② not any ③ a little ④ a few

(6) 下線部ⓕがヘムにしてほしいことは何か。適当なものを１つ選び，答えなさい。【解答番号33】

① 臨機応変に考えること ② ネズミより賢くなること
③ ステーションCに留まること ④ 強い意思を持つこと

(7) 本文の内容と一致するものはどれか。適当なものを１つ選び，答えなさい。 【解答番号34】

① Hem and Haw came back to the same place.
② Hem and Haw had known the change of Cheese Station C.
③ The Cheese was not at the Cheese Station N.
④ Sniff and Scurry checked the Cheese after eating.

【社　会】（理科と合わせて40分）　　<満点：50点>

1　次の地図と会話文をよみ，あとの問いに答えなさい。

仲良しの中学3年生，「つよし」，「ごろう」，「しんご」は，春休みに京都に行くことにしました。地図を見ながらいろいろと考えています。そこへ「ながい先生」が通りかかります。

<地図>

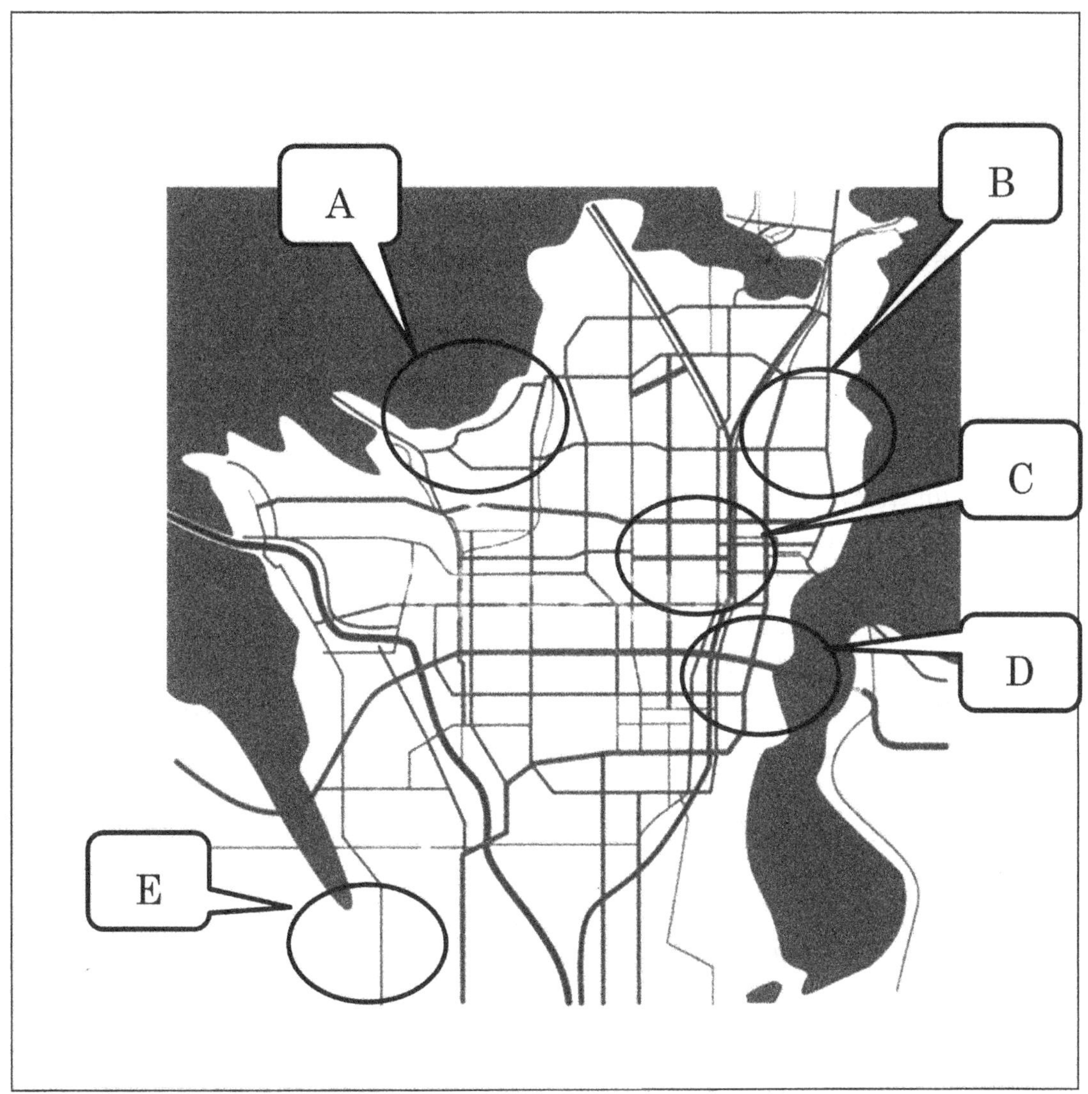

<会話文>

つよし：京都に行ってみたかったんだよね。

ごろう：まずどこに行こうか。

しんご：順番に見ていこうよ。

つよし：Aは北山地区だね。京都と言えばやっぱり金閣でしょ。

しんご：金閣を造営したのは足利義満だけど，戦後，放火で燃えちゃった。そのあと再建されたんだよ。

ごろう：だったら僕はＢの東山地区の銀閣だな。畳張りの部屋は現代の日本間のもとになったものだからね。あっ，ながい先生！

ながい：きみたち，京都に行くのかい。

つよし：そうです。先生のおすすめはどこですか。

ながい：やっぱり，若者に人気のＣの三条地区だな。東京でいえば新宿・渋谷・浅草が京都では三条に全部そろっているよ。歴史的にいっても三条大橋は江戸時代の東海道五十三次の終点だからね。

しんご：現代の国道１号線が通っているのはＤの五条地区だよ。弁慶と牛若丸の銅像が立ってるよ。

ながい：へへっ，牛若丸と弁慶が出会ったとされる五条大橋はここじゃないんだよ。三条大橋と四条の間隔と四条と五条との間隔が違うだろ。今の松原大橋が元の五条橋だったという説があるんだ。

つよし：あっ，本当だ。今気がついた。

ながい：方広寺の大仏を作る際に五条橋を南に動かしたという説があるんだよ。それまでは五条橋は清水寺の入り口のところだったといわれているよ。今でも清水坂を下りていくと松原通りに出るんだよ。

しんご：方広寺の鐘の銘文が，大坂の陣を引き起こしたんだよね。

ごろう：Ｅ地区ってあまり見慣れないね。

つよし：山﨑だよ。ここで明智光秀は敗れ，彼の天下はあっさり終わったんだ。まさに天下分け目の戦いだったんだね。

問１　Ａについて，この地域は鎌倉時代には朝廷と幕府の連絡役であった西園寺家の広大な屋敷地があった場所である。その後，ある人物がここに北山山荘を造った。ではこの人物が「花の御所」を建設したのはどこか。【解答番号１】

①　今出川室町　②　四条河原　③　三条油小路　④　五条烏丸

問２　Ｂについて，幕府内の権力争いに疲れて，御所が見えない位置に別荘を造った将軍はだれか。【解答番号２】

①　足利尊氏　②　足利義満　③　足利義政　④　足利義昭

問３　Ｃについて，東海道を東へ向かうと東京にある起点に到達する。それはどこか。【解答番号３】

①　半蔵門　②　秋葉原　③　日本橋　④　新橋

問４　Ｄについて，会話文から五条大路の位置を動かしたのは誰だと考えられるか。【解答番号４】

①　源頼朝　②　源義経　③　織田信長　④　豊臣秀吉

問５　Ｅについて戦いの転換点として使われる地名は何か。【解答番号５】

①　天目山　②　天王山　③　天保山　④　天神山

2　次にあげるのは，おじいさん富蔵（年齢不詳）と孫の梅子（中学３年生）との会話である。あとの問いに答えなさい。

おじいさん富蔵が書斎で何か資料を広げている。そこへ孫の梅子が入ってくる。

（資料１）

東京朝日新聞

北平郊外で日支両軍衝突

不法射撃に我軍反撃

廿九軍を武装解除

疾風の如く龍王廟占據

支那の要請で一時停戦

鹿内准尉戦死す　野地少尉負傷

（資料２）

中外商業新報

北平郊外で日支交戦

夜間演習中の我兵に

支那軍突如不法發砲

自衛上已むなく應戦

條件附で停戦

支那側の出方次第

梅子：おじいちゃん，これ（資料１および資料２）は何。

富蔵：1937年に起こった日中戦争開戦の直後に出された新聞だよ。

　　　最初の新聞（資料１）には

不法射撃我（わが）軍反撃

次の新聞（前のページの資料２）には

支那（しな）軍突如発砲　自衛上已（や）むなく應（応）戦

と書いてあるね。

梅子：「支那」ってどこの国。

富蔵：当時の日本では今の中国を支那と呼んでいたんだ。

中国とはおもに日本の山陰山陽地域をさす言葉だったんだよ。

「私，中国の岡山出身」 というようにね。

梅子：分かった。英語のチャイナからきているんだね。

富蔵：そのとおり。今は支那という言葉は中国を馬鹿にしているとして使われないんだ。

梅子：この戦争は自衛のための戦争だったの。

富蔵：戦前に行われた戦争はみんな自衛のための戦争として行われたんだ。当時は日本と中国との間でいろいろと国際問題を抱えていてね。まあそれを戦争で片付けてしまおうと思ったんだろうけどね。まあ，あくまで私の見解だけどね。

梅子：自衛のためなら戦争していい…というのはそういうことだったんだ。

富蔵：だからその反省のもとに日本国憲法第９条はつくられたんだよ。これ（資料３）を見てごらん。

（資料３）

> 日本国憲法　第二章　戦争の放棄
>
> 第九条　日本国民は，正義と秩序を基調とする国際平和を誠実に希求し，国権の発動たる戦争と，武力による威嚇又は武力の行使は，（　　Ａ　　）を解決する手段としては，永久にこれを放棄する。
>
> ②　前項の目的を達するため，陸海空軍その他の戦力は，これを保持しない。国の交戦権は，これを認めない。

梅子：当時の人たちはそれでこの憲法をつくったんだね。（Ａ）を解決する手段として戦争をしてはいけない，ということなんだ。

富蔵：ヨーロッパでは第一次世界大戦の反省をふまえて国際機関がつくられたんだけど，結局うまく機能しなかったんだ。第一次世界大戦に日本も参戦したんだけど，国土は直接の戦場にはならなかったからね。・・・Ｂ

梅子：ヨーロッパの様子が伝われば，戦争すれば大変なことになるって，わかっていなかったのかな。

富蔵：そうだよね。この失敗を未来にいかさないとね。

問１　空欄Ａについて，適当なものを選びなさい。【解答番号６】

①　国際秩序　②　国際会議　③　国際紛争　④　相互理解

問２　Ｂについて，このために創設された国際機関は何か。【解答番号７】

①　国際労働機関　②　国際司法裁判所　③　国際児童基金　④　国際連盟

問3　Bの国際機関に代わって1945年に創設された国際機関は何か。　【解答番号8】

①　国際連合　②　北大西洋条約機構　③　地球防衛軍　④　国際救助隊

問4　日本国憲法で「国権の最高機関」とされるのは何か。　【解答番号9】

①　天皇　②　国会　③　内閣　④　最高裁判所

問5　日本国憲法が施行されたのは1947年5月3日であり，現在は祝日となっている。日本国憲法が公布されたのはそのちょうど半年前である。戦前の昭和ではある祝日であったが，それは何か。　【解答番号10】

①　勤労感謝の日　②　明治節（明治天皇の誕生日）

③　天長節（昭和天皇の誕生日）　④　こどもの日

3　次のヨーロッパの地図に示す地形について以下の問いに答えなさい。

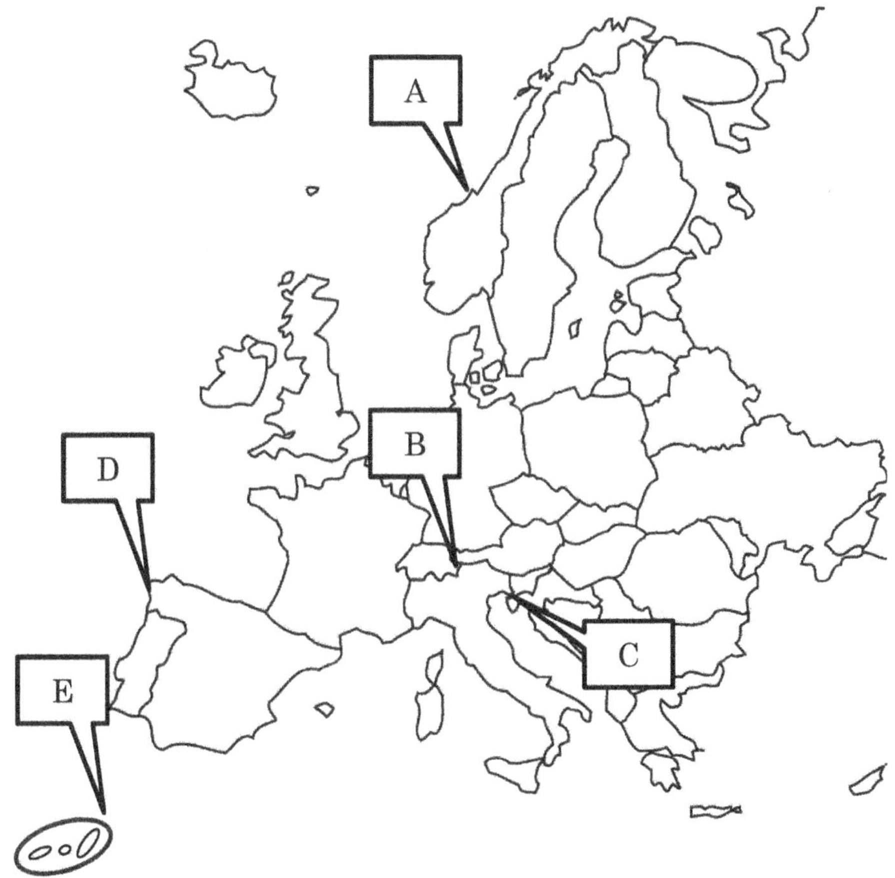

問　それぞれの特性ある地形，山脈について答えなさい。

Aの地形

ノルウェー語で「入り江」という意味で，氷河による浸食作用によって形成された複雑な地形の湾や入り江のことです。湾の入り口から奥まで幅がほとんど変わらず，細長い形状となるのが特徴です。　【解答番号11】

①　アイス　②　フィヨルド　③　マーレ　④　バルカン

Bの山脈

ケルト語で山を，ラテン語で白を意味する言葉が語源といわれ，氷雪に覆われた白い山という意味で名づけられたようです。【解答番号12】

① アルプス　② アンデス　③ ヒマラヤ　④ ロッキー

Cの地形

岩石を意味するスラブ語がドイツ語化したものといわれ，スロベニア西部・アドリア海にのぞむ石灰岩地域の地方名に由来しています。【解答番号13】

① カルスト　② カルスポ　③ コロニー　④ クルアーン

Dの地形

「入り江」を意味するスペイン語に由来します。スペイン語が語源になっているのは，スペイン北西部のガリシア地方の海岸線に入り江が多いためです。【解答番号14】

① リアル　② レアル　③ ロハス　④ リアス

Eの地形

ポルトガル語の大鍋，スペイン語の鍋，釜に由来するとされます。スペイン領のカナリー諸島の噴火口の名称から付けられたとされています。【解答番号15】

① カナダ・ライ　② カルボナーラ　③ カルスト　④ カルデラ

【理　科】（社会と合わせて40分）　　＜満点：50点＞

4　以下の問いに答えなさい。

(1)　下のグラフは，ある電熱線について，かかる電圧と流れる電流との関係を示したものである。この電熱線２本を並列につなぎ，10Ｖの電源につないだ時に回路全体に流れる電流と，回路全体の抵抗の値の組み合わせとして正しいものを選びなさい。　【解答番号16】

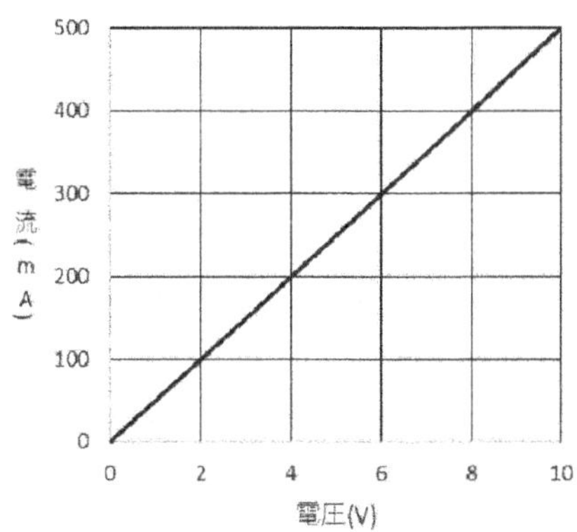

①　電流：１Ａ　抵抗：10Ω　　②　電流：10Ａ　抵抗：100Ω
③　電流：100Ａ　抵抗：10Ω　　④　電流：1000Ａ　抵抗：100Ω

(2)　ある物質の質量と重さを，月面上と地球上で測定したとする。月面上での測定値と地球での測定値とを比較したとき，正しいものを選びなさい。　【解答番号17】

①　質量，重さともに，月面上での測定値の方が小さい。
②　重さは同じであるが，質量は月面上での測定値の方が小さい。
③　質量は同じであるが，重さは月面上での測定値の方が小さい。
④　質量，重さともに，地球上と月面上での測定値は同じである。

(3)　校舎の壁から87mはなれたところに立って太鼓をたたくと，直接音（たたいた瞬間に聞こえる音）が聞こえた少し後に，反射音（校舎の壁に当たって反射してきた音）が聞こえた。連続して太鼓をたたくと，直接音と反射音が交互に聞こえるが，１秒間隔でたたくと，直接音，反射音，直接音，反射音……と，直接音と反射音が等間隔になって交互に聞こえた。この実験から，空気中を伝わる音の速さを計算したときの値として正しいものを選びなさい。　【解答番号18】

①　43.5m/s　　②　87m/s　　③　174m/s　　④　348m/s

(4)　質量80ｇのおもりを真上に50㎝持ち上げるのに必要な仕事として正しいものを選びなさい。ただし，質量100ｇの物体にはたらく重力の大きさを１Ｎとする。　【解答番号19】

①　0.4Ｊ　　②　40Ｊ　　③　500Ｊ　　④　800Ｊ

5　以下の問いに答えなさい。

(1)　塩酸20.00ｇを入れたビーカーと石灰石1.50ｇをのせた薬包紙を電子てんびんにのせて全体の質量をはかり，「反応前の質量」とした。その後，塩酸の入ったビーカーに石灰石を残らず入れたところ，石灰石は気体を発生させながらとけた。気体の発生が止まってから再び全体の質量をはかり，「反応後の質量」とした。この実験を塩酸の質量は変えずに石灰石の質量のみを変えて繰り返し行い下の表を作った。表から塩酸20.00 g をすべて反応させるときに少なくとも必要となる石灰石の量として正しいものを選びなさい。【解答番号20】

石灰石の質量(g)	反応前の質量(g)	反応後の質量(g)
1.50	91.50	90.84
3.00	93.00	91.68
4.50	94.50	92.96
6.00	96.00	94.46

① 1.54 g　② 3.50 g　③ 4.50 g　④ 20.00 g

(2) 次の文中の（ア），（イ），（ウ）に当てはまる言葉の組み合わせとして正しいものを選びなさい。【解答番号21】

気体の集め方には，水上置換法，下方置換法，上方置換法の３種類がある。アンモニアは水に（ア），空気より密度が（イ）という性質があるため，アンモニアの気体を集めるためには（ウ）置換法を用いる。

① （ア）とけにくく　（イ）小さい　（ウ）上方
② （ア）とけにくく　（イ）大きい　（ウ）水上
③ （ア）よくとけ　（イ）小さい　（ウ）上方
④ （ア）よくとけ　（イ）大きい　（ウ）水上

(3) うすい塩酸の中に亜鉛版（－極）と銅板（＋極）を組み合わせて電池を作った。この時，銅板の表面で起こる変化として正しいものを選びなさい。ただし，e^-は電子を表す。【解答番号22】

① $Cu \rightarrow Cu^{2+} + e^-, e^-$
② $Zn \rightarrow Zn^{2+} + e^-, e^-$
③ $Cu^{2+} + e^-, e^- \rightarrow Cu$
④ $2H^+ + e^-, e^- \rightarrow H_2$

(4) 物質の化合や分解について調べるために，実験を行った。実験結果からわかることを説明した文として，正しいものを選びなさい。【解答番号23】

① マグネシウム1.5 g を空気中で十分加熱すると，酸化マグネシウムが2.5 g できた。この実験結果から化合したマグネシウムと酸素の質量の比は３：５であることがわかる。
② 銅2.8 g を空気中で十分加熱すると，酸化銅が3.5 g できた。この実験結果から化合した銅と酸素の質量の比は４：１であることがわかる。
③ 酸化銀5.8 g を十分加熱すると，銀が5.4 g できた。この実験結果から，酸化銀5.8 g の分解によって発生した酸素は0.8 g であることがわかる。
④ 炭酸水素ナトリウム8.4 g を十分加熱すると，炭酸ナトリウムが5.3 g できた。この実験結果から，炭酸水素ナトリウム8.4 g の分解によって発生した二酸化炭素は3.1 g であることがわかる。

6 以下の問いに答えなさい。

(1) 植物では，光合成によって有機物がつくられる。この有機物は生育のためだけではなく，呼吸にも使われる。そこで生育のために使うことのできる有機物の量について，以下に示す式をもとに考察した。この時，光合成による有機物の生産量をａ，昼の呼吸による有機物の消費量をｂ，夜の呼吸による有機物の消費量をｃとしたときに，下線部の量を表した式として正しいものを選びなさい。 【解答番号24】

光合成：二酸化炭素 ＋ 水 ＋ 光エネルギー → 酸素 ＋ 有機物（デンプン）

呼吸　：酸素　　　＋ 有機物　　　　　→ 二酸化炭素 ＋ 水 ＋ 生きるためのエネルギー

① ａ＋ｂ＋ｃ　② ａ＋ｃ　③ ａ－ｂ－ｃ　④ ａ－ｃ

(2) 表は，いろいろなセキツイ動物の特徴をグループごとにまとめたものである。表中のⅡ類に分類される動物の例として正しいものを選びなさい。 【解答番号25】

	体温の変化	子の生まれ方	呼吸のしかた
ほ乳類	一定	胎生	肺
Ⅰ類	変化	卵生	エラ
Ⅱ類	変化	卵生	肺
Ⅲ類	一定	卵生	肺
Ⅳ類	変化	卵生	エラ・肺

① トカゲ　② バッタ　③ イモリ　④ カエル

(3) 顕微鏡を用いた観察のしかたについて，説明した文として正しいものを選びなさい。 【解答番号26】

① レンズを近づける時は，対物レンズを先につけて接眼レンズを後からつける。

② 接眼レンズをのぞきながら，しぼりや反射鏡で観察しやすい様な明るさに調節する。

③ はじめは対物レンズも接眼レンズも高倍率のものを使い，観察の目的にあった部分が見つかったら適した倍率に下げる。

④ ピントを合わせる時は，プレパラートと対物レンズとを出来るだけ遠ざけておき，接眼レンズを覗きながら徐々に近づける。

(4) 代々丸い種子をつけるエンドウ（AA）と，しわのある種子をつけるエンドウ（aa）を親として子をつくり，子どもどうしをかけ合わせて孫をつくった時，孫のエンドウの種子が1000個できた。孫のエンドウのうち，Aaの遺伝子をもつ種子のおおよその数として正しいものを選びなさい。 【解答番号27】

① 100個　② 250個　③ 500個　④ 750個

7 以下の問いに答えなさい。

(1) 地下のごく浅い場所で発生した地震を地点A，Bで観測した。次のページの表は，地点A，Bのゆれ始めの時刻と震源からの距離をまとめたものである。この地震が発生した時刻として正しいものを選びなさい。ただし，地点A，Bは同じ水平面上にあり，初期微動を起こす地震波（P波）は，一定の速さで伝わるものとする。 【解答番号28】

地点	ゆれ始めの時刻	震源からの距離
A	午前 10 時 45 分 18 秒	126 km
B	午前 10 時 45 分 23 秒	171 km

① 午前10時45分04秒　② 午前10時45分09秒

③ 午前10時45分13秒　④ 午前10時45分15秒

(2) 風の強いある日，ある地域では6時に霧が発生していたが9時には消えていた。下のグラフはその日の6時から15時まで3時間ごとに測定した気温と湿度の変化を示したものである。このグラフをもとに，霧が消えた理由として正しいものを選びなさい。【解答番号29】

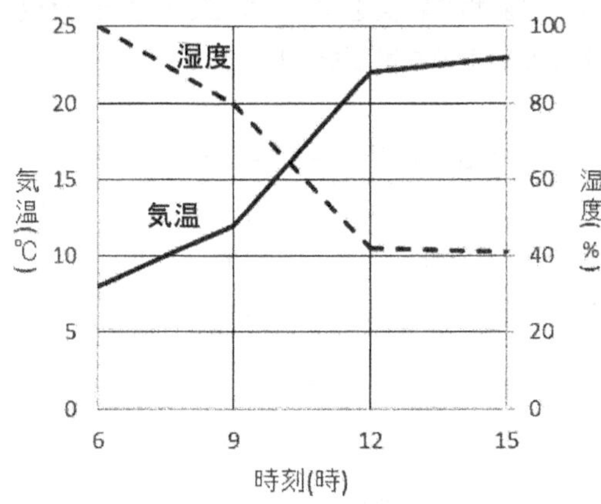

① 気温の低下にともなって，飽和水蒸気量が小さくなったため，霧が消えた。

② 気温の低下にともなって，飽和水蒸気量が大きくなったため，霧が消えた。

③ 気温の上昇にともなって，飽和水蒸気量が小さくなったため，霧が消えた。

④ 気混の上昇にともなって，飽和水蒸気量が大きくなったため，霧が消えた。

(3) 地球から真夜中には金星を見ることができない。その理由として正しいものを選びなさい。

【解答番号30】

① 金星の公転する速さが速いから。　② 金星が地球の外側を公転しているから。

③ 金星と地球の距離が変化するから。　④ 金星が地球の内側を公転しているから。

いる空をぼんやりともの思いにふけりながら過ごすのは、なんともしみじみとして趣深いものである。冬は、氷が張った ⑤ などはいうまでもない。わざわざ手入れしたものよりも、すっかりほったらかして水草が生い茂り、青々と見える中のすき間すき間からの、月ひかりだけは白々と映って見えている。すべて、月のひかりは、どのような場所でもしみじみとした趣がある。

問1　傍線部①「五月」の読みとして正しいものを次の中から一つ選びなさい。【解答番号20】

①　きさらぎ　②　やよい　③　うづき　④　さつき　⑤　みなづき

問2　傍線部②「いと」とほぼ同じ意味の言葉を本文から抜き出し、最も適当なものを次の中から一つ選びなさい。【解答番号21】

①　つくづくと　②　いみじう　③　いつも　④　すべて　⑤　うち

問3　X にあてはまる言葉を次の中から一つ選びなさい。【解答番号22】

①　水　②　空　③　木　④　庭　⑤　門

問4　傍線部③「いみじうこそあはれなれ」とあるが、ここで用いられている強調を表し、文末の語のかたちを変化させる用法として最も適当なものを次の中から一つ選びなさい。【解答番号23】

①　擬人法　②　体言止め　③　係り結び　④　掛詞　⑤　比ゆ

問5　傍線部④「あはれにをかし」を現代かな遣いにした正しいものを次の中から一つ選びなさい。【解答番号24】

①　あわれにをかし　②　あわれにおかし　③　あはれにおかし　④　あはれにをかしゅう　⑤　あわれにおかしゅう

問6　傍線部⑤「あした」の意味として、最も適当なものを次の中から一つ選びなさい。【解答番号25】

①　朝　②　明日　③　翌年　④　毎年　⑤　今日

問7　この文章の作者の考えとしてふさわしいものを次の中から一つ選びなさい。【解答番号26】

①　春雨の中で生い茂った水草と庭とが調和して見えるのは素晴らしい。
②　曇天に庭のみどりがさす様子は時間を忘れるほど素晴らしい。
③　池のあるお屋敷での長雨は水面に雨が打ち付ける様子が素晴らしい。
④　冬の池では、氷の中に水草も一緒に凍っている様子も素晴らしい。
⑤　ありのままの池の水面にどこまでも白く映る月光は素晴らしい。

問8　この作品が書かれた時代を次の中から一つ選びなさい。【解答番号27】

①　奈良時代　②　平安時代　③　鎌倉時代　④　室町時代　⑤　安土桃山時代

問9　この作品の作者を次の中から一つ選びなさい。【解答番号28】

①　兼好法師　②　紫式部　③　清少納言　④　鴨長明　⑤　紀貫之

を隠すために冷静さを装っている。
④　女の子を喜ばせようと思って嘘をついたが、想像とは違う女の子の素っ気ない反応に戸惑っている。
⑤　鈴虫と知りながらも女の子を驚かそうとして獲物を渡し、女の子の様子を見て得意げになっている。

問7　傍線部⑤「虫籠を顔の真近に掲げて～ちらちらと女の子の顔を見た」とあるが、このときの男の子の説明として最も適当なものを次の中から一つ選びなさい。【解答番号17】
①　驚かせようと思って嘘をついたが、鈴虫を受け取った女の子が喜んでいるかを確かめようとしている。
②　気持ちが大きくなり思わず女の子に鈴虫をあげてしまったが、あげたことを少しばかり後悔している。
③　一人にしか鈴虫をあげられなかったため、鈴虫をあげていないほかの仲間たちと気まずくなっている。
④　捕まえた鈴虫を自分も近くで見たいと思ったが、思ったよりも女の子と近く恥ずかしく感じている。
⑤　ちょっとした嘘が取り返しのつかないことになってしまい、怒っている女の子の様子を伺っている。

問8　傍線部⑥「男の子のさっきからの所作」とあるが、この男の子の所作から読み取れることとして最も適当なものを次の中から一つ選びなさい。【解答番号18】
①　何が何でも鈴虫を捕まえる執念
②　バッタと鈴虫への恐怖と好奇心
③　女の子への合理的で特別な感情
④　女の子の気を引こうとする行為
⑤　誰よりも目立ちたいという願望

問9　この文章の作者である川端康成の代表的な作品を次の中から一つ選びなさい。【解答番号19】
①『蜘蛛の糸』　②『舞姫』　③『伊豆の踊子』
④『銀河鉄道の夜』　⑤『走れメロス』

3　次の文章を読み、あとの問いに答えなさい。

【本文】
池のある所の①五月長雨のころこそ②いとあはれなれ。菖蒲・菰など生ひこりて、［X］もみどりなるに、庭もひとつ色に見えわたりて、曇りたる空をつくづくとながめくらしたるは、③いみじうこそあはれなれ。いつも、すべて池のある所は④あはれにをかし。冬も、氷したる⑤あしたなどはいふべきにもあらず。わざとつくろひたるよりも、うち捨てて水草がちに荒れ、青みたる絶え間絶え間より、月かげばかりは白々と映りて見えたるなどよ。すべて、月かげは、いかかる所にてもあはれなり。

『枕草子』より

【現代語訳】
池のあるお屋敷の陰暦五月の長雨のころは［②］しみじみとした趣がある。菖蒲や菰などの水草が生い茂り、［X］もみどりに見えるので、庭も池もひとつの色に見渡すことができて、曇って

（イ）シアン
① 物事をアンイに考える　② 計画がアンショウに乗り上げる
③ 観光地をアンナイする
（ウ）イドコロ
① 修羅場にイアわせる
② 国王としてイゲンを示す
③ まずは先例にイキョして考える
（エ）トッゼン
① 難関をトッパした　② オウトツのある道
③ 電話にオウトウする

問2　傍線部①「私は小走りに急いだ」とあるが、「私」がこのような行動をした理由を次の中から一つ選びなさい。【解答番号12】
① どこまでも続く虫の鳴き声から一刻も早く離れようとし、幻想的な風景が目前に広がっていたため。
② 夢中になって虫の声を聴いていると、すっかり暮れてしまって急いで家路につきたいと思ったため。
③ 高等学校近くの暗いところを歩いていて、急な提燈の明るさに目がくらむような感覚に陥ったため。
④ 虫の声に惹かれて歩いていると、次の新しい出会いに驚き、吸い込まれるような感覚となったため。
⑤ 虫の声を楽しんでいるとそれを邪魔する子供の声が聞え、その声から早く遠ざかろうと思ったため。

問3　傍線部②「一つの童話がなければならない」とあるが、「一つの童話」にあたる部分のはじまりと終わりの組み合わせとして最も適当なものを次の中から一つ選びなさい。【解答番号13】
① A から童話の部分がはじまり B まで
② A から童話の部分がはじまり C まで
③ A から童話の部分がはじまり D まで
④ A から童話の部分がはじまり E まで
⑤ A から童話の部分がはじまり F まで

問4　X に当てはまる語句として最も適当なものを次の中から一つ選びなさい。【解答番号14】
① 美術家達　② 昆虫収集家達　③ 演出家達
④ 勉強家達　⑤ 努力家達

問5　傍線部③「男の子は三度び呼んだ」とあるが、ここでの男の子の気持ちとして最も適当なものを次の中から一つ選びなさい。【解答番号15】
① 愉快な気持ち　② 腹立たしい気持ち
③ もどかしい気持ち　④ 悲しい気持ち
⑤ 嬉しい気持ち

問6　傍線部④「ああ、鈴虫だよ」と男の子が言っているが、このときの男の子の説明として最も適当なものを次の中から一つ選びなさい。【解答番号16】
① 仲間から注目を集めようとバッタと叫んだが、思惑通りになって今までになく気分が高揚している。
② 初めて鈴虫を捕まえてバッタの一種と思っていたが、仲間の声で鈴虫であると知って感心している。
③ 鈴虫を間違えてバッタと言ってしまい、恥ずかしさとその間違い

「誰かバッタ欲しい者いないか。バッタ！」

「おくれ！おくれ！」

四五人走って来た。全くバッタでも貴いほどに虫は捕れないらしい。

③男の子は三度び呼んだ。

「バッタ欲しい者いないか。」

二三人近寄った。

「頂戴な。頂戴な。」

新しく近寄った女の子が虫を見つけた男の子のうしろで言った。男の子は軽く振り返ると素直に身を屈めて提燈を左に持ち代え右手を草の間に入れた。

「バッタだよ。」

「いいから頂戴！」

男の子は直ぐ立ち上ると握った拳を、それ！　という風に女の子の前に突き出した。女の子は左の手に提げていた提燈の紐を手首に懸け両手で男の子の拳を包んだ。男の子が静かに拳を開く。虫は女の子の親指と人差指の間に移っている。

「あら！　鈴虫だわ。バッタじゃなくってよ。」と、女の子は褐色の小さい虫を見て眼を輝かせた。

「鈴虫だ！　鈴虫だ！」

子供達は羨ましそうな声を合わせた。

「鈴虫よ。鈴虫よ。」

女の子は明るい智慧の眼をちらと虫をくれた男の子に注いでから腰につるしている小さい虫籠を外してその中に虫を放した。

「鈴虫よ。」

④「ああ、鈴虫だよ。」と、鈴虫を捕えた男の子は呟き、⑤虫籠を顔の真近に掲げて眺め入っている女の子に自分の五色の美しい提燈を掲げて明りを与えてやりながらちらちらと女の子の顔を見た。

そうか！　と私は男の子がちょっと憎くなると共に、初めてこの時⑥男の子のさっきからの所作が読めた我が愚しさを嘆いたのである。更に、あっ！　と私は驚いた。見給え！　女の子の胸を、これは虫をやった男の子も虫をもらった女の子も二人を眺めている子供達も気がつかないことである。

けれども、女の子の胸の上に映っている緑色の微かな光は「不二夫」とはっきり読めるではないか。女の子が持ち上げた虫籠の横に掲げた男の子の提燈の明り模様は、提燈が女の子の白い浴衣に真近なため「不二夫」と男の子の名を切り抜いた所へ緑の色を貼った形と色そのままに女の子の胸に映っているのである。女の子の提燈はと見ると、左の手首に懸けたままたらりと垂れているので「不二夫」ほど明らかではないが、男の子の腰のあたりに揺れている紅い光を読もうなら「キヨ子」と読める。この緑と紅の光の戯れを――戯れであろうか――不二夫もキヨ子も知らない。

（川端康成『掌の小説』より）

問1　傍線部（ア）～（エ）に相当する漢字を含むものを、次の語群の①～③のうちから、最も適当なものをそれぞれ一つずつ選びなさい。

【（ア）は解答番号8、（イ）は解答番号9、（ウ）は解答番号10、（エ）は解答番号11】

（ア）カタムけ

①　相手チームにケイイを払う　②　ケイランを一パック買う

③　人口が増加ケイコウにある

⑤　成功体験に依存した企業の自己満足な体質は、世の中の変化に鈍感となり、企業が衰退する要因になると考えている。

2　次の文章を読み、あとの問いに答えなさい。

大学の煉瓦塀に沿うて歩き高等学校の前にさしかかると、白く立ち並んだ棒で囲われた校庭の黒い葉桜の下の仄暗い叢から虫の声が聞えて来る。虫の声に少し足を緩め耳を(ア)カタムけ、更に虫の声を惜しんで高等学校の庭から離れないため道を右に折れ、そして左に折れると、立棒の代りにからたちの植わった土手が始まる。左に折れた角で、はて！と輝いた眼を前へ投げて①私は小走りに急いだ。

前方の土手の裾に、可愛らしい五色の提燈の灯の一団が寂しい田舎の稲荷祭のように揺れていたからである。近づかなくとも、子供達が土手の叢の虫を捕っているのだと分る。提燈の灯は二十ばかり。そして提燈の一つ一つが紅桃色藍緑紫黄などの灯をともしているばかりでなく、一つの灯が五色の光をともしているのである。店で買ったらしい小さい紅提燈もある。けれども多くは子供等が(イ)シアンを凝らして自分の手で作った可愛らしい四角な提燈である。この寂しい土手に二十人の子供が集まり美しい灯が揺れるまでには②一つの童話がなければならない。

［A］　街の子供の一人がある夜この土手で鳴く虫を聞いた。次の夜は紅提燈を買って鳴く虫の(ウ)イドコロを捜した。その次の夜は子供が二人になった。新しい子供は提燈が買えなかった。小さい紙箱の表と裏を切り抜いて紙を貼り底に蠟燭を立て頭に紐をつけた。子供が五人になり七人になった。紙箱を切り抜いて明り取りに貼る紙を色どり絵を描くことを覚えた。［B］　そして智慧のある小さい［X］は紙箱のところどころを円く三角に菱形に木の葉形に切り抜き、小さい明り窓を一つずつ違った色に彩り、更に円や菱形や紅や緑をつかって一つの纏まった装飾模様とした。［C］　紅提燈を買った子供も店で買える趣きのない提燈を棄て、自作の提燈を持つ子供も単純な意匠の提燈を棄て、昨夜携えた光の模様は翌日もう不満足で、昼は紙箱と紙と絵筆と鋏と小刀と糊を前に日々新しい提燈を一心に創り、我が提燈よ！　最も珍らしく美しかれ！　［D］　と夜の虫取りに出かけるのであろう。そうして私の目の前の二十人の子供と美しい提燈となったのではあるまいか。［E］

私は目を見張って佇んだ。四角な提燈は古代模様風に切り抜かれ、花模様に切り抜かれているばかりでなく、たとえば「ヨシヒコ」とか「アヤ子」とか製作者の名が片仮名で刻み抜かれているのである。紅提燈に絵を描いたのと違って、厚紙の箱を切り抜いてそれに紙を貼ったのであるから、その模様だけが窓になって模様通りの色と形で蠟燭の光が洩れているのである。そうした二十の灯が叢に射し照らされて子供達は悉く一心に虫の声を頼りに土手にしゃがんでいるのである。［F］

「誰かバッタ欲しい者いないか。バッタ！」と、一人だけほかの子供から四五間離れたところで草を覗いていた男の子が伸び上ると(エ)トツゼン言った。

「お呉れ！　お呉れ！」

六七人が直ぐ駈け寄って虫を見つけた子供の背に重なるようにしながら叢を覗き込んだ。そして駈けつけた子供達が差し出す手を払い退け虫のいる叢を守るような姿で両手を拡げて突っ立った男の子は右手の提燈を振ると、再び四五間彼方の子供達に叫んだ。

ブランドへの自信がいつしか過信になり、思い上がりにつながっていく。すると、組織は新しいことに挑戦するスピードと意欲を失い、敗者への道を歩み始めることになる。

安藤宏基『勝つまでやめない！勝利の方程式』より

問1　傍線部A～Cの本文中の意味と同じ意味を表す語句として最も適当なものをそれぞれ一つずつ選びなさい。　【Aは解答番号1、Bは解答番号2、Cは解答番号3】

A　ループ
①　飛躍　②　跳躍　③　逆流　④　反復　⑤　再生

B　ステークホルダー
①　利害関係者　②　社会人　③　国民　④　被雇用者　⑤　主権者

C　ファクター
①　要因　②　手段　③　過程　④　能力　⑤　事実

問2　[①]に入る動物と同じ動物を含む慣用表現を次の中から一つ選びなさい。　【解答番号4】

①　[　]真似
②　[　]が合う
③　[　]に小判
④　[　]も食わない
⑤　[　]に真珠

問3　[X]に入る接続を表すことばとして最も適当なものを次の中から一つ選びなさい。　【解答番号5】

①　そして　②　しかし　③　つまり　④　また　⑤　すると

問4　傍線部②「企業にとって『勝つ』」とあるが、筆者にとっての「勝つ」とはどういうことか。最も適当なものを次の中から一つ選びなさい。　【解答番号6】

①　資本主義社会において利益を追求するのは当然のことであり、市場を席巻し、流行をつくることができること。
②　短期目標を設定し、今必要とされているニーズを割り出し、すぐに消費者のニーズに答えることができること。
③　他のものにはない強じんな強みに加え、現状で満足することがなく、進化をし続けることができるということ。
④　商品開発において、利益を無視したとしても、商品が売れるまで販売を続けるという我慢ができるということ。
⑤　何かと比較し、競争することによって技術革新を生み、新たな市場を生み出していくことができるということ。

問5　本文の内容について説明したものとして不適切なものを次の中から一つ選びなさい。　【解答番号7】

①　筆者は負けず嫌いであるが、企業の業績を考える上では一個人の感情で勝負を判断してはならないと考えている。
②　市場は企業間の競争によって支えられ、勝つことにこだわることによって安定した経営基盤となると考えている。
③　企業の社会貢献の証は売り上げの大きさで測ることができ、絶対的な利益追求こそが評価されるべき点と考えている。
④　競争構造はわずかな勝者とその他の敗者となっており、勝つためには世の中の動きを敏感に捉えるべきと考えている。

【国　語】（四〇分）〈満点：一〇〇点〉

［1］　次の文章を読み、あとの問いに答えなさい。

負けたくないから勝つまでやめない。やめなければ絶対負けることはない。そんな風に永遠にAループしていく。これ以上の勝利の方程式はないのである。決して同業他社を刺激するための挑発的な言い回しではない。もちろん、開き直ったあげくの負け［①］の遠吠えでもない。ただ単に、私の口癖なのである。

私は学生時代からマージャンが好きで、ほとんど負けたことがない。［X］、友達に言わせると強いわけではなくて、「勝つまでやめなかっただけだ」ということになる。負けていると「もう一回、もう一回」と催促して、深夜に及び、とうとう夜が明ける。そんなことがよくあった。いくら負けていても、途中でやめなければ負けたことにならないという考えだった。嫌な性格と思われるかもしれないが、根っからの負けず嫌いなのである。たかがマージャンだから、間違っても友達を失う程度ですむかもしれないが、経営となるとそうはいかない。もし失敗すれば、多くの従業員や株主に迷惑がかかる。損失を出して税金を払えなくなれば、社会的責任を果たせなくなる。トップの性格や意地だけで経営を進めてはいけないのである。

［X］、あえて私は勝ちにこだわる。理由は簡単である。競争から、逃げ出したくないからだ。競争こそが技術革新を生み、市場を大きくする。あいまいな目標を掲げるよりも、勝つことに執着することが『ブレない経営』につながると信じている。

では、②企業にとって「勝つ」とはどういうことだろうか？

売り上げだろうか、利益だろうか。

売り上げの大きさは企業あるいは商品が世の中から必要とされていることの証（あか）しであり、社会貢献の尺度でもある。利益は企業が再生産を通じて将来発展していくための原動力であり、社員、取引先、株主などすべてのBステークホルダーを幸せにできる。売り上げも利益も経営を支える重要なCファクターである。［X］、増収増益を目的とするのか、計画対比を重視するのか、はたまた視点を変えて、ＥＶＡ（経済的付加価値）やＣＳ（顧客満足）の高さを測るべきなのか。企業の評価は複雑な構成を持っていて、何か一つを勝ち負けの尺度にしてしまうことにはどうしても抵抗がある。

私はこう考えている。

「勝つ」とは、他社を圧倒的に上回る「強さ」を持ちながら、なおかつ、「新たな強さ」を生み出す挑戦を絶え間なく続け、長期的に成長を持続することである。

私が「勝つまでやめない」と言うのは「そういう会社になりたい」という思いを込めている。世界での競争構造は、もはや少数の勝者とその他の敗者という二つに一つのゲームになっているからである。

「勝つ」ための条件にはいろいろあるが、一番大切なのは変化への対応力だろう。ダーウィンの進化論を持ち出すまでもなく、常に生き残るものは環境変化に適応したものだけである。ものすごい速さで動いている世の中の変化を読み取り、素早くキャッチアップする力。これを失うと、その瞬間から企業は衰退する。また、今までの成功体験に頼って、「これでいいのだ」と自己満足に陥ることも危険である。自社の技術や

大切なことはメモしておこうネ！

T・G

2022年度

解　答　と　解　説

《2022年度の配点は解答欄に掲載してあります。》

＜数学解答＞ 《学校からの正答の発表はありません。》

1 (1) 1 ⑤　(2) 2 ③　(3) 3 ④　(4) 4 ④　(5) 5 ③　(6) 6 ⑤
2 (1) 7 ②　(2) 8 ④　(3) 9 ⑤　10 ④　(4) 11 ⑤　12 ④
(5) 13 ④　(6) 14 ⑥
3 (1) 15 ④　(2) 16 ②　17 ②
4 (1) 18 ①　(2) 19 ④　(3) 20 ③

○推定配点○
各5点×20　計100点

＜数学解説＞

基本 1 （正負の数，平方根，式の計算，不等式，因数分解，2次方程式）

(1) $7+4\times(2-3)=7+4\times(-1)=7-4=3$

(2) $\sqrt{27}+\dfrac{3}{\sqrt{3}}-\sqrt{12}=3\sqrt{3}+\sqrt{3}-2\sqrt{3}=2\sqrt{3}$

(3) $6x^3y\times(-2y)^2\div(3xy)^2=\dfrac{6x^3y\times4y^2}{9x^2y^2}=\dfrac{8}{3}xy$

(4) $x\times\left(1+\dfrac{3}{100}\right)>400$より，$x+\dfrac{3}{100}x>400$

(5) 和が7，積が-18となる2数は-2と9だから，$x^2+7x-18=(x-2)(x+9)$

(6) $(x-3)^2=4x-5$　$x^2-6x+9=4x-5$　$x^2-10x=-14$　$(x-5)^2=-14+25$　$x-5=\pm\sqrt{11}$　$x=5\pm\sqrt{11}$

2 （確率，1次関数，方程式の利用，資料の整理，角度，空間図形）

基本 (1) 赤玉を①，②，③，④，白玉を㋐，㋑，㋒とすると，玉の取り出し方は，<u>①②</u>，<u>①③</u>，<u>①④</u>，①㋐，①㋑，①㋒，<u>②③</u>，<u>②④</u>，②㋐，②㋑，②㋒，<u>③④</u>，③㋐，③㋑，③㋒，④㋐，④㋑，④㋒，㋐㋑，㋐㋒，㋑㋒の21通りあり，このうち，2個とも赤玉であるのは下線の6通りだから，求める確率は，$\dfrac{6}{21}=\dfrac{2}{7}$

基本 (2) $y=-3x+2$に$x=-1$，4をそれぞれ代入して，$y=5$，-10　よって，yの変域は，$-10<y\leqq5$

(3) 家から交番までの道のりをxm，交番から学校までの道のりをymとすると，$x+y=2000$…①
$\dfrac{x}{80}+\dfrac{y}{160}=20$より，$2x+y=3200$…②　②－①より，$x=1200$　これを①に代入して，$y=800$
よって，家から交番までの道のりは1200m，交番から学校までの道のりは800m

基本 (4) 平均値は，$(15+40+22+35+32+50+18+30+25+45)\div10=\dfrac{312}{10}=31.2$(点)　中央値は得点の低い方から5番目と6番目の平均で，$\dfrac{30+32}{2}=31$(点)

基本 (5) 折り返したので，$\angle QPC'=\angle QPC=(180^\circ-56^\circ)\div2=62^\circ$　$\angle PC'Q=\angle PCQ=90^\circ$だから，

$\angle x=180°-90°-62°=28°$

重要 (6) 円すいPと円すいQは相似で，相似比は4：3だから，体積比は$4^3:3^3=64:27$　よって，立体Rの体積は，$\frac{1}{3}\pi\times8^2\times12\times\left(1-\frac{27}{64}\right)=148\pi$

3 （平面図形）

重要 (1) 平行線と比の定理より，AE：EF＝AD：CF＝10：6＝5：3　BE：CF＝AE：AF　BE：6＝5：(5＋3)　$BE=\frac{6\times5}{8}=\frac{15}{4}$

基本 (2) 図形Bの周の長さは，$6+\pi\times6\times\frac{1}{2}=6+3\pi$　図形Aの面積は，$\pi\times6^2\times\frac{1}{4}-\pi\times3^2\times\frac{1}{2}=9\pi-\frac{9}{2}\pi=\frac{9}{2}\pi$

基本 4 （図形と関数・グラフの融合問題）

(1) $y=\frac{1}{2}x^2$に$x=-2$，4を代入して，$y=\frac{1}{2}\times(-2)^2=2$，$y=\frac{1}{2}\times4^2=8$　よって，A(−2，2)，B(4，8)　直線ABの式を$y=ax+b$とすると，2点A，Bを通るから，$2=-2a+b$，$8=4a+b$　この連立方程式を解いて，$a=1$，$b=4$　よって，$y=x+4$

(2) $y=x+4$に$y=0$を代入して，$x=-4$　よって，C(−4，0)　$\triangle BCO=\frac{1}{2}\times4\times8=16$

(3) $\triangle ACO=\frac{1}{2}\times4\times2=4$

★ワンポイントアドバイス★

大問数は変わらないが，数と式の計算が減り，小問数は17題となった。難易度は変わらないから，できるところからミスのないように解いていこう。

＜英語解答＞《学校からの正答の発表はありません。》

1 (1) ①　(2) ②　(3) ②　(4) ③

2 (1) ①　(2) ③　(3) ③　(4) ②　(5) ③

3 (1) ④　(2) ②　(3) ④　(4) ③　(5) ⑤　(6) ①　(7) ③　(8) ④

4 (1) ②　(2) ①　(3) ③　(4) ②　(5) ①

5 (1) ②　(2) ②　(3) ③　(4) ④　(5) ①

6 (1) ④　(2) ④　(3) ③　(4) ③　(5) ②　(6) ①　(7) ①

○推定配点○

5(5)，6(5)　各2点×2　他　各3点×32　計100点

＜英語解説＞

1 （語彙の問題）

(1) 「あなたに起こること」＝experience「経験」 ②「十分な」，③「例」，④「高価な」

(2) 「私たちが授業を受ける学校内の場所」＝classroom「教室」 ①「古典的な」，③「級友，クラスメート」，④「きれいな」

(3) 「1年の6番目の月」＝「6月」 ①「7月」，③「加わる」，④「ちょうど」

(4) 「過去から覚えられていること」＝memory「記憶」 ①「伝言，メッセージ」，②「薬」，④「分(時間の単位)」

基本 **2** （語句選択補充問題：前置詞，助動詞，比較，受動態）

(1) 「～をありがとうございます」はThank you for ～. で表す。

(2) 「なぜ」はwhyで表す。 ①「どのようにして，どのくらい」，②「いつ」，④「どこで[に，へ]」。

(3) 「～しなくてはならない」はmustまたは〈have[has] to ＋動詞の原形〉で表す。ここでは主語がJohn(3人称・単数)でhasにする必要があるのでmustを選ぶ。 ①「～してもよい，～かもしれない」，④はwillの過去形。

(4) 「～よりも…が好きだ」はlike … better than ～で表す。 ①「(量が)たくさんの」，③「よく，上手に」，④はgood，wellの最上級。

(5) Wasがあり，「建てられましたか」と受け身の意味なので受動態〈be動詞＋過去分詞〉の文。疑問文は〈be動詞＋主語＋過去分詞〉の語順。過去分詞builtを選ぶ。 ①は原形・現在形。②の形はない。buildはbuild － built － builtと変化する。④は～ing形。

重要 **3** （語句整序問題：進行形，現在完了，助動詞，前置詞，接続詞）

(1) I was waiting for the train then. ある過去の時点で進行中だった動作は過去進行形〈was[were]＋動詞のing形〉で表す。「～を待つ」はwait for ～。

(2) We have not seen him for three days. 「(ずっと)～していない」と継続している状態を表すときは現在完了〈have[has] ＋過去分詞〉で表す。

(3) Is Ken going to go swimming tomorrow? 「～する予定だ」は〈be going to ＋動詞の原形〉で表す。疑問文はbe動詞を主語の前に出す。「～しに行く」はgo ～ingで表す。

(4) She wasn't able to ride a bike at that time. 「～することができる」は〈be able to ＋動詞の原形〉で表す。ここでは否定文なのでbe動詞にnotをつける。at that time「当時」。

(5) He is a member of the soccer club in this town. 「～のメンバー」はa member of ～で表す。in this town「この町の」が後からthe soccer clubを修飾している。

(6) We know John has a bad cold. knowの後に接続詞thatが省略されている。thatの後には〈主語＋動詞〉が入った文の形が続く。「風邪をひいている」はhave a coldで表す。

(7) How many students are there in the class? 数を尋ねているので〈how many ＋名詞の複数形〉を文頭に置く。「(場所)に～がいる」は〈there is[are] ～ ＋場所を表す語句〉で表す。ここでは疑問文なので，thereの前にbe動詞を置く。

(8) Playing the piano makes me happy. 「AをBにする」はmake A Bで表す。Playing the piano「ピアノを弾くこと」が文の主語。

重要 **4** （会話文問題：文選択補充，指示語，語句選択補充）

（全訳） （エミが通りを歩いている）

男性：すみません。

エミ：はい。どうされましたか。

男性：道に迷いました。私は郵便局へ行きたいのです。そこへの行き方を教えてもらえますか。
エミ：はい。
男性：A郵便局はここから遠いですか。
エミ：そうですねえ，そこまで歩いて行けますが，バスで行くべきだと思います。
男性：わかりました。バスで行きます。バス停はどこですか。
エミ：この通りをまっすぐ行って，次の信号のところを左へ曲がってください。
男性：次の信号を左に曲がるのですか。
エミ：はい。右にそれが見えますよ。そこで7番のバスに乗って，2番目のバス停で降りてください。10分くらいかかります。
男性：バスはどれくらいの間隔で来ますか。
エミ：B15分おきに来ます。バスは間もなくそこに来ますよ。
男性：わかりました。あなたの英語はとても上手ですね。ありがとうございました。
エミ：Cお役に立ててうれしいです。

(1)　男性の発言に対して，エミは「そこまで歩いて行けますが，バスで行くべきだと思います」と答えているので，男性は郵便局までの距離について尋ねたと考えられる。far from ～「～から遠い」。①は「どのバスに乗ればいいですか」，③は「バスのチケットはいくらですか」，④は「そこで手紙を書くことはできますか」という意味。

(2)　直前で男性が「次の信号を左に曲がるのですか」と道順を確認している。これは男性が郵便局までバスで行くと言ってバス停の場所を尋ねて，エミがその場所を教えたことに対する発言なので，下線部の it は「バス停」を指す。

(3)　空所の後の about 10 minutes「およそ10分」は，バスに乗ってから降りるまでにかかる時間を表していると考える。〈It takes ＋時間〉で「(時間が)～かかる」という意味を表す。

(4)　空所の直前で男性がバスがどれくらいの間隔で来るのか尋ねているので，②「それら(＝バス)は15分おきに来ます」が適切。①は「それらは郵便局へ行きます」，③は「それらはすでに来ています」，④は「それらはこの町を回ります」という意味。

(5)　男性のお礼の言葉への返答として適切なのは，①「お役に立ててうれしいです」。②「私はあなたと一緒にそこへ行きます」，③「私はあなたのはがきが気に入っています」，④「これがあなたのバスのチケットです」では会話が不自然。

5　**（長文読解問題・説明文：内容吟味，文補充，語句選択補充）**

（全訳）　あなたがトイレを探しているとき，2人の人の標識が見えるだろう。すると，あなたはトイレがどこにあるのかわかる。

ピクトグラムは人々の注意を引いて情報を示すために表示される視覚の標識である。それは私たちに物の特質や場所への行き方や機械の使い方を示している。私たちはあらゆるところでピクトグラムを見ることができる。ピクトグラムには言葉がなく，単純な絵しか使わないので，だれでも簡単にそれらを理解することができる。

日本では，ピクトグラムは1964年の東京オリンピックから有名になった。それ以前は，多くの日本語の標識があったが，英語を話せる日本人はあまり多くなかった。B外国人が情報を得ることは難しかった。それから，勝見勝が外国人を案内するために東京オリンピック用にピクトグラムを作った。ピクトグラムは外国人が日本に来たときとても便利だった。1980年代から，それらは鉄道の駅や空港などの公共の場所に広まった。2005年には，それらは聞くのが困難だったり情報を得るための言葉を理解することができない人々のために導入された。その後，それらはユニバーサル・デザインになった。ピクトグラムは外国人，子供，高齢者，そしてもちろん私たちの役に立っている。

(1)　下線部を含む文の前半 Because ~ pictures「ピクトグラムには言葉がなく，単純な絵しか使わないので」が理由を表している。この内容に合うのは②。

(2)　入れる文は「外国人が情報を得ることは難しかった」という意味。Bの直前に，東京オリンピック以前は日本語で書かれた標識が多く，さらに英語を話せる日本人があまり多くなかったと，外国人が情報を得にくい状況が述べられているので，Bに入れるのが適切。

(3)　空所の直前に people と人を表す名詞があり，直後には are と動詞が続いているので主格の関係代名詞 who が入る。

(4)　①は「ピクトグラムはユニバーサル・デザインとして決められた」，②は「ほとんどの標識は日本語だった」，③は「ピクトグラムはあらゆるところで見られる」，④は「ある男性が人々を助けるためにピクトグラムをデザインした」という意味。本文で述べられている順は，第2段落第3文「私たちはあらゆるところでピクトグラムを見ることができる」(③の内容)，第3段落第2文「多くの日本語の標識があった」(②の内容)，第3段落第4文「勝見勝が外国人を案内するために東京オリンピック用にピクトグラムを作った」(④の内容)，最終段落最後から2文目「それら(＝ピクトグラム)はユニバーサル・デザインになった」(①の内容)。

(5)　2024年のオリンピック開催地はフランスのパリ(Paris)である。

6　**(長文読解問題・物語文：内容吟味，語形変化，語句解釈)**

(全訳)　スニッフとスカリーは毎日早く目覚めて，チーズステーションCへ行くためにいつも同じ道を走った。それから彼らはチーズを楽しんだ。

最初はヘムとホーもその味を楽しむために毎朝チーズを求めて走った。しかししばらくすると，彼らにとって別の日課が始まった。ヘムとホーは毎日少し遅く起きて，ステーションまで歩いた。彼らは今ではチーズがどこにあるのか，そしてそこまでの行き方を知っていた。しかし彼らにはチーズがどこから来るのか，あるいは誰がそれをそこに置いたのかわからなかった。彼らはただそれがそこにあるだろうと思っていただけだった。ついに，彼らは家をステーションの近くに移した。小人たちはうれしく思い，うまくいった。

スニッフとスカリーは自分たちの日課を続けた。彼らは毎朝早くそこへ行った。また，彼らは前日から何か変化があるかどうか確認した。それから彼らは座ってチーズを食べた。

ある朝，彼らはステーションに着いてチーズがないことを発見した。しかし，スニッフとスカリーは毎日チーズが小さくなっていることを知っていたので驚かなかった。彼らはどうするべきか心構えができていた。スニッフとスカリーは別のチーズステーションを見つけるために去って行った。

同じ日の後になって，ヘムとホーがステーションに着いた。彼らは毎日の小さな変化を知っていなかったので，いつもたくさんのチーズがあるのだと思っていた。「何だって！　チーズがないだと！」とヘムが言った。「誰が私のチーズを移動したんだ？　公正ではない！」

翌日，ヘムとホーは再びチーズステーションCに戻った。しかし状況は変わっておらず，チーズはもはやそこにはなかった。小人たちはどうしたらよいかわからなかった。彼らはただそこに立っていた。ホーがあたりを見回して，「スニッフとスカリーはどこだ？」と言った。ヘムが「彼らが何を知っているんだ？　彼らはただのネズミだ。私たちは小人だ。私たちはネズミよりも賢いぞ」と答えた。「私たちの方が賢いのはわかっているが，このあたりでは物事が変わっているんだよ，ヘム。ひょっとしたら，私たちは変わって別のやり方で物事をする必要があるかもしれない」とホーが言った。

ヘムとホーが考えている間に，スニッフとスカリーはすでにステーションNに着いた。彼らは自分たちの目を信じることができなかった。そこにはたくさんのチーズがあったのだ。

(1)　下線部では，ヘムとホーがそれまでと違う日課を始めたことが述べられている。直後の文から，その日課とは，それまではチーズを食べに走って行っていたのが，遅めに起きて歩いてチーズのある場所に行くようになったことであるとわかる。さらに次の文に「彼らは今ではチーズがどこにあるのか，そしてそこまでの行き方を知っていた」とあることから，チーズのありかがわかったために急いで行く必要がなくなったために，それまでの日課を変えて遅めに起きて歩いて行くようになったと考えられる。

(2)　下線部の直後に continued their routine「自分たちの日課を続けた」とある。スニッフとスカリーが行っていた日課とは，第1段落第1文「スニッフとスカリーは毎日早く目覚めて，チーズステーションCへ行くためにいつも同じ道を走った」から，早起きをしてチーズのあるステーションへ行くことである。①，②はヘムとホーが行ったこと。③については本文で述べられていない。

(3)　下線部の直前にbe動詞があるので，受動態か進行形が考えられる。受動態 be surprised で「(人が)驚く」という意味になるので，③が適切。

(4)　スニッフとスカリーが毎日チーズが小さくなっていることを知っていたのは，直前の段落にあるように，毎日チーズの状態を確認してから食べていたためと考えられるので，③が適切。

(5)　下線部の no longer は「もはや～ない」という意味。そのときチーズは少しもなかったということなので，「少しも～ない」という意味を表す②の not any が適切。①は「長くない」，③は「(数えられない名詞について)少しある」，④は「(数えられる名詞について)少しある」という意味。

やや難　(6)　下線部の直前で，ホーは「私たちは変わって別のやり方で物事をする必要があるかもしれない」と言っている。それまでのやり方を変えて，状況に応じて別のやり方をするべきだということなので，①が適切。

(7)　①「ヘムとホーは同じ場所に戻った」(○)　第6段落第1文から，前日にいつものチーズステーションCにチーズがなかったにもかかわらず，ヘムとホーはまた同じ場所に戻ったことがわかる。　②「ヘムとホーはチーズステーションCの変化を知っていた」(×)　第5段落第2文から，ヘムとホーはチーズステーションCのチーズの変化を知らなかったことがわかる。毎日のチーズの変化を知っていたのはスニッフとスカリーである。　③「チーズはチーズステーションNになかった」(×)　最終段落から，スニッフとスカリーが行ったチーズステーションNにはたくさんのチーズがあったことがわかる。　④「スニッフとスカリーは食べた後でチーズを確認した」(×)　第3段落最後の2文から，スニッフとスカリーはチーズの様子を確認してから食べていたことがわかる。

★ワンポイントアドバイス★

5(4)は，出来事が起こった順番を問われているのではないことに注意。「本文の順に」とあるので，本文に書かれている順番を問われている。先に問題に目を通しておくと正解するのはそう難しくないだろう。

＜社会解答＞ 《学校からの正答の発表はありません。》

1	問1　1　①	問2　2　③	問3　3　③	問4　4　④	問5　5　②
2	問1　6　③	問2　7　④	問3　8　①	問4　9　②	問5　10　②
3	問　11 ②	12 ①	13　①	14 ④	15　④

○推定配点○

1　各4点×5　　2　各3点×5　　3　各3点×5　　計50点

＜社会解説＞

1　（日本の歴史―政治史，社会史，文化史）

重要　問1　1　足利尊氏の開いた幕府は，義満が京都の室町に御所を建てたことから室町幕府とよばれている。選択肢の中では，今出川室町が，義満の建てた御所のあった室町にあたる。

問2　2　銀閣を建てたのは足利義政である。

問3　3　東海道五十三次の終点は日本橋であった。

問4　4　ながいの発言「方広寺の大仏を作る際，五条橋を南に動かした――」ということから豊臣秀吉が動かしたと考えられる。

問5　5　本能寺の変で，信長をたおした明智光秀と秀吉が戦ったのは，天王山であった。

2　（公民―憲法，政治のしくみ，国際政治，その他）

重要　問1　6　憲法第9条は，戦争を放棄し，戦力をもたず，交戦権を認めないと定めている。特に，国際紛争を解決する手段として，武力の行使は，永久に放棄している。

基本　問2　7　第一次世界大戦後の国際機関なので，国際連盟が正解である。

基本　問3　8　1945年というと，第二次世界大戦後の国際機関となるので，国際連合が正解となる。

問4　9　国会は，主権者である国民が直接選んだ代表者によって構成される，国の権力すなわち国権の最高機関であり，唯一の立法機関でもある。

問5　10　明治節は，昭和前期の祝日の一つである。明治天皇をしのび，明治時代を振り返る目的で制定され，明治天皇の誕生日の11月3日をこれにあてた。戦後の1948年に廃止されたが，11月3日は文化の日として現在も継承されている。

3　（地理―世界の地形）

11　フィヨルドとは，氷河の浸食で削られた場所が，海面上昇や陸地の沈降により沈水して形成された地形である。ノルウェー，スウェーデンがあるスカンディナビア半島の北極海側をはじめ，おもに寒帯の地域に多くみられる地形である。

やや難　12　アルプス山脈は，ケルト語のalp「岩山」を語源とし，ラテン語を経由したと考える説がある。この山脈は，ヨーロッパの多数の河川の水源地となっており，ここからドナウ川・ライン川・ローヌ川・ポー川，といった大河川が流れ出て，それぞれ黒海・北海・地中海・アドリア海へと注ぐ。

やや難　13　カルストとは，スロベニア西部，ディナル・アルプスの北部，アドリア海に臨む石灰岩からなる台地をいう。典型的な石灰岩地形が発達しているため，他の石灰岩地域の地形を表現する場合にも，カルスト地形ということばが用いられるようになった。

14　リアスは，スペイン語で入り江の意味で，浸食で多くの谷の刻まれた山地が，地盤の沈降または海面の上昇によって沈水し，複雑に入り組んだ海岸線をいう。

15　カルデラとは，火山の活動によってできた大きな凹地のことである。釜，鍋という意味のスペイン語に由来し，同時にカルデラが初めて研究されたカナリア諸島での現地名による。

★ワンポイントアドバイス★

□1問2　将軍足利義政の後継ぎ問題をめぐって，有力守護大名の細川氏と山名氏が対立すると，1467年応仁の乱がおこった。□2問1　日本国憲法の三大原則の1つである平和主義は，前文と第9条にあらわされている。

＜理科解答＞ 《学校からの正答の発表はありません。》

4　(1)　①　(2)　③　(3)　④　(4)　①

5　(1)　②　(2)　③　(3)　④　(4)　②

6　(1)　③　(2)　①　(3)　②　(4)　③

7　(1)　①　(2)　④　(3)　④

○推定配点○

4　(1)・(2)　各3点×2　他　各4点×2　5　(2)・(3)　各3点×2　他　各4点×2

6　各3点×4　7　(1)　4点　他　各3点×2　計50点

＜理科解説＞

4　(物理総合―回路と抵抗，質量と重さ，音の速さ，仕事)

(1)　グラフから，電熱線1本に10Vかけると500mA(0.5A)の電流が流れるので，電熱線2本を並列につなぐと，回路には，0.5(A)×2＝1.0(A)の電流が流れる。したがって，回路全体の抵抗の大きさは，$\frac{10(\text{V})}{1.0(\text{A})}=10(\Omega)$である。

基本　(2)　質量は物質の量であり，場所によって変わらないが，重さは物体にはたらく重力の大きさであり，場所によって変わる。

(3)　1秒間隔で太鼓をたたくと，直接音，反射音，直接音，反射音…と，音が0.5秒間隔に聞こえたので，音が伝わる速さは，87(m)×2÷0.5(秒)＝348(秒)である。

(4)　80gのおもりにはたらく重力の大きさは0.8Nである。したがって，0.5m持ち上げるのに必要な仕事の大きさは，0.8(N)×0.5(m)＝0.4(J)である。

5　(化学総合―塩酸と石灰石の反応，気体の捕集方法，電池，化合と分解)

やや難　(1)　石灰石を1.50gずつ増やしたときに発生した二酸化炭素は，反応前の質量と反応後の質量の差であり，右の表のようになる。発生した二酸化炭素が1.54g以上にはならないことから考えると，20.00gの塩酸と過不足なく反応する石灰石の質量は，$1.50(\text{g})\times\frac{1.54(\text{g})}{0.66(\text{g})}=3.50$(g)である。

石灰石の質量(g)	反応前の質量(g)	反応後の質量(g)	発生した二酸化炭素(g)
1.50	91.50	90.84	0.66
3.00	93.00	91.68	1.32
4.50	94.50	92.96	1.54
6.00	96.00	94.46	1.54

基本　(2)　アンモニアは水によく溶けるので水上置換法で集めることができない。また，密度が空気の約0.6倍なので，上方置換法で集める。

基本　(3)　亜鉛Znは塩酸に溶けて亜鉛イオンZn^{2+}になり，電子を放出する。一方，銅板の表面では，亜鉛板から流れてきた電子と水溶液中の水素イオンH^{+}が結びついて水素が発生する。以上をまとめると，次の図のようになる。

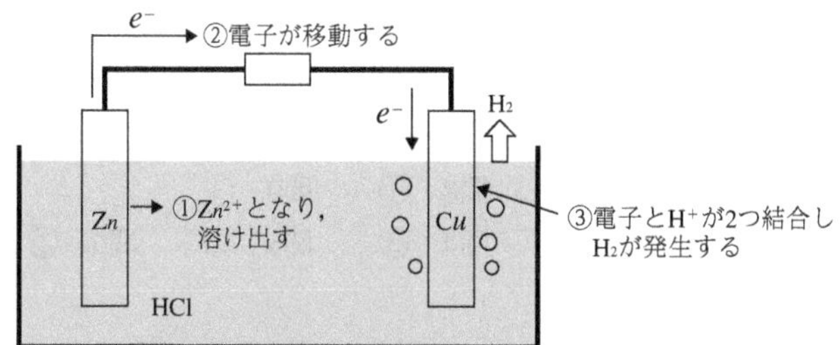

(4) ① 1.5gのマグネシウムと結びついた酸素は，2.5(g)－1.5(g)＝1.0(g)なので，マグネシウムと酸素の質量の比は，1.5：1.0＝3：2である。 ② 2.8gの銅と結びついた酸素は，3.5(g)－2.8(g)＝0.7(g)なので，銅と酸素の質量の比は，2.8：0.7＝4：1である。 ③ 5.8gの酸化銀から5.4gの銀が生じたので，発生した酸素は，5.8(g)－5.4(g)＝0.4(g)である。 ④ 8.4gの炭酸水素ナトリウムから5.3gの炭酸ナトリウムが生じたので，発生した二酸化炭素と水の質量の合計は，8.4(g)－5.3(g)＝3.1(g)である。

基本 **6 (生物総合―植物のはたらき，セキツイ動物，顕微鏡，遺伝)**

(1) 植物は，昼間のみ光合成を行っているが，呼吸は昼も夜も行っている。

(2) Ⅰ類は魚類，Ⅱ類はハ虫類，Ⅲ類は鳥類，Ⅳ類は両生類である。また，トカゲはハ虫類，バッタは無セキツイ動物，イモリとカエルは両生類である。

(3) ① 対物レンズよりも先に接眼レンズを取りつける。 ② 接眼レンズをのぞきながら，しぼりや反射鏡を調節して視野を明るくする。 ③ はじめは低倍率で観察する。また，目的に合った部分が見つかったら高倍率にする。 ④ ピントを合わせる時は，プレパラートと対物レンズをできるだけ近づけておき，遠ざけながら行う。

(4) 孫のエンドウの遺伝子の組み合わせと数の比は，AA：Aa：aa＝1：2：1である。したがって，Aaの遺伝子の組み合わせを持つ種子は，1000(個)×$\frac{1}{2}$＝500(個)である。

7 (地学総合―地震の発生時刻，霧の発生，金星の見え方)

(1) A地点とB地点の距離の差は，171(km)－126(km)＝45(km)，P波が届くのにかかる時間の差は，23(秒)－18(秒)＝5(秒)である。したがって，P波の速さは，$\frac{45(\text{km})}{5(\text{秒})}$＝9(km/秒)である。以上より，A地点にP波が届くのにかかる時間は，$\frac{126(\text{km})}{9(\text{km/秒})}$＝14(秒)なので，地震の発生時刻は，午前10時45分18秒の14秒前の午前10時45分04秒である。

基本 (2) 晴れの日は，空気中の水蒸気の量がほとんど変わらないので，気温が上昇すると，飽和水蒸気量が大きくなり，湿度が下がるので，霧は消える。

基本 (3) 内惑星である金星は，明け方の東の空か夕方の西の空にしか見ることができず，真夜中には見ることができない。

★ワンポイントアドバイス★

生物・化学・地学・物理の4分野において，基本問題に十分に慣れておくこと。

＜国語解答＞ 《学校からの正答の発表はありません。》

1 問1 A ④ B ① C ① 問2 ④ 問3 ② 問4 ③ 問5 ③

2 問1 （ア） ③ （イ） ③ （ウ） ① （エ） ① 問2 ④ 問3 ④ 問4 ①
問5 ③ 問6 ⑤ 問7 ① 問8 ④ 問9 ③

3 問1 ④ 問2 ② 問3 ① 問4 ③ 問5 ② 問6 ① 問7 ⑤
問8 ② 問9 ③

○推定配点○

1 問4・問5 各4点×2 他 各3点×5 2 問1・問9 各3点×5 他 各4点×7
3 問8・問9 各3点×2 他 各4点×7 計100点

＜国語解説＞

1 （論説文―大意・要旨，内容吟味，接続語，脱語補充，語句の意味，漢字の書き取り）

問1 傍線部Aはくり返し起こることという意味なので④が適当。Bは企業などの組織が活動を行うことで影響を受ける利害関係者のこと。Cは要因，要素という意味。

基本 問2 ①は弱い者が強い者の前では何も言えないが，裏では悪口をいったり，いばったりすることのたとえ，④は人から全く相手にされないことのたとえでいずれも「犬」が入る。①は本質をつかまずにうわべだけをまねるという意味で「猿」。②は意気投合するという意味で「馬」。③と⑤は同じ意味で，価値の分からない人に貴重なものを与えても何の役にも立たないことのたとえで③は「猫」，⑤は「豚」。

問3 X直前の内容とは相反する内容が直後で続いているので「しかし」が適当。

やや難 問4 傍線部②について「私はこう考えている」～最後までで，「他社を圧倒的に上回る『強さ』を持ちながら……『新たな強さ』を生み出す挑戦を絶え間なく続け，長期的に持続すること」「『勝つ』ための条件にはいろいろあるが，……自己満足に陥ることも危険である」と述べているので，これらの内容を踏まえた③が適当。最後の4段落の内容を踏まえていない他の選択肢は不適当。

重要 問5 「売り上げも利益も経営を支える重要なファクターである」が，「何か一つを勝ち負けの尺度にしてしまうことにはどうしても抵抗がある」と述べているので，「絶対的な利益追求こそが評価されるべき」とある③は不適切。他はいずれも述べている。

2 （小説―情景・心情，内容吟味，文章構成，脱語補充，漢字の書き取り，文学史）

問1 傍線部(ア) 「傾け」，①「敬意」 ②「鶏卵」 ③「傾向」。(イ) 「思案」，①「安易」 ②「暗礁」 ③「案内」。(ウ) 「居所」，①「居合わせる」 ②「威厳」 ③「依拠」。(エ) 「突然」，①「突破」 ②「凹凸」 ③「応答」。

問2 傍線部①前で，叢から聞こえて来た虫の声を惜しんで＝虫の声に惹かれて歩いていくうちに「はて！と輝いた眼を前へ投げて」いる様子が描かれているので，このことを踏まえた④が適当。①前の「私」の心情を踏まえていない他の選択肢は不適当。

問3 傍線部②は，土手の叢の虫を捕っている子供達を見た「私」が想像している物語のことで，②直後のA～実際の場面になる直前のEまでが，その内容になる。

問4 Xは紙箱をさまざまな形に「切り抜き，……色に彩り，……一つの纏まった装飾模様とし」て，「最も珍らしく美しかれ！」という思いで「提燈を一心に創」っている子供たちのことなので，①が適当。

問5 「そうか！……」で始まる段落で，傍線部③のようにする男の子の気持ちに「私」が気づいたことが描かれているように，男の子は女の子に気づいてほしくて③のように呼びかけているので，思うようにならずじれったい気持ちである③が適当。

問6　傍線部④前で「『バッタだよ』」と言いながら虫を女の子に見せると，バッタではなく鈴虫だったことに女の子が「眼を輝かせ」ていることに答えて，男の子は④のように話していることから，鈴虫と知りながら女の子を驚かそうとしている心情が読み取れるので⑤が適当。女の子を驚かせて喜ばそうとしていることを説明していない他の選択肢は不適当。

やや難　問7　問6でも考察したように，男の子は女の子を喜ばそうとして鈴虫をバッタと言って渡しており，女の子が喜んでいるか確かめようとして傍線部⑤のようにしているので①が適当。喜んでいるかを確かめようとしていることを説明していない他の選択肢は不適当。

重要　問8　傍線部⑥は，女の子に気づいてほしくて「三度び呼んだ」ことや，鈴虫を「『バッタだよ』」と言って女の子に渡したことなので④が適当。③の「合理的で」は読み取れないので不適当。

基本　問9　他の作品の作者は，①は芥川龍之介，②は森鷗外，④は宮沢賢治，⑤は太宰治。

3　**（古文ー内容吟味，脱語補充，漢字の読み取り，品詞・用法，仮名遣い，口語訳，表現技法，文学史）**

問1　他の読みは，①は二月，②は三月，③は四月，⑤は六月をそれぞれ表す。

重要　問2　傍線部②と②は，程度がはなはだしいことを表す。

問3　Xは「菖蒲や菰などの水草が生い茂」っている庭にある「池」の水面のことなので1があてはまる。

問4　傍線部③は係助詞「こそ」を受けて，已然形「なれ」で結ばれているので③が用いられている。1は人ではないものを人に見立てる技法，②は文の最後を体言で止める技法，④は一つの言葉に二つ以上の意味を持たせる技法，⑤は他のものにたとえる技法。

基本　問5　歴史的かな遣いの語頭以外の「は行」は現代かな遣いでは「わ行」に，「ゐ・ゑ・を」は「い・え・お」になるので「あはれにをかし」→「あわれにおかし」となる。

問6　古文の「あした」は「朝」のことを指す。

問7　「すっかりほったらかして水草が生い茂り，青々と見える中のすき間すき間からの月のひかりだけは白々と映って……しみじみとした趣がある」と述べているので，⑤が適当。最後で述べている作者の考えを説明していない他の選択肢は不適当。陰暦では四月～六月が夏になるので①の「春雨」は不適当。「庭も池もひとつの色に見渡すことができて，曇っている空をぼんやりと……過ごすのは……趣深い」と述べているので②の「曇天に庭のみどりがさす様子」は不適当。③の「水面に雨が打ち付ける様子」，④の「氷のなかに水草も一緒に凍っている様子」はいずれも述べていないので不適当。

やや難　問8　『枕草子』は平安時代に書かれた作品である。

問9　他の作者の作品は，①は『徒然草』など，②は『源氏物語』など，④は『方丈記』，⑤は『土佐日記』など。

★ワンポイントアドバイス★

小説では，登場人物の表情や行動で描かれている心情をしっかり読み取っていこう。

大切なことはメモしておこうネ！

2021年度
★★★★★★★★★★★★★★★★★★★★★★★★★★

入　試　問　題

2021年度

誉高等学校入試問題

【数　学】（40分）　＜満点：100点＞

【注意】 定規，コンパス，分度器の使用は禁止します。

1 次の各問に答えなさい。

(1) $-5+(-18)$ を計算しなさい。【解答番号1】

① -23　② -10　③ 3　④ 10　⑤ 13　⑥ 23

(2) $(-2+4)^2+3\times(1-8)$ を計算しなさい。【解答番号2】

① -20　② -17　③ 2　④ 17　⑤ 20　⑥ 25

(3) $3\times2^3-2^2\times5$ を計算しなさい。【解答番号3】

① -9　② -6　③ 0　④ 1　⑤ 4　⑥ 7

(4) $6\div\frac{3}{8}\times\left(-\frac{2}{3}\right)$ を計算しなさい。【解答番号4】

① $-\frac{47}{4}$　② $-\frac{32}{3}$　③ $-\frac{17}{3}$　④ $\frac{1}{3}$　⑤ $\frac{3}{5}$　⑥ $\frac{17}{6}$

(5) $-5ab\times3ab^2\div(-ab)^3$ を計算しなさい。【解答番号5】

① $-\frac{18}{ab}$　② $-\frac{15}{ab}$　③ $-\frac{2}{a}$　④ $\frac{9}{ab}$　⑤ $\frac{15}{a}$　⑥ $\frac{21}{a}$

(6) $\frac{4x+7}{3}-\frac{2x+1}{4}$ を計算しなさい。【解答番号6】

① $\frac{x+1}{12}$　② $\frac{15x+4}{12}$　③ $\frac{10x+25}{12}$　④ $\frac{13x-7}{12}$

⑤ $\frac{18x+1}{12}$　⑥ $\frac{20x-11}{12}$

(7) $(15x^2-4x^3y^2)\div\left(-\frac{2}{3}x\right)$ を計算しなさい。【解答番号7】

① $-\frac{55}{2}x-12xy^2$　② $-\frac{47}{2}x-3x^2y^2$　③ $-\frac{45}{2}x-10y^2$

④ $-\frac{45}{2}x+6x^2y^2$　⑤ $-\frac{39}{2}x+3x^2y^2$　⑥ $-\frac{27}{2}x+15y^2$

(8) $(x+2)(4x-5)$ を展開しなさい。【解答番号8】

① $4x^2+2x-8$　② $4x^2+3x-10$　③ $4x^2+10x+2$

④ $8x^2-x-8$　⑤ $8x^2+2x+1$　⑥ $4x^2+3x+10$

(9) $(3x+2)(x+2y-8)$ を展開しなさい。【解答番号9】

① $x^2-3xy-2x+4y-8$　② $2x^2-2xy-x+4y-16$

③ $3x^2+6xy-22x+4y-16$　④ $3x^2+10xy+6x-4y+3$

⑤ $4x^2+6xy-5x+y+1$　⑥ $5x^2+3xy+2x+4y+16$

⑽ $(x-3)^2-(x+5)(x-2)$ を簡単にしなさい。【解答番号10】

① $-19x-2$　② $-9x+19$　③ $3x+1$　④ $4x+12$

⑤ x^2+12　⑥ x^2-3x+1

2 次の各問に答えなさい。

⑴ 次の方程式を解きなさい。【解答番号11】

$$\frac{4x-1}{5}+\frac{x+2}{3}=0$$

① $x=-4$　② $x=-\frac{19}{5}$　③ $x=-\frac{7}{17}$　④ $x=-\frac{1}{4}$

⑤ $x=\frac{1}{3}$　⑥ $x=\frac{8}{5}$

⑵ 次の式を因数分解しなさい。【解答番号12】

$2a^3-6a^2-36a$

① $2a(a+3)(a-6)$　② $2a(a+4)(a-3)$　③ $2a(3a+4)(a+1)$

④ $3a(a-1)(3a+5)$　⑤ $3a(4a+9)(4a-9)$　⑥ $5a(a+7)(a+5)$

⑶ 次の方程式を解きなさい。

(i) $x^2+5x+6=0$ 【解答番号13】

① $x=-6,\ -1$　② $x=-4,\ 1$　③ $x=-3,\ 4$　④ $x=-3,\ -2$

⑤ $x=1,\ -1$　⑥ $x=2,\ 3$

(ii) $3x^2-4x-5=0$ 【解答番号14】

① $x=\frac{-8\pm\sqrt{15}}{3}$　② $x=\frac{-3\pm\sqrt{29}}{3}$　③ $x=\frac{2\pm\sqrt{19}}{3}$

④ $x=\frac{5\pm\sqrt{11}}{3}$　⑤ $x=\frac{6\pm\sqrt{15}}{2}$　⑥ $x=\frac{5\pm\sqrt{29}}{2}$

⑷ A 高校の生徒は男女合わせて605人である。そのうち男子の16％と女子の25％は電車で登校しており，その合計人数は122人である。このとき，この高校の男子の人数を求めなさい。

【解答番号15】

① 100人　② 129人　③ 200人　④ 215人　⑤ 315人　⑥ 325人

⑸ 表は，ある野球チームの８試合の得点の記録をまとめたものである。このとき，最頻値を求めなさい。【解答番号16】

得点(点)	4	5	6	7	8	9	計
度数(試合数)	3	1	0	1	2	1	8

① 1　② 3　③ 4　④ 5　⑤ 7　⑥ 8

⑹ 表は異なる法則にしたがった２つの自然数 A, B に対して，和，差，積を求めたものである。あとの各問に答えなさい。

$A+B$	2	5	8	11	14	17	20	23	・・・
$A-B$	0	1	2	3	4	5	6	7	・・・
AB	1	6	15	28	45	66	91	120	・・・

(i) $A+B=14$, $A-B=4$, $AB=45$である2数の組み合わせA, Bを求めなさい。

【解答番号17】

① $A=5$, $B=3$　② $A=9$, $B=5$　③ $A=11$, $B=3$
④ $A=12$, $B=4$　⑤ $A=15$, $B=8$　⑥ $A=20$, $B=8$

(ii) はじめから数えて11番目にある2数の積ABの値を求めなさい。【解答番号18】

① 66　② 120　③ 125　④ 190　⑤ 231　⑥ 276

3 図のように，関数$y=ax^2$上に4点A, B, C, Dがある。点Aの座標は（-3, 18）である。点B, Cのx座標は順に-1, 2であり，点Dのx座標は点Aとy軸に関して対称な点である。次の各問に答えなさい。

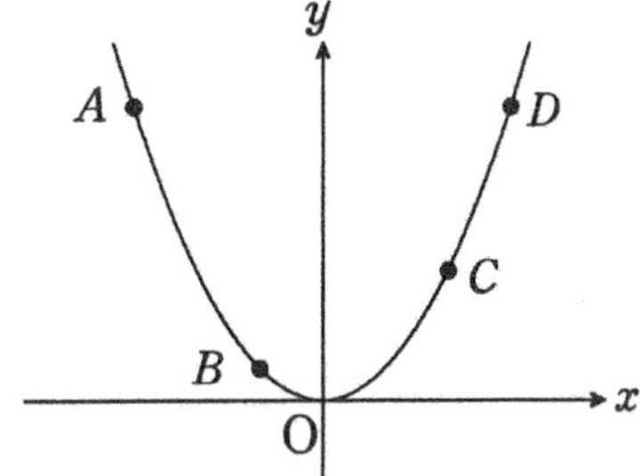

(1) aの値を求めなさい。【解答番号19】

① $a=-1$　② $a=2$　③ $a=3$
④ $a=4$　⑤ $a=\frac{9}{2}$　⑥ $a=5$

(2) 点Dの座標を求めなさい。【解答番号20】

① （-3, 9）　② （-2, 1）　③ （1, 2）
④ （3, 9）　⑤ （3, 18）　⑥ （4, 8）

(3) 直線ACと直線BDの交点の座標を求めなさい。【解答番号21】

① （-3, 1）　② （-1, 3）　③ （1, 10）
④ （2, 8）　⑤ （3, -1）　⑥ （4, 9）

(4) $\triangle AOD$の面積を求めなさい。【解答番号22】

① 2　② 18　③ 21　④ 36　⑤ 40　⑥ 54

4 図において，$\triangle ABC$は$\angle C=90°$の直角三角形である。点D, E, Fを四角形$CFDE$が正方形になるようにとる。$AC=12$, $CB=6$のとき次の各問に答えなさい。

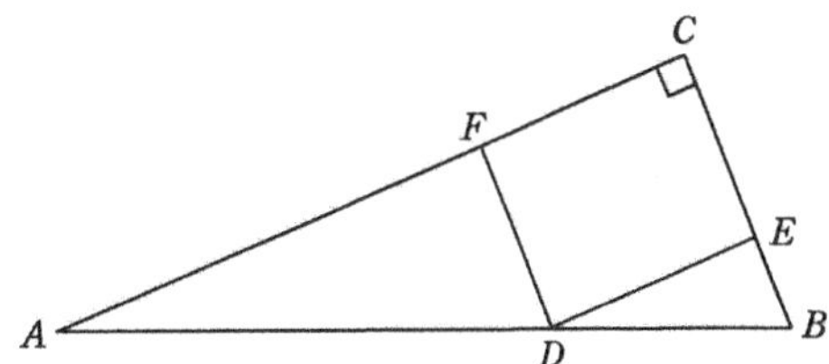

(1) $\triangle ABC$と$\triangle DBE$は相似である。その証明を以下の通りに述べたとき，あ～うにあてはまるものを選びなさい。【あは解答番号23】【いは解答番号24】【うは解答番号25】

（証明）$\triangle ABC$と$\triangle DBE$において，$\angle C=\angle E=$ [あ] …①

また，$\triangle ABC$において，$\angle A=$ [い]，

$\triangle DBE$において$\angle D=\angle E-\angle B$であり，①から$\angle A=\angle D$…②

①，②より [う] ので$\triangle ABC \backsim \triangle DBE$

【解答番号23の解答群】

① 30°　② 45°　③ 60°　④ 90°　⑤ 120°　⑥ 180°

【解答番号24の解答群】

① $\angle D-\angle C$　② $\angle E-\angle D$　③ $\angle C-\angle B$　④ $\angle E-\angle F$

⑤ $\angle D-\angle A$　⑥ $\angle B-\angle A$

【解答番号25の解答群】

① ３組の辺の比がすべて等しい　② １組の辺とその両端の角がそれぞれ等しい

③ ２組の角がそれぞれ等しい　④ ３組の辺がそれぞれ等しい

⑤ 斜辺と他の１辺がそれぞれ等しい　⑥ 斜辺と１つの鋭角がそれぞれ等しい

⑵ $\triangle EDB$ の面積を求めなさい。【解答番号26】

① 1　② 4　③ 10　④ 12　⑤ 20　⑥ 36

【英　語】（40分）　＜満点：100点＞

1　次の語について，最も強く発音する部分を選び，答えなさい。

⑴ ad-ven-ture 【解答番号１】
① ② ③

⑵ Oc-to-ber 【解答番号２】
① ② ③

⑶ in-for-ma-tion 【解答番号３】
① ② ③ ④

⑷ caf-e-te-ri-a 【解答番号４】
① ② ③ ④ ⑤

2　次の句が表すものとして，適当なものを選び，答えなさい。

⑴ a thing without color and taste 【解答番号５】
① juice　② water　③ beer　④ milk

⑵ a group of people who play a game or sport together 【解答番号６】
① team　② class　③ band　④ player

⑶ dark part when the sun cannot be seen 【解答番号７】
① morning　② noon　③ afternoon　④ night

⑷ a thing that has meanings in language 【解答番号８】
① newspaper　② comic　③ dictionary　④ book

⑸ a building over a river 【解答番号９】
① tower　② bridge　③ castle　④ school

3　次の日本語の意味になるように，（　）に適当なものを選び，答えなさい。

⑴ ブライアンは英語を話しません。 【解答番号10】
Brian (　　) speak English.
① is not　② are not
③ do not　④ does not

⑵ 私は電車を逃したから，学校に遅刻しました。 【解答番号11】
I missed the train, (　　) I was late for school.
① so　② but　③ or　④ because

⑶ 私の夢は海外でサッカーをすることです。 【解答番号12】
My dream is (　　) soccer abroad.
① play　② plays　③ played　④ to play

⑷ あなたはその箱を運ぶ必要はありません。 【解答番号13】
You (　　) to carry the box.
① not do have　② do not have
③ have not　④ not have

⑸ ロジャーは彼の弟の面倒を見なければなりません。 【解答番号14】

Roger must ( ) his brother.

① look after ② look for ③ look over ④ look at

⑹ もしあなたが暇なら，私の手伝いをしてください。 【解答番号15】

Please help me ( ) you are free.

① so ② but ③ if ④ because

⑺ フラニーはズーイほど背が高くありません。 【解答番号16】

Franny ( ) as tall as Zooey.

① is not ② not is ③ do not ④ does not

⑻ ビーンさんは私たちを笑顔にさせます。 【解答番号17】

Mr. Bean ( ) us smile.

① takes ② makes ③ plays ④ turns

4 次の日本語の意味になるよう（ ）内の語（句）を並び替えたとき，４番目にくるものを選び，答えなさい。なお，文頭も小文字になっているので留意すること。

⑴ 誰がこの手紙を書きましたか。 【解答番号18】

(① this ② wrote ③ to ④ letter ⑤ you ⑥ who)?

⑵ 私の家の前には公園があります。 【解答番号19】

(① there ② in ③ my house ④ a park ⑤ is ⑥ front of).

⑶ フレディさんは水曜日に学校に来ます。 【解答番号20】

(① Mr. Freddie ② on ③ to ④ comes ⑤ my school ⑥ Wednesday).

⑷ 今朝から頭痛がします。 【解答番号21】

(① a headache ② this morning ③ I ④ had ⑤ since ⑥ have).

⑸ Ｅメールの書き方を教えてください。 【解答番号22】

(① me ② you ③ could ④ write ⑤ E-mail ⑥ tell ⑦ how to)?

5 次のＡとＢの会話が成り立つように，（ ）に適当なものを選び，答えなさい。

⑴ A：Excuse me. I'm looking for today's newspaper. 【解答番号23】

B：( )

① I have read it.

② No. I have the newspaper.

③ Is that OK?

④ It is over there.

⑵ A：Hello, John speaking. 【解答番号24】

B：Hello, this is Paul. May I speak to George, please?

A：I'm sorry. ( )

① He is out now. ② What do you mean?

③ My pleasure. ④ He is a high school student.

(3) A：Good morning, everyone. (　　) 【解答番号25】
B：Yes.
A：Is he sick?
B：Yes. He has got a cold.
① What is Harry afraid of?　② Is Harry absent?
③ Where is Harry?　④ Is Harry sleepy?

6 次の英文を読んで，あとの問に答えなさい。

A woman got on a bus with a baby. The bus driver looked at the baby and said, "That isn't the cute baby."

(ア) The woman got angry and sat down. ※1The man beside her saw that she was angry. (　　A　　) he asked.

"Yes," she replied. "The bus driver was very ※2rude to me."

"That's bad," said the man. "He shouldn't be rude to you."

"I know," said the woman. "I think I'll go to the driver and give him my mind."

"Good idea," said the man. "Here, let me hold your (　　B　　)."

The man is rude, too.

（注釈） ※1 The man beside her 隣に座っている男性　※2 rude 失礼な

(1) 下線部(ア)の理由は何か，適当なものを選び，答えなさい。【解答番号26】
①彼女の赤ちゃんが泣き止まないから。　②彼女の赤ちゃんの悪口を言われたから。
③運転手の運転が乱暴だから。　④バスの中に人がいるから。

(2) 英文の（A）内に入ると予想されるセリフは何か，適当なものを選び，答えなさい。
【解答番号27】
① "Of course. Here you are."　② "Is something wrong?"
③ "I want your baby to stop crying."　④ "How old is your baby?"

(3) 英文の（B）内に入ると予想されるものは何か，適当なものを選び，答えなさい。
【解答番号28】
① baby　② bag　③ money　④ monkey

7 次の英文を読んで，あとの問に答えなさい。

The young man walked into a bookstore, and then he saw girl. She was working. From the first day he saw her, she always had her beautiful smile.

Every day, he bought one book and went to ※1line up at her register. He wanted to say something to her, but (ア) he couldn't. He was too (　　). So he just bought a book and took it home without saying something to her. He just put the book on ※2 the shelf. This is ※3his daily routine.

Every morning, he would tell himself that he would talk to the girl that day, but nothing changed.

One day, he ※4made a big decision. He would give a note with his name and phone number. He took the book and ran out of the bookstore.

After that, the telephone at his house rang. It was the girl from the bookstore. They had a good talk. Finally, he invited her to come his house. She replied "Yes."

A few days later, she went to his house. She saw many books he had bought in his house. The books looked ※5like they hadn't been opened. (イ)<u>She was surprised</u> and opened a book. There was a cute note between pages.

It said "I have wanted to talk to you since the first day you came to the bookstore. Could you give me a call?" Her name and phone number were written.

（注釈） ※1line up at her register　彼女の列に並ぶ　※2the shelf　棚
※3his daily routine　彼の日課　※4made a big decision　大きな決断をする
※5like they hadn't been opened　それらは開かれていないように

⑴ 英文の下線部(ア)の後に省略されている語句は何か，適当なものを選び，答えなさい。【解答番号29】

① have a good smile　② buy a book
③ say anything　④ invite her

⑵ 英文の（ ）内に入ると予想される語は何か，適当なものを選び，答えなさい。【解答番号30】

① cool　② kind　③ shy　④ tender

⑶ 英文の下線部(イ)の理由は何か，適当なものを選び，答えなさい。【解答番号31】

①彼がたくさんの本を所有していたから。　②彼が本を乱暴に保管していたから。
③彼が彼女を家に誘ってくれたから。　④彼が彼女の気持ちを知らなかったから。

⑷ この英文の題名として適当なものを選び，答えなさい。【解答番号32】

① The Beautiful Smile　② The Big Decision
③ The Telephone　④ The Notes

【社　会】（理科と合わせて40分）　　<満点：50点>

1　次のお話を読んであとの問に答えなさい。

岐阜市内にまだ路面電車が走っていたころのお話です。中学２年生の稲葉・不破・山県・大野・益田は同じクラスの仲良し５人組でした。ところが大野君のお父さんが大阪に転勤となり，大野君は転校することになりました。大野君が岐阜を去る日，残りの４人は大野君の見送りに岐阜駅に行ったのですが…。稲葉君が待っていると，不破君と山県君がやってきて…。

稲葉：君たち遅いよ。もう午後３時だよ。
不破：まだ，出発は３時半だろ。まだ30分もあるじゃないか。
稲葉：何言ってるんだよ。まだ話したい事もあるし，お土産もわたさないとね。
山県：肝心の大野君が来ていないじゃない。
不破：そうなんだよ。路面電車に乗ってくるはずなんだけど。
山県：ＪＲ岐阜駅北口って言ってたよね。
不破：駅の正面に路面電車の駅があるって言ってたよ。
山県：せめて織田信長の銅像前とかさぁ。
稲葉：目の前に路面電車の駅があるんだからここだよ。
不破：益田君も来ていないんだ。彼はお土産を持っているからね。みんなの寄せ書きだよ。
山県：益田君はどうしたの。
稲葉：どうせ寝坊だろうよ。
（遠くから益田君の声がする。）
稲葉：益田君遅いよ。
益田：おーい，みんなそんなところでなにしてるんだよ。大野君もう30分も前から来てるよ。
山県：え，どうして…
不破：おい，ちょっと地図見てみろ…ほら，ここじゃない。
（４人は走り出す。）
（改札に入って行く大野君の姿が…）
稲葉：ああ，ごめん。大野君，さようなら…

大野君にもらった地図　→

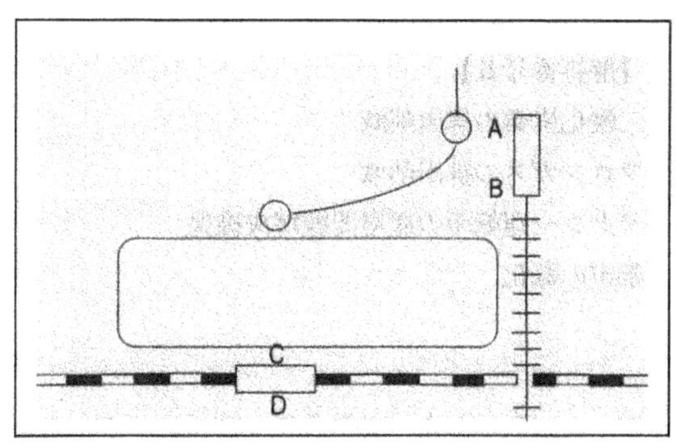

問１　稲葉・不破・山県君が最初に待っていた場所はどこか。適当なものを選びなさい。

【解答番号１】

①　A　　②　B　　③　C　　④　D

問２　大野君が待っていた場所はどこか。適当なものを次のページから選びなさい。【解答番号２】

① A　② B　③ C　④ D

問３　下線部について，織田信長と同時代を生きた人物は誰か。適当なものを選びなさい。

【解答番号３】

① 作曲家ベートーベン　② イングランド（イギリス）女王エリザベス１世
③ フランス皇帝ナポレオン１世　④ ロシア皇帝ニコライ２世

問４　岐阜市を流れる長良川の河口で信長に抵抗した勢力は何か。適当なものを選びなさい。

【解答番号４】

① 伊賀国人　② キリシタン勢力　③ 石山本願寺　④ 伊勢長島の一向一揆

問５　岐阜の路面電車は廃止されたが，世界では路面電車が新たに造られている都市もある。どのような理由か。適当なものを選びなさい。【解答番号５】

① 二酸化炭素の排出削減　② フロンガスの排出削減
③ タクシー運転手の雇用問題解決確保　④ 都市の緑化

※作問上の制約のため，実際の岐阜駅とは必ずしも一致しないことをおことわりします。

2　次は日本の政治小説からの抜粋である。あとの問に答えなさい。

202X年総理大臣の今出川義教が病気のため突然辞任し，首相の与党政民党で党首である総裁を選出するための選挙が行われた。総裁選挙には山名武生，赤松一休，一色英子，京極高友の４人が立候補したが，山名武生が総裁に選出された。これはその直後に行われた山名武生の公設第一秘書の尼子紘一と京極高友の秘書宮部恵三との会話の一部である。

宮部：おめでとう。お宅の先生ついに総裁だね。

尼子：いや，京極先生が立候補されると聞いて一時はどうなるかと思ったけど…。京極派から10票が山名派へ流れたのはありがたかったです。

宮部：京極派は京極支持と山名支持に割れた。京極派は実は山名派の別動隊って言われていたからな。

尼子：いや，ご協力ありがとうございます。これも京極先生のおかげです。

宮部：ところで今後の予定はどう考えているんだい。

尼子：３日後の木曜日にA国会が召集されて，総理大臣の指名選挙，午後に組閣で金曜日の午前中に皇居での認証式の予定です。問題は木曜日の総理大臣指名選挙ですね。連立与党の中庸党は大丈夫なんですが…

宮部：野党の文治党か。

尼子：文治党党首の細川三球は赤松一休の義理の弟ですからね。赤松派の一部が三球を推すこともありうるのではと考えています。投票とまではいかないにしても総理大臣指名選挙に欠席することもありえますから。

宮部：問題は参議院だな。赤松派は参議院議員が多いので，B衆議院と参議院で指名する人物が異なることもありうるぞ。衆議院を固めておこう。C山名対細川の決戦は油断ができないな。

尼子：赤松派は離党まではしないでしょうから，そこまではいかないと思いますが。それより宮部さんは組閣人事じゃないですか。D民間からの入閣も取りざたされています。

宮部：うちは浮かれている場合じゃないな。うちのE選挙区は激戦区だし，選挙区で落ちて復活当選じゃ，次期総裁候補には残れないからな。

尼子：ライバルは六角さんですか。

宮部：毎回，比例復活で残っているよ。先代からの争いだからな。選挙区が統合されてからは大変だよ。あちらは自分こそ保守本流って言ってるしね。

問１　下線部Ａについて，この国会は何と呼ばれるか。適当なものを選びなさい。　【解答番号６】

①　常会（通常国会）　②　臨時会（臨時国会）

③　特別会（特別国会）　④　閉会中審査

問２　下線部Ｂについて，総理大臣指名選挙で異なる結論が出た場合はどうなるか。適当なものを選びなさい。　【解答番号７】

①　衆議院の議決が優先される。　②　参議院の議決が優先される。

③　抽選により指名者が決まる。　④　衆議院・参議院の全議員で再度指名選挙が行われる。

問３　下線部Ｃについて，山名宗全・細川勝元を中心に戦われた京都での争乱は何か。適当なものを選びなさい。　【解答番号８】

①　明徳の乱　②　享徳の乱　③　嘉吉の乱　④　応仁の乱

問４　下線部Ｄについて，民間からの国務大臣について，適当なものを選びなさい。【解答番号９】

①　制約はない。

②　国務大臣の過半数は，国会議員の中から選ばれなければならない。

③　総理大臣以外は国会議員である必要はない。

④　民間議員は必ず選ばれなければならない。

問５　下線部Ｅについて，宮部恵三が秘書を務める京極高友はこの時どのような立場にあると推測されるか。適当なものを選びなさい。　【解答番号10】

①　小選挙区から当選した衆議院議員

②　参議院議員

③　現在は落選中の元衆議院議員

④　小選挙区では落選したが，比例区で復活した衆議院議員

３　次の会話についてあとの問に答えなさい。登場人物は富蔵（おじいさん70歳くらい）とその孫の梅子（中学３年生女子）との会話である。

休日の朝，富蔵の家に孫の梅子がやってきた。

梅子：おじいさん，久しぶり。またどこかに行っていたんだ。

富蔵：ボンジュール，ＵＭＥＫＯ！

梅子：ほら，また大好きな海外旅行に行ったんだ。どこに行ったか当てようか。テーブルにコーヒーとフランスパンがあるから，フランスでしょ！

富蔵：残念だったな，梅子。フランスだったら，こんなに早くには帰ってこないよ。

梅子：ちょっと待って，わかった！（　Ａ　）でしょ！

富蔵：さすが，私の孫だ。そのとおり，（　Ａ　）だよ。どこでわかった。

梅子：朝にコーヒーとフランスパンなら決まりだよ。とくにフランスパンはまさにそのままだよ。

富蔵：（　Ａ　）は戦前はフランスの植民地だったからな。現地でもカゴいっぱいのフランスパンが置かれていたぞ。

梅子：すごいねえ。

富蔵：実は，Bコーヒーの生産量も多いんだぞ。昔はコーヒーといえば中南米というイメージだったんだけどね。

梅子：ところでどんな街にいったの。

富蔵：南部の（　C　）という都市で，この国の経済活動の中心都市だよ。この国の独立運動の父の名前にちなんで付けられているんだ。近くにメコン川が流れていて，河口付近の（　D　）地帯は世界有数のコメ作地帯だよ。

梅子：日本人はたくさんいるの。

富蔵：日本の会社がたくさん進出しているからね。昔々，中国の役人になった日本人がいてね。この地域を治める役人になったそうだよ。でも残念ながら日本には帰ってこられなかったんだ。

梅子：おじいさんは帰ってこられてよかったね。

富蔵：このころ中国にいって帰ってこられた人もいるんだよ。E吉備真備は帰国して活躍しているよ。

梅子：今度は私も連れていってよ。費用はおじいさん持ちでね。

問１　空欄Aについて，富蔵はどこの国に行ったのか。適当なものを選びなさい。【解答番号11】

①　ベトナム　②　中国（中華人民共和国）　③　インド　④　ペルー

問２　下線部Bについて，次の表の中でコーヒーの生産量を表しているのはどれか。適当なものを選びなさい。【解答番号12】

	ア			イ			ウ			エ		
	2016	千トン	%	2016	千トン	%	2016	千トン	%	2016	万トン	%
1	コートジボワール	1472	30.0	ブラジル	3019	32.7	中国	2402	40.3	インド	2912	25.7
2	ガーナ	859	19.2	ベトナム	1461	15.8	インド	1552	21.0	中国	1307	11.5
3	インドネシア	657	14.7	コロンビア	745	8.1	ケニア	473	7.9	インドネシア	701	6.2
4	カメルーン	292	6.5	インドネシア	639	6.9	スリランカ	349	5.9	ブラジル	676	6.0
5	ナイジェリア	237	5.3	エチオピア	469	5.1	トルコ	243	4.1	エクアドル	653	5.8
6	ブラジル	214	4.8	ホンジュラス	362	3.9	ベトナム	240	4.0	フィリピン	583	5.1
	以下略			以下略			以下略			以下略		
	世界計	4467	100.0	世界計	9222	100.0	世界計	5954	100.0	世界計	11328	100.0

出典：「2019 データブック」　二宮書店

①　ア　②　イ　③　ウ　④　エ

問３　空欄Cについて，富蔵はどの都市に行ったのか。適当なものを選びなさい。【解答番号13】

①　クアラルンプール　②　ビエンチャン　③　バンコク　④　ホーチミン

問４　空欄Dについて，特徴的な地形は何か。適当なものを選びなさい。【解答番号14】

①　河岸段丘　②　扇状地　③　デルタ　④　リアス式海岸

問５　下線部Eについて，吉備真備はどの船で中国に行ったのか。適当なものを選びなさい。【解答番号15】

①　遣唐船　②　天龍寺船　③　遣明船　④　建長寺船

【理　科】（社会と合わせて40分）　＜満点：50点＞

4　以下の問に答えなさい。

⑴　表は，４つの電気器具とそれぞれの消費電力を示したものである。この中で抵抗が最も大きいものとして，正しいものを選びなさい。【解答番号16】

電気器具	消費電力(W)
電気ストーブ	800
炊飯器	650
ドライヤー	1200
トースター	850

①　電気ストーブ　②　炊飯器　③　ドライヤー　④　トースター

⑵　ばねにおもりをつり下げ，おもりの重さとばねののびとの関係を調べたところ，下のグラフのような結果を得られた。

このばねに重さ40ｇ重の物体をつり下げたところ，ばねの長さは16㎝になった。このばねにおもりをつり下げないときのばねの長さとして正しいものを選びなさい。【解答番号17】

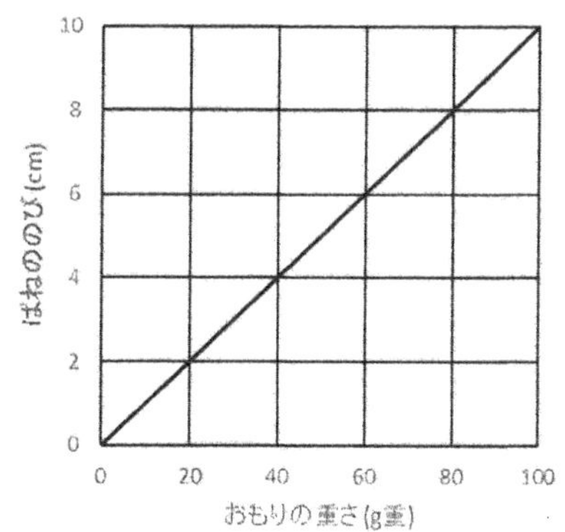

①　４㎝　②　10㎝　③　12㎝　④　15㎝

⑶　気体中，液体中，固体中，真空中のうち音が伝わらないものとして正しいものを選びなさい。

【解答番号18】

①　気体中

②　液体中

③　固体中

④　真空中

⑷　ある人が100ｍを12.5秒で走った。このときの平均の速さとして正しいものを選びなさい。

【解答番号19】

①　8.8㎞/時

②　18.8㎞/時

③　28.8㎞/時

④　38.8㎞/時

5 以下の問に答えなさい。

⑴ 次の文章の（ア），（イ）に当てはまる言葉の組み合わせとして正しいものを選びなさい。

【解答番号20】

有機物とは（　ア　）を含む物質で熱すると黒くこげたり，燃えて（　イ　）を発生させたりする。また無機物は（　ア　）を含まない物質で，熱しても黒くこげたり，（　イ　）を発生させたりしない。

① （ア）炭素 （イ）二酸化炭素　　② （ア）酸素 （イ）アンモニア

③ （ア）炭素 （イ）アンモニア　　④ （ア）酸素 （イ）二酸化炭素

⑵ 鉄粉と硫黄の粉をよく混ぜ合わせたものを試験管に入れ，ガスバーナーで加熱をした。反応が始まったところで加熱をやめたがそのまま激しく反応が続き，すべての鉄が硫黄と反応した。加熱後に生じた物質を少量とり，粉末にしたものに塩酸を加えた時の反応として正しいものを選びなさい。【解答番号21】

① においも色もない気体が発生した。

② においのないうすい黄緑色の気体が発生した。

③ 特有なにおいのする黄緑色の気体が発生した。

④ 特有なにおいのする色のない気体が発生した。

⑶ 次の説明のうち，原子を表しているものとして誤っているものを選びなさい。【解答番号22】

① 物質をつくっている最小の粒子。

② 物質としての性質を持った最小の粒子。

③ ほかの物質に変わったり，なくなったりしない。

④ 種類によって，質量や大きさが決まっている。

⑷ 水100ｇに食塩25ｇを溶かした食塩水Ａと，水90ｇに食塩10ｇを溶かした食塩水Ｂのそれぞれの質量パーセント濃度の組み合わせとして正しいものを選びなさい。【解答番号23】

① 食塩水Ａ　10%　食塩水Ｂ　11%　　② 食塩水Ａ　20%　食塩水Ｂ　10%

③ 食塩水Ａ　25%　食塩水Ｂ　11%　　④ 食塩水Ａ　25%　食塩水Ｂ　10%

6 以下の問に答えなさい。

⑴ 顕微鏡の接眼レンズには「×10」，対物レンズには「×40」と書いてあった。このときの顕微鏡の倍率として正しいものを選びなさい。【解答番号24】

① 4倍　② 400倍　③ 4000倍　④ 40000倍

⑵ 次の文と同じ反応の例を説明した文として正しいものを選びなさい。【解答番号25】

誤って熱いものに手をふれ，思わずその手を引っ込めた。

① 口に食物を入れるとだ液が出てくる。　② 赤信号を確認して止まる。

③ テストで英単語を書く。　④ 雨が降ってきたので傘をさした。

⑶ 次の文の（ア），（イ）に当てはまる言葉の組み合わせとして正しいものを選びなさい。

【解答番号26】

じん臓の毛細血管で不要物がこし出されて尿ができ，その尿は輸尿管を通ってぼうこうへと運ばれる。血液は（　ア　）を通ってじん臓から出ていき，その血液はじん臓に入る前の血液より不要物が（　イ　）。

① （ア）動脈　（イ）多い　　② （ア）静脈　（イ）多い
③ （ア）動脈　（イ）少ない　　④ （ア）静脈　（イ）少ない

⑷ ホウセンカとマツに共通するつくりとして正しいものを選びなさい。【解答番号27】
① 種子　② 果実　③ がく　④ 花びら

7 以下の問に答えなさい。

⑴ 火山活動に関係している岩石として正しいものを選びなさい。【解答番号28】
① 砂岩　② 凝灰岩　③ れき岩　④ 石灰岩

⑵ 金属製のコップに水を入れ，部屋の温度とコップの水の温度を測定したところ，ともに26℃であった。次にそのコップに氷を入れた試験管を差しこみ，ガラス棒でかき混ぜた。水の温度が20℃のとき，コップの外側がくもり始めた。表は気温に対する飽和水蒸気量を示したものの一部である。この実験の結果から，部屋の湿度を求めたものとして正しいものを選びなさい。
【解答番号29】

気温（℃）	飽和水蒸気量（g/m³）
16	13.6
18	15.4
20	17.3
22	19.4
24	21.8
26	24.4
28	27.2

① 63.1%　② 70.9%　③ 86.5%　④ 93.8%

⑶ 地震の規模を表す尺度マグニチュードは，値が１増えるごとに地震のエネルギーは約32倍になる。マグニチュード６の地震は，マグニチュード４の地震に比べ，約何倍のエネルギーとなるか。正しいものを選びなさい。【解答番号30】
① 約60倍　② 約90倍　③ 約1000倍　④ 約6000倍

（b） 植ゑて　① うるて　② しょくえて
③ はえて　④ うえて　【解答番号23】

問三　傍線部（1）～（4）の主語にあたるものはだれか、適当なものを次の中から選びなさい。

（1） うち見て　① 女　② 雀
③ 子ども　④ 里どなりの人　【解答番号24】

（2） 見れば　① 女　② 雀
③ 子ども　④ 里どなりの人　【解答番号25】

（3） 笑へば　① 女　② 雀
③ 子ども　④ 里どなりの人　【解答番号26】

（4） 食はせ　① 女　② 雀
③ 子ども　④ 里どなりの人　【解答番号27】

問四　《現代語訳》を手がかりにして波線部（A）、（B）の本文中の意味として適当なものを次の中から選びなさい。

（A） ひさご　① ひょうたん　② きゅうり
③ ひまわり　④ 宝物　【解答番号28】

（B） なべての　① 特別な　② 小さな
③ 大きな　④ 普通の　【解答番号29】

問五　この文章のあらすじとして最も適切なものを次の中から選びなさい。【解答番号30】

① 以前助けた雀が多くのひょうたんを持ってきたから、里の人はそれをうらやましがったが女は独り占めした。

② 以前助けた雀がひょうたんの種を持ってきたから、女が植えると秋には食べられないほど多くの実をつけた。

③ 以前助けた雀が大きなひょうたんの種を持ってきたから、子供たちは雀を見るたびに助けてあげようとした。

④ 以前助けた雀が持ってきたひょうたんの種を女は宝物にしていたが、秋にはその種を里の人にゆずり渡した。

問七　本文の内容として適切でないものを次の中から選びなさい。　【解答番号２０】

①　我々が人間として存在することと、学習するということは切り離すことができない。

②　あらゆる物事に対する情報感度を高め、心の中に学びの可能性を宿すことが大切だ。

③　人間は自由意志を持って学び続けることはできるが、生物学的には学習に向いていない。

④　鳥が空に対して責任がないのは、社会を作った人間とは違い、鳥が空を作っていないからだ。

3　次の文章を読み、あとの問に答えなさい。

二十日ばかりありて、この女の居たる方に、雀（すずめ）のいたく鳴く声しければ、「雀　Ⅰ　いたく鳴くなれ。ありし雀の来るにやあらん。」と思ひて（a）、出でてみれば、この雀なり（1）。「忘れず来たるこそあはれなれ。」と言ふほどに、女の顔をうち見て、口より露ばかりの物を落とし置くやうにして、飛びて去（い）ぬ。女、「何にかあらん。雀の落として去ぬる物は。」とて、寄りて見れば（2）、ひさご（A）の種をただ一つ落として置きたり。「持て来たるやうこそあらめ。」とて、取りて持ちたり。「あないみじ、雀の物得て、宝にしたまふ。」とて、子ども笑へば（3）、「さはれ植ゑてみん（b）」とて、植ゑたれば、秋になるままに、いみじく多く生ひ広ごりて、なべてのひさご（B）にも似ず、大きに多くなりたり。女よろこび興じて、里どなりの人にも食はせ（4）、取れども取れども尽きもせず多かり。

（『宇治拾遺物語』）

《現代語訳》

（女の助けた雀が飛び立っていってから）二十日ほどが過ぎて、この女の住んでいる辺りで、雀がひどく鳴く声がしたので、「雀がずいぶん鳴いている。例の（わたしの助けた）雀が来たのかしら。」と（女が）思って、出て見ると、（やはり）この雀であった。「忘れずに来てくれるとは感心なことね。」と言っていると、（雀は）女の顔をちらっと見て、口から露ぐらいの物を落として置くようにして、飛び去ってしまった。女は、「何かしら。雀の落としていった物は。」と言って、近寄って見ると、ひょうたんの種をただ一つ落として置いてあった。「持ってきたわけがあるのだろう。」と（女は）言って、（その種を）拾って持っていった。「まあ、おかしい。雀の物をもらって宝になさる。」と言って、子どもが笑うので、（女は）「何はともあれ植えてみよう。」と言って、植えたところ、秋になるにつれて、まことに多く生え広がって、普通のひょうたんにも似つかず、（実が）大きくたくさんなった。女は喜びおもしろがって、隣近所の人にも（ひょうたんの実を）食べさせ、取っても取っても限りがないほどたくさんある。

問一　係り結びに注意して　Ⅰ　に入る語として最も適切なものを次の中から選びなさい。【解答番号２１】

①　ぞ　②　なむ　③　や　④　こそ

問二　傍線部（a）、（b）の読み方を現代仮名遣いひらがなで書いたものを次の中から選びなさい。

（a）　思ひて　【解答番号２２】

①　おもひて　②　おもって

③　おもいて　④　おもうと

(a) イワカン ① 偉人 ② 異論 ③ 違反 ④ 移動 【解答番号11】

(b) シンセイ ① 中心 ② 新聞 ③ 信頼 ④ 親友 【解答番号12】

(c) シダイ ① 諮問 ② 指示 ③ 四肢 ④ 月次 【解答番号13】

(d) ソンザイ ① 在席 ② 経済 ③ 素材 ④ 才能 【解答番号14】

問二 傍線部(1)が示すものとして最も適切なものを次の中から選びなさい。【解答番号15】

① 果実の中にあり、繁殖するもとになるもの。

② 生物の血のつながりを伝えるもとになるもの。

③ 人の学びをより促進させるもとになるもの。

④ 手品などの、裏に隠された仕掛けになるもの。

問三 傍線部(2)の内容と一致するものとして最も適切なものを次の中から選びなさい。【解答番号16】

① 世界に対するイワカンやズレを、その身に感じながら生きていくということ。

② つまらないと感じることに疑問を持ち、それを大切にとっておくということ。

③ 植物がない地域に種を植え、それを花開かせるよう努力していくということ。

④ 大学ではフランス語を学び、卒業論文は絵画をテーマにして書くということ。

問四 Ⅰ に入る接続表現として最も適切なものを次の中から選びなさい。【解答番号17】

① しかし ② つまり ③ だから ④ または

問五 傍線部(3)の説明として最も適切なものを次の中から選びなさい。【解答番号18】

① 人間が世界を作り替えるという目標のために、学びを続けていかなければならないということ。

② 学びの完成は程遠いとしても学び続けていく必要があり、学びからは逃れられないということ。

③ 人間は人間として存在している限り、自分を作り替えることで学びを完成させていくということ。

④ 人間は生まれながらに学ぶことを決められており、生きている間は学んでいる最中だということ。

問六 傍線部(4)の理由として最も適切なものを次の中から選びなさい。【解答番号19】

① 人間は飛ぶことも水中で息することもできず、地上での生活からは逃げられないから。

② 鳥が空を自由に飛んでいるのと同様に、人間も社会で自由気ままに生活しているから。

③ 人間は社会に閉じ込められており、永遠にそこで暮らしていかなければならないから。

④ 鳥や魚とは違い、自分たちが生活する基盤を人間自身が作りそこで過ごしているから。

④　辞書を用いて、言葉の多様さに気づくことができる人物。

2　次の文章を読み、あとの問に答えなさい。

人間であるから学び、人間であるために学ぶ

今の皆さんだけが感じることができる、世界の中で生きていることに対するイワカン。そして、世界と自分の間に感じられる超えがたいズレ。その中にすべての「種」が詰まっている。世界に対して脳を開き、「あれはいったい何なのか?」といった、自分にしかわからない小さなイワカンや疑問を大切にとっておいてほしい。それが皆さんの大きな役目だ。学校の勉強は、無味乾燥に感じるかもしれない。しかしその中にも「種」はあり、将来、花開く仕掛けが数多く詰まっている。考え抜き、心の中に「種」を宿しておくことが今はとても大切だ。

私は今、主に現代哲学を勉強している。だが大学にはもともと物理学を志して入学した。いくつかの理由で文科系に移籍、フランス語を学んだ。［Ⅰ］卒業論文のテーマには絵画を選んだ。ということを思うと、中学二年生のとき、国立美術館のピカソ展で生まれて初めてピカソの絵を見たときの強い印象やそのとき抱いたアートへのあこがれ、そして同展について学校新聞に文章を書いたことなどがずっと心に残っていて、あるとき甦(よみがえ)ってきたのだなあ、と感じる。学ぶ意志さえあれば、どのような「種」も花開いてくる。学びとは一時の行いではなく、人生を変える一生の問題なのだ。

学ぶということから、人間は逃れられない。人間のニューロンは、歳をとっても少しずつシンセイし続けるという。どうやら我々は生物学的にも学び続けることを運命づけられているようだが、人間は、自己の非自然的なあり方に由来する「自由」のもとに学ぶからこそ「人間」なのだ。言い換えれば、学ぶことは、自分が人間として今ここで生き、存在しているということと分かちがたく結びついている。しかしその学びは、決して完成しない。ひとたび完成したならば、次なる完成に向けて自分自身をつくり替えながら学んでいかなくてはならないから。その意味で人間とは、「途上の存在」にほかならず、常に道半ばなのである。学ぶことは、自分をつくり替えることであり、世界をつくり替えること。今このことを感覚できれば、それが一生の力になるだろう。

学ぶことは社会に対する責任でもある

これまでの話で、私は教師として皆さんにボールを投げた。何を受け取るかは皆さんシダイだが、最後に私にもボールを投げ返してもらいたい。

生徒：鳥は空に、魚は水に閉じこめられている。だが人間は自由だ、と先生はおっしゃるが、人間もまた「社会」に閉じこめられているソンザイではないのか。

小林：いい質問だ。しかし、社会は人間自身がつくったものであり、空は鳥がつくったものではない。その点で決定的に異なるのだ。だから、我々には「責任」がある。社会をつくったのは君でも私でもない。けれども、我々と同じ人間がつくったものだから、我々には社会に対する責任がある。魚は水に対して責任がない。学ぶことは、その責任を果たすことなのだ。

（小林康夫『学ぶことの根拠』）

問一　波線部（a）～（d）のカタカナを漢字に直す時、同じ漢字を含むものを次の中から選びなさい。

問一　波線部（a）～（d）のカタカナ部分に相当する漢字を次の中から選びなさい。

（a）ユ快　①湯　②輸　③愉　④喩　【解答番号1】

（b）チュウ実　①中　②仲　③柱　④忠　【解答番号2】

（c）ヒ屈　①非　②卑　③比　④否　【解答番号3】

（d）フ与　①付　②不　③負　④府　【解答番号4】

問二　傍線部（1）の意味として最も適切なものを次の中から選びなさい。【解答番号5】

①言い過ぎである。　②大げさである。

③適当である。　④うそ偽りである。

問三　[I]に入る語として最も適切なものを次の中から選びなさい。【解答番号6】

①にもかかわらず　②それどころか

③なぜかというと　④そのためには

問四　傍線部（2）に記載されている次の語釈に合う語句を次の中から選びなさい。【解答番号7】

そうであることの原因がよくわからず、なぜだろうと考えさせられること。そういう事柄。

①興味　②不思議　③発想　④特殊

問五　傍線部（3）の理由として最も適切なものを次の中から選びなさい。【解答番号8】

①教室の中で国語辞典だけが誰にも動かされることがなく、ほこりをかぶっていたから。

②勉強を強制されることなく、荒木自身も勉強がとりわけ好きなわけではなかったから。

③一冊しか置いていなかったため使うことが目的ではなく飾ることが目的に思われたから。

④既に自分のものを持っており教室内にある国語辞典に興味を向けることがなかったから。

問六　傍線部（4）の意味として使われている文を次の中から選びなさい。【解答番号9】

①たちまち高く、たちまち低いその震え声は、笑っているようにさえ聞こえた。

②遠くからどこの寺のともしれない鐘の声がそれに応ずるように聞こえて来た。

③広い部屋で管理人は、周囲にだれもいないのに声を潜めるようにして言った。

④師走の声を聞き、この教室の空気がいっそう冷たく感じられるようになった。

問七　本文に出てくる「荒木公平」の少年時代の人物像として、最も適切なものを次の中から選びなさい。【解答番号10】

①小学生のころから辞書を引くほど言葉に興味を示す人物。

②言われずとも、両親の営む荒物屋を手伝うよく働く人物。

③友だちと出かけるよりも家で勉強することが好きな人物。

【国　語】（四〇分）〈満点：一〇〇点〉

1　次の文章を読み、あとの問に答えなさい。

荒木公平の人生は――人生というのがおおげさであるならば会社人生は――、辞書に捧(ささ)げられてきたと言っても（1）過言ではない。

荒木は幼いころから言葉に興味があった。

たとえば、犬。そこにいるのに、いぬ。はは、おかしい。いまだったら女性社員から、「荒木さん、オヤジギャグはやめていただけますか」と言われてしまいそうなことを、子どものくせに思いついては（a）ユ快な気持ちになっていた。

（中略）

動物の犬は、人間にとって（b）チュウ実なる相棒である。信頼のおける、賢く愛らしい友である。［Ｉ］、同じ「犬」という言葉が、ヒ怯(きょう)な内通者や物事の無意味さを指しもするのは、不思議なことだ。動物の犬が性質として持ちあわせる、ときとして（c）ヒ屈なまでの忠実さ。ひとに尽くせば尽くすほど際立つ、不憫(ふびん)なまでの報われなさ。あるいはそれらが、「犬」にマイナスの意味をも（d）フ与したのかもしれない。

とまあ、そんなことを考えては一人で楽しんでいた荒木だったが、辞書の存在を意識したのは遅かった。中学校の入学祝いに、叔父から（2）『岩波国語辞典(いわなみこくごじてん)』をもらったのが最初だ。

はじめて自分だけの辞書を手に入れた荒木は、この書物に夢中になった。

荒木の両親は荒物屋(あらものや)を営んでおり、仕入れや店番で忙しかった。必然的に息子に対しては、「他人さまに迷惑をかけず、元気でやっているならそれでいい」という教育方針だった。わざわざ辞書を買い与え、「勉強しろ」と言うような発想は両親にはなかった。荒木の両親にかぎらず、当時の大人の大半がそうだった。

荒木ももちろん、勉強よりも外で友だちと遊ぶほうが好きだったから、小学生のころは教室に一冊だけ置いてあった国語辞書のことなど、たいして気にもとめていなかった。（3）たまに背表紙が視界に入るだけの、置物にすぎなかった。

実際にめくってみた辞書のおもしろさといったら、どうだろう。ぴかぴかの表紙、どのページにもびっしりと印刷された文字のつらなり、薄い紙の感触。すべてが荒木を虜にした。なによりも荒木の心をとらえたのは、簡潔に見出し語の意味を説明する語釈の部分だ。

荒木はある晩、弟と茶の間でふざけていて、「大声を出すな」と父親に叱られた。試みに、「こえ【声】」という言葉を『岩波国語辞典』で引いてみた。語釈はこうだった。

人や動物が、のどにある特殊器官を使って出す音。それに似た音。季節・時期などが近づくけはい。

作例として、「声」を使った文章も載っている。「声を上げる」や「虫の声」ぐらいは、なんとなく意味を把握して使っていたが、「秋の声」「四十の声をきく」にいたっては咄嗟(とっさ)に思いつかなかった。

言われてみればそのとおりだ、と荒木は思った。「声」にはたしかに、（4）「季節・時期などが近づくけはい」の意味もある。「犬」の一語に、多様な意味がこめられているのと同じように。語釈を読むと、ふだんから使っている言葉に思いがけない広がりと奥行きがあることに気づかされるのだった。

（三浦しをん『舟を編む』）

大切なことはメモしておこうネ！

T・G

2021年度

解　答　と　解　説

《2021年度の配点は解答欄に掲載してあります。》

＜数学解答＞

1　(1)　1　①　(2)　2　②　(3)　3　⑤　(4)　4　②　(5)　5　⑤　(6)　6　③
(7)　7　④　(8)　8　②　(9)　9　③　(10)　10　②

2　(1)　11　③　(2)　12　①　(3)　(ⅰ)　13　④　(ⅱ)　14　③　(4)　15　⑥
(5)　16　③　(6)　(ⅰ)　17　②　(ⅱ)　18　⑤

3　(1)　19　②　(2)　20　⑤　(3)　21　③　(4)　22　⑥

4　(1)　23　④　24　③　25　③　(2)　26　②

○配点○

1(1)～(4)　各3点×4　他　各4点×22　計100点

＜数学解説＞

基本　1　(正負の数，式の計算)

(1)　$-5+(-18)=-(5+18)=-23$

(2)　$(-2+4)^2+3\times(1-8)=2^2+3\times(-7)=4-21=-17$

(3)　$3\times2^3-2^2\times5=3\times8-4\times5=24-20=4$

(4)　$6\div\frac{3}{8}\times\left(-\frac{2}{3}\right)=-6\times\frac{8}{3}\times\frac{2}{3}=-\frac{32}{3}$

(5)　$-5ab\times3ab^2\div(-ab)^3=\frac{5ab\times3ab^2}{a^3b^3}=\frac{15}{a}$

(6)　$\frac{4x+7}{3}-\frac{2x+1}{4}=\frac{4(4x+7)-3(2x+1)}{12}=\frac{16x+28-6x-3}{12}=\frac{10x+25}{12}$

(7)　$(15x^2-4x^3y^2)\div\left(-\frac{2}{3}x\right)=15x^2\times\left(-\frac{3}{2x}\right)-4x^3y^2\times\left(-\frac{3}{2x}\right)=-\frac{45}{2}x+6x^2y^2$

(8)　$(x+2)(4x-5)=4x^2-5x+8x-10=4x^2+3x-10$

(9)　$(3x+2)(x+2y-8)=3x^2+6xy-24x+2x+4y-16=3x^2+6xy-22x+4y-16$

(10)　$(x-3)^2-(x+5)(x-2)=x^2-6x+9-(x^2+3x-10)=-9x+19$

2　(1次方程式，因数分解，2次方程式，方程式の利用，資料の整理，数の性質)

基本　(1)　$\frac{4x-1}{5}+\frac{x+2}{3}=0$　$3(4x-1)+5(x+2)=0$　$12x-3+5x+10=0$　$17x=-7$　$x=-\frac{7}{17}$

基本　(2)　$2a^3-6a^2-36a=2a(a^2-3a-18)=2a(a+3)(a-6)$

基本　(3)　(ⅰ)　$x^2+5x+6=0$　$(x+2)(x+3)=0$　$x=-2,\ -3$

基本　(ⅱ)　$3x^2-4x-5=0$　解の公式を用いて，$x=\frac{-(-4)\pm\sqrt{(-4)^2-4\times3\times(-5)}}{2\times3}=\frac{4\pm\sqrt{76}}{6}=\frac{2\pm\sqrt{19}}{3}$

(4)　男子x人，女子y人とすると，$x+y=605$…①　$0.16x+0.25y=122$より，$16x+25y=12200$…②　①×25－②より，$9x=2925$　$x=325$(人)

基本 (5) 最頻値は，度数の最も大きい4点

(6) (ⅰ) A＋B＝14…①，A－B＝4…② ①＋②より，2A＝18 A＝9 これを①に代入して，9＋B＝14 B＝5 これらはAB＝45を満たす。

(ⅱ) 1番目から順に2数A，Bの組み合わせは，(A，B)＝(1，1)，(3，2)，(5，3)，(7，4)，(9，5)，…となるから，11番目のAは，2×11－1＝21，Bは11となる。よって，AB＝21×11＝231

基本 3 (図形と関数・グラフの融合問題)

(1) Aは$y=ax^2$上の点だから，$18=a\times(-3)^2$ $a=2$

(2) 点Dは点Aとy軸に関して対称だから，D(3，18)

(3) $y=2x^2$に，$x=-1$，2を代入して，$y=2$，8 よって，B(－1，2)，C(2，8) 直線ACの傾きは，$\frac{8-18}{2-(-3)}=-2$ 直線ACの式を$y=-2x+b$とすると，点Cを通るから，$8=-4+b$ $b=12$ よって，$y=-2x+12$…① 直線BDの傾きは，$\frac{18-2}{3-(-1)}=4$ 直線BDの式を$y=4x+c$とすると，点Bを通るから，$2=-4+c$ $c=6$ よって，$y=4x+6$…② ①，②からyを消去して，$4x+6=-2x+12$ $6x=6$ $x=1$ これを①に代入して，$y=10$ よって，(1，10)

(4) $\triangle\text{AOD}=\frac{1}{2}\times(3+3)\times18=54$

4 (平面図形)

基本 (1) △ABCと△DBEにおいて，∠ACB＝∠DEB＝90°…① また，△ABCにおいて，∠CAB＝90°－∠ABC △DBEにおいて，∠EDB＝90°－∠DBE ∠ABC＝∠DBEより，∠CAB＝∠EDB…② ①，②より，2組の角がそれぞれ等しいので，△ABC∽△DBE

重要 (2) DE＝CE＝xとすると，△ABC∽△DBEより，AC：DE＝CB：EB 12：x＝6：(6－x) $6x=12(6-x)$ $18x=72$ $x=4$ よって，$\triangle\text{EDB}=\frac{1}{2}\times\text{DE}\times\text{EB}=\frac{1}{2}\times4\times(6-4)=4$

★ワンポイントアドバイス★

大問数は変わらないが，数と式の計算が増え，小問数は24題となった。難易度は変わらないから，できるところからミスのないように解いていこう。

＜英語解答＞

1 (1) ② (2) ② (3) ③ (4) ③

2 (1) ② (2) ① (3) ④ (4) ③ (5) ②

3 (1) ④ (2) ① (3) ④ (4) ② (5) ① (6) ③ (7) ① (8) ②

4 (1) ④ (2) ② (3) ⑤ (4) ① (5) ①

5 (1) ④ (2) ① (3) ②

6 (1) ② (2) ② (3) ④

7 (1) ③ (2) ③ (3) ② (4) ④

○配点○
1 各2点×4　2～5 各3点×21　6 各4点×3　7 (4) 5点　他 各4点×3
計100点

＜英語解説＞

基本 **1 （アクセント）**

(1) 第2音節にアクセントがある。
(2) 第2音節にアクセントがある。
(3) 第3音節にアクセントがある。
(4) 第3音節にアクセントがある。

基本 **2 （単語）**

(1) 「色や味のないもの」＝水
(2) 「一緒に試合やスポーツをする人々の集団」＝チーム
(3) 「太陽が見られない時のくらい部分」＝夜
(4) 「言語の意味が載っているもの」＝辞書
(5) 「川の上の建造物」＝橋

重要 **3 （語句補充問題：接続詞，不定詞，助動詞，熟語，比較）**

(1) 主語が3人称単数で，一般動詞を用いた文の否定文なので does not が適切。
(2) 英文の前半が理由にあたるため，接続詞 so が適切。
(3) 「サッカーをすること」は不定詞の名詞的用法を用いる。
(4) do not have to ～「～する必要はない」
(5) look after ～「～の面倒を見る」
(6) if ～「もし～なら」
(7) tall は「背が高い」という形容詞なので，be動詞を用いて英文を作る。
(8) make ＋A＋B「AをBにする」

4 （語句整序問題：前置詞，現在完了，助動詞，不定詞）

(1) Who wrote this letter to you(?)　who が主語の英文は〈Who ＋動詞～？〉の語順になる。
(2) There is a park in front of my house(.)　in front of ～「～の前に」
(3) Mr. Freddie comes to my school on Wednesday(.)　〈on ＋曜日〉「～曜日に」
(4) I have had a headache since this morning(.)　現在完了は〈have ＋過去分詞〉となる。
(5) Could you tell me how to write E-mail(?)　how to ～「～の仕方，方法」

基本 **5 （会話文）**

(1) 新聞を探しているので，場所を答えている It is over there.「向こうにあるよ」が適切。
(2) He is out now.「彼は今，外出中です」
(3) 彼は風邪をひいているので，absent「欠席の」が適切。

6 （長文読解問題・物語文：語句補充，要旨把握）

（全訳）　女性が，赤ちゃんと一緒にバスに乗ってきた。バスの運転手は赤ちゃんを見て「かわいくない赤ちゃんだな」と言った。

(ア)女性は怒って座った。彼女の隣に座っている男性は，彼女が怒っているのを見た。彼は「(A)どうしたのですか」と言った。

「はい」女性は答えた。「バスの運転手が私にとても失礼なんです」

「それは悪いね」と男性は言った。「彼は君に失礼にすべきではないよ」

「わかってるわ」女性は言った。「運転手のところに行って，気持ちを彼に伝えようと思います」

「いい考えだね」男性は言った。「ほら，君の(B)猿を抱かせてよ」

男性も失礼だった。

(1) 女性はバスの運転手の発言に腹を立てたのである。

(2) Is something wrong?「どうしたのですか？」

(3) 「男性も失礼だった」とあることから，女性の赤ちゃんを猿と間違えたと判断できる。

重要 7 (長文読解問題・物語文：語句補充，要旨把握)

(全訳) 若い男は本屋に入ると，女の子を見た。彼女は働いていた。彼が彼女を見た最初の日から，彼女はいつも美しい笑顔をしていた。

毎日，彼は1冊の本を買って，彼女のレジに並びに行った。彼は彼女に何か言いたかったが，(ア)できなかった。恥ずかしがり屋だった。それで，彼は本を買うだけで，彼女に何も言わずに家に持ち帰った。彼はその本を棚に置いた。これは彼の日課だ。

毎朝，彼はその日女の子と話すと自分に言い聞かせたが，何も変わらなかった。

ある日，彼は大きな決断をした。彼は自分の名前と電話番号のメモを渡した。彼はその本を取って本屋を走って出た。

その後，彼の家の電話が鳴った。それは本屋の女の子だった。彼らは良い話をした。最後に，彼は彼女を家に来るように誘った。彼女は「はい」と答えた。

数日後，彼女は彼の家に行った。彼女は彼の家で買った本をたくさん見た。本は，開かれてなかったように見えた。(イ)彼女は驚いて本を開いた。ページ間にかわいいメモがあった。

「本屋に来た最初の日からお話したいと思っていました。電話をください」彼女の名前と電話番号が書かれていた。

(1) 「彼女に何か言いたかったが，できなかった」となるので，できなかったことは say anything が適切。

(2) 話しかけたいが話しかけられないということは，「はずかしがり屋(shy)」が適切。

(3) 彼女が驚いたのは，彼が本を開いておらず，彼女のメモを見ていなかったことである。

(4) 男性も，女性もお互いにメモを渡していたという内容なので，The Notes が適切。

★ワンポイントアドバイス★

比較的平易な問題が出題されている。教科書にのっている単語や英文は何度も繰り返してきちんと身につけたい。

<社会解答>

1	問1 1 ①	問2 2 ③	問3 3 ②	問4 4 ④	問5 5 ①
2	問1 6 ④	問2 7 ①	問3 8 ④	問4 9 ②	問5 10 ①
3	問1 11 ①	問2 12 ②	問3 13 ④	問4 14 ③	問5 15 ①

○配点○

1 各4点×5　2 各3点×5　3 各3点×5　計50点

＜社会解説＞

1 （日本と世界の歴史・地理・公民の総合問題）

問1　稲葉君の「目の前に路面電車の駅があるんだからここだよ。」という言葉から，地図中の路面電車の駅前にあたるAで3人は待っていたのである。

問2　特に方位の指定がない限り，地図の上が北，下が南，右が東，左が西であるので，大野君が待っていたのはJR岐阜駅北口で，地図中のCにあたる。Dは南口である。

問3　信長の生きた16世紀に，イングランド女王エリザベスも即位している。

問4　信長に抵抗していた勢力は，選択肢の中では石山本願寺と伊勢長島の一向一揆であるが，長良川の河口付近は，当時の伊勢にあたるので，伊勢長島の一向一揆が正解となる。

問5　路面電車は，電気で動くので，車と違って，二酸化炭素をほとんど排出しない。

2 （日本の歴史・公民の総合問題）

やや難　問1　閉会中審査とは，国会閉会中に，委員会で議案の審査を行うことである。常任委員会および特別委員会は，国会閉会中であっても，各議院議決によって付託された議案について審査することができる。

重要　問2「衆議院の優越」には，内閣総理大臣の指名のほか，予算の議決，条約の承認，法律案の議決などがある。

基本　問3　室町幕府第8代将軍足利義政のとき将軍のあとつぎ問題をめぐって，有力守護大名の細川氏と山名氏が対立すると，1467年には，11年にわたる応仁の乱がはじまった。

問4　国務大臣の過半数は，国会議員の中から選ばれなければならないことが，憲法第68条1項で定められている。

問5　選挙区ということは，小選挙区を指している。

3 （日本と世界の歴史・地理の総合問題）

基本　問1　戦前は，ベトナムはフランスの植民地であった。

問2　コーヒーの主な生産国は，ブラジル，ベトナム，コロンビア，インドネシアなどである。

問3　ベトナム南部にあるホーチミンは，同国の経済活動の中心都市である。

問4　メコン川が，ベトナム国内から東シナ海に流れ出る河口付近は，デルタとよばれる特徴的な地形をしている。

問5　吉備真備は，奈良時代の学者であり，遣唐使として唐に行き，18年間学び続け，唐では知識人として知られるようになった。遣唐使留学生の中で，唐で名を上げたのは真備と阿倍仲麻呂のただ二人のみと言われるほどであった。

★ワンポイントアドバイス★

1問5　二酸化炭素排出削減は温室効果ガスを減らすことであり，地球温暖化を防ぐために必要なことである。　2問2「衆議院の優越」が認められているのは，衆議院は解散制度もあり，国民とより強く結びついているからである。

<理科解答>

4	(1) ②	(2) ③	(3) ④	(4) ③
5	(1) ①	(2) ④	(3) ②	(4) ②
6	(1) ②	(2) ①	(3) ④	(4) ①
7	(1) ②	(2) ②	(3) ③	

○配点○

4 (2) 4点　他　各3点×3　5 (1)・(3) 各3点×2　他　各4点×2　6 各3点×4

7 (1) 3点　他　各4点×2　計50点

<理科解説>

4 (物理総合一電力，ばね，音の速さ，平均の速さ)

(1) 電源の電圧が同じ場合，電気器具の抵抗が大きくなると，回路に流れる電流が小さくなるので，消費電力も小さくなる。したがって，消費電力が最も小さい炊飯器の電気抵抗が最も大きい。

(2) グラフから，おもりの重さが40g重のとき，ばねののびが4cmなので，おもりをつるさないときのばねの長さは，16(cm)－4(cm)＝12(cm)である。

基本 (3) 真空中では音を伝える物がなく，音は伝わらない。なお，音は固体中で最も速く伝わり，気体中で最も遅く伝わる。

(4) 平均の速さは，$\frac{100(\mathrm{m})}{12.5(秒)}=8(\mathrm{m}/秒)$より，$8(\mathrm{m}/秒)\times\frac{3600}{1000}=28.8(\mathrm{km}/時)$である。

5 (化学総合一有機物，硫化水素，原子，質量パーセント濃度)

基本 (1) 砂糖や小麦粉などのように炭素を含む物質を有機物という。

基本 (2) 鉄と硫黄の反応によって硫化鉄が生じる。また，硫化鉄に塩酸を加えると，硫化水素が発生する。硫化水素は無色で腐卵臭がする有毒な気体である。

基本 (3) 物質としての性質を持った最小の粒子は分子である。なお，原子は物質をつくっている最小の粒子であり，種類によって，質量や大きさが決まっている。

(4) 食塩水Aの濃度は，$\frac{25(\mathrm{g})}{125(\mathrm{g})}\times100=20(\%)$，食塩水Bの濃度は，$\frac{10(\mathrm{g})}{100(\mathrm{g})}\times100=10(\%)$である。

基本 6 (生物総合一顕微鏡，反射，じん臓，種子植物)

(1) 顕微鏡の倍率は，10×40＝400(倍)である。

(2) 意識に関係なく起こる反応を反射という。

(3) じん臓では尿素などの不要物がこし取られる。

(4) 被子植物のホウセンカと裸子植物のマツはいずれも，種子植物の仲間である。

基本 7 (地学総合一凝灰岩，マグマの噴火，天体の見え方)

(1) 凝灰岩は，火山から噴出された火山灰などが堆積してできた堆積岩である。

(2) 26℃の飽和水蒸気量は24.4g/m^{3}であり，20℃の飽和水蒸気量は17.3g/m^{3}なので，湿度は，$\frac{17.3(\mathrm{g/m^3})}{24.4(\mathrm{g/m^3})}\times100=70.90\cdots(\%)$より，70.9%である。

(3) マグニチュードが1増えると，エネルギーは約32倍になるので，マグニチュードが6－4＝2増えると，エネルギーは，32×32＝1024(倍)より，約1000倍になる。

★ワンポイントアドバイス★

生物・化学・地学・物理の4分野において，基本問題に十分に慣れておくこと。

＜国語解答＞

1 問一 (a) ③ (b) ④ (c) ② (d) ① 問二 ③ 問三 ① 問四 ②
問五 ② 問六 ④ 問七 ④

2 問一 (a) ③ (b) ② (c) ④ (d) ① 問二 ③ 問三 ② 問四 ①
問五 ③ 問六 ④ 問七 ③

3 問一 ④ 問二 (a) ③ (b) ④ 問三 (1) ② (2) ① (3) ③
(4) ① 問四 (A) ① (B) ④ 問五 ②

○配点○

1 問四・問五・問七 各4点×3 他 各3点×7 2 問一 各3点×4 他 各4点×6
3 問五 4点 他 各3点×9 計100点

＜国語解説＞

1 （小説―内容吟味，文脈把握，接続語の問題，漢字の読み書き，語句の意味）

問一 (a) 「愉」を使った熟語には，他に「愉悦」「愉楽」などがある。 (b) 「忠」を使った熟語には，他に「忠告」「忠誠」などがある。 (c) 「ヒ屈」は，いじけて人にへりくだること。訓読みは「いや(しい)」。 (d) 「フ与」は授け与えること。「付」の訓読みは「つ(く)」。

問二 「過言」は「かごん」と読み，言い過ぎという意味。「過言ではない」というのであるから，言い過ぎではない，適当である，という意味になる。

問三 「動物の犬は……信頼のおける，賢く愛らしい友である」という前に対して，後で「同じ『犬』という言葉が，ヒ怯な内通者や物事の無意味さを指しもする」と相反する内容を述べているので，逆接の意味を表す語が入る。

基本 問四 『岩波国語辞典』では，①は人の関心をそそる面白み，③は思いつくこと，思いつき，④は普通とは質的に違うこと，性質が特別であること，という語釈になる。

問五 傍線部(3)は，小学生のころの荒木にとって国語辞書は興味の持てるものではなかったことを意味する。直前の段落の「わざわざ辞書を買い与え，『勉強しろ』と言うような発想は両親にはなかった」という家庭環境と，傍線部(3)と同じ段落の「荒木ももちろん，勉強よりも外で友だちとあそぶほうが好きだった」から，小学生の荒木が国語辞書を単なる「置物」として見ていた理由を読み取る。

問六 前で『岩波国語辞典』の「こえ【声】」の語釈を，「人や動物が，のどにある特殊器官を使って出す音。それに似た音。季節・時期などが近づくけはい」と挙げている。この「人や動物が，のどにある特殊器官を使って出す音」の意味で使われているのは①と③。「それに似た音」の意味で使われているのは②。④の「師走の声」が，師走が近づくけはいの意味として用いられている。

重要 問七 荒木は中学校の入学祝に辞書を手に入れ「この書物に夢中になった」とある。「実際に」で始まる段落の「実際にめくってみた辞書のおもしろさといったら，どうだろう……なによりも荒木の心をとらえたのは，簡潔に見出し語の意味を説明する語釈の部分だ」や，最終文の「語釈を読むと，ふだんから使っている言葉に思いがけない広がりと奥行きがあることに気づかされるのだった」から，④の「辞書を引いて，言葉の多様さに気づくことができる」という人物像が読み取れる。「荒木ももちろん」で始まる段落に「荒木ももちろん，勉強よりも外で友だちと遊ぶほうが好きだったから，小学生のころは……国語辞書のことなど，たいして気にもとめていなかった」とあるので，①と③は適切ではない。②の「両親の営む荒物屋を手伝う」という描写は，本文にはない。

2 **（論説文―大意・要旨，内容吟味，文脈把握，接続語の問題，漢字の読み書き，語句の意味）**

問一　(a)「違和感」はしっくりしない感じのこと。　(b)「新生」は新しく生まれること。(c)「次第」は名詞に付くと，その人の意向による，という意味になる。　(d)「存在」は人間や事物がそこにあること。

問二　傍線部(1)「種」について，同じ段落に「学校の勉強は，無味乾燥に感じるかもしれない。しかしその中にも『種』はあり，将来，花開く仕掛けが数多く詰まっている。考え抜き，心の中に『種』を宿しておくことが今はとても大切だ」や，直後の段落の「学ぶ意志さえあれば，どのような『種』も花開いてくる」と述べている。ここから，「種」は人の学びを導くものであることが読み取れる。この内容を「人の学びをより促進させる」と言い換えている③が適切。本文の「種」は比喩的に用いられているので，①は適切ではない。②の「生物の血のつながり」，④の「隠された仕掛け」は，本文の内容に合わない

問三　傍線部(2)「大きな役目」を含む文の冒頭の「それ」は，直前の文の「世界に対して脳を開き，『あれはいったい何なのか？』といった，自分にしかわからない小さなイワカンや疑問を大切にとってお」くことを指し示している。「自分にしかわからない小さなイワカンや疑問」を「つまらないと感じること」と言い換えている②が一致する。筆者が「大きな役目」としているのは，「世界の中で生きていることに対するイワカン」を大切にとっておくことで，①の「世界に対するイワカンやズレ」を大切にとっておくことではない。③や④のような具体的な内容として述べているわけではない。

問四　「いくつかの理由で文科系に移籍，フランス語を学んだ」という前に対して，後で「卒業論文のテーマには絵画を選んだ」と相反する内容を述べているので，逆接の意味を表す接続表現が入る。

やや難　問五　傍線部(3)「途上の存在」とは，目的に向かう途中の存在という意味。傍線部(3)の前に「その意味で」とあるので，前の「学ぶことは，自分が人間として今ここで生き，存在しているということと分かちがたく結びついている。しかしその学びは，決して完成しない。ひとたび完成したならば，次なる完成に向けて自分自身をつくり替えながら学んでいかなくてはならない」という意味において，「途上の存在」としている。「次なる完成に向けて自分自身をつくり替えながら学んでいかなくてはならない」という内容を述べている③を選ぶ。②と④は，この内容に合わない。①の「人間が世界を作り替えるという目標のために」とは，本文では述べていない。

問六　同じ小林の答えの「社会は人間自身がつくったものであり，空は鳥がつくったものではない」「社会をつくったのは君でも私でもない。けれども，我々と同じ人間がつくったものだから」が，「我々には社会に対する責任がある」とする理由にあたる。「空」や「社会」を「自分たちが生活する基盤」と言い換えて説明している④が最も適切。小林の答えに，他の選択肢の内容はそぐわない。

重要　問七　「学ぶということから」で始まる段落に「どうやら我々は生物学的にも学び続けることを運命づけられている」とあるが，③の「人間は……生物学的には学習に向いていない」とは述べて

いない。「学ぶということから」で始まる段落の「学ぶということから，人間は逃れられない」に①が，冒頭の段落の「世界に対して脳を開き，『あれはいったい何なのか？』といった，自分にしかわからない小さなイワカンや疑問を大切にとっておいてほしい」に②が，最終段落の「社会は人間自身がつくったものであり，空は鳥がつくったものではない……だから，我々には『責任』がある」に④が適切。

3 （古文ー大意・要旨，語句の意味，文と文節，仮名遣い，表現技法）

やや難 問一　係り結びの法則が働いている。文末が「なれ」と已然形で結ばれているので，係助詞「こそ」が入る。

基本 問二 (a)　語頭以外のハ行は，現代仮名遣いではワ行で書くので，「おもいて」となる。

(b)　歴史的仮名遣いの「ゑ」は，現代仮名遣いでは「え」と書く。

問三 (1)　女が出て見ると，雀がいた場面である。「女の顔」を「うち見」たのは，「雀」。

(2)「何にかあらん。雀の落として去ぬる物は。」と言って，「寄りて見」たのは，「女」。

(3)　直前に「子ども」とある。　(4)　ひょうたんの実を「里となりの人にも」「食はせ」たのは，「女」。

基本 問四 (A)「ひさごの種をただ一つ落として置きたり」は，《現代語訳》では「ひょうたんの種をただ一つ落として置いてあった」とある。　(B)「なべてのひさごにも似ず」は，《現代語訳》では「普通のひょうたんにも似つかず」とある。

重要 問五　以前助けた雀が持ってきた種からは，大きな実がたくさんなったのである。雀が以前助けてもらった女に恩返しをしたという内容に合うものを選ぶ。①の「多くのひょうたんを持ってきた」や「女は独り占めした」，④の「その種を里の人にゆずり渡した」は，この文章の内容に合わない。③の「子供たちは雀を見るたびに助けてあげようとした」とは述べていない。

★ワンポイントアドバイス★

古文には《現代語訳》がつけられているので，おおいに活用したい。ただし，《現代語訳》が付かないことも想定されるので，《現代語訳》がなくても対応できるように練習を重ねておくことが大切だ。

大切なことはメモしておこうネ！

2020年度

★★★★★★★★★★★★★★★★★★★★★★★★★★★★

入　試　問　題

2020年度

誉高等学校入試問題

【数　学】（40分）　<満点：100点>

【注意】 定規，コンパス，分度器の使用は禁止します。

1　次の各問に答えなさい。

(1)　$11-5\times(2-3)$ を計算しなさい。　【解答番号1】

①　-6　②　-1　③　2　④　7　⑤　10　⑥　16

(2)　$\sqrt{12}+\sqrt{48}-\sqrt{27}$ を計算しなさい。　【解答番号2】

①　$2\sqrt{2}$　②　$3\sqrt{2}$　③　$4\sqrt{2}$　④　$3\sqrt{3}$　⑤　$4\sqrt{3}$　⑥　$5\sqrt{3}$

(3)　$6x^2y\times(-2y)^2\div(3xy)^2$ を計算しなさい。　【解答番号3】

①　$\frac{1}{2}x$　②　$\frac{3}{4}x$　③　$\frac{5}{6}x$　④　$\frac{3}{2}y$　⑤　$\frac{8}{3}y$　⑥　$\frac{4}{5}y$

(4)　n は自然数で，$3<\sqrt{n}<4$ である。このような n は何個あるか求めなさい。　【解答番号4】

①　1個　②　2個　③　3個　④　4個　⑤　5個　⑥　6個

(5)　$x^2-4x-12$ を因数分解しなさい。　【解答番号5】

①　$(x-2)(x+6)$　②　$(x+2)(x-6)$　③　$(x-3)(x+4)$

④　$(x+3)(x-4)$　⑤　$(x-12)(x+1)$　⑥　$(x+12)(x-1)$

(6)　2次方程式 $x(x-1)=3(x+1)$ を解きなさい。　【解答番号6】

①　$x=-1,\ -3$　②　$x=1,\ 3$　③　$x=2\pm\sqrt{7}$

④　$x=3\pm\sqrt{5}$　⑤　$x=4\pm\sqrt{3}$　⑥　$x=\frac{4\pm\sqrt{7}}{2}$

2　次の各問に答えなさい。

(1)　大小2つのサイコロを投げるとき，目の差が1になる確率を求めなさい。　【解答番号7】

①　$\frac{1}{12}$　②　$\frac{3}{14}$　③　$\frac{5}{18}$　④　$\frac{7}{20}$　⑤　$\frac{9}{22}$　⑥　$\frac{11}{24}$

(2)　$y=4x^2$ について x の値が -2 から3まで増加するときの変化の割合を求めなさい。

【解答番号8】

①　2　②　4　③　6　④　8　⑤　10　⑥　12

(3)　Aさんがケーキを買おうとしたところ，5個買うには100円たりないが，1個の値段がこのケーキより120円安いケーキを7個買うと100円余る。Aさんの所持金を求めなさい。

【解答番号9】

①　1200円　②　1300円　③　1400円　④　1500円

⑤　1600円　⑥　1700円　⑦　1800円　⑧　1900円

(4)　次のページの表は，ある野球チームの10試合における得点を調べたものである。得点の平均値，中央値，最頻値を求めなさい。

試合	1試合	2試合	3試合	4試合	5試合	6試合	7試合	8試合	9試合	10試合
得点	2	3	3	2	1	0	4	5	3	1

（平均値は【解答番号10】，中央値は【解答番号11】，最頻値は【解答番号12】）

① 2.1　② 2.2　③ 2.3　④ 2.4　⑤ 2.5

⑥ 2.6　⑦ 2.7　⑧ 2.8　⑨ 2.9　⑩ 3.0

⑸ 図において，$\angle x$ の大きさを求めなさい。ただし，同じ印をつけた角は等しいとする。【解答番号13】

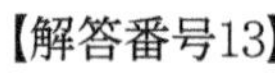

① 100°　② 113°　③ 115°

④ 120°　⑤ 123°　⑥ 127°

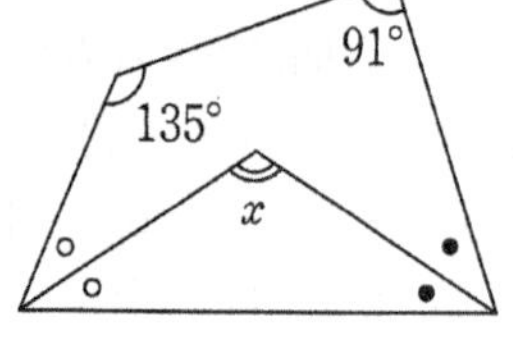

⑹ 図において，三角すいOABCの辺OA上に，OD：DA＝2：1となる点Dをとる。
点Dを通り底面に平行な平面で切り，2つの立体に分ける。このとき，頂点Aを含む立体の体積は，もとの三角すいの体積の何倍であるか求めなさい。【解答番号14】

① $\frac{19}{27}$倍　② $\frac{23}{27}$倍　③ $\frac{17}{32}$倍

④ $\frac{25}{32}$倍　⑤ $\frac{15}{37}$倍　⑥ $\frac{26}{37}$倍

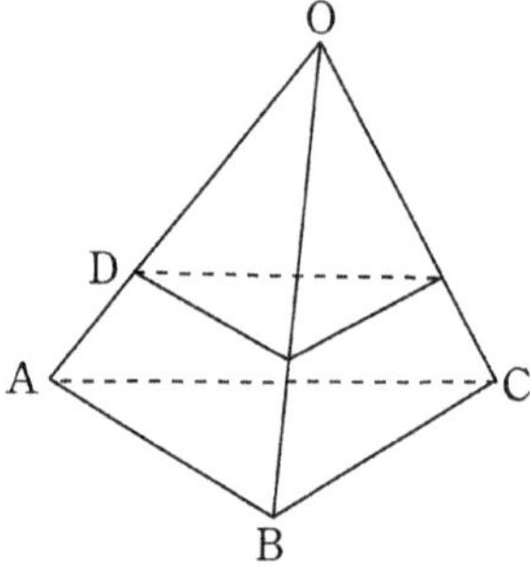

3 次の各問に答えなさい。

⑴ 図において，ADとBE，BEとCFが平行であるとき x，y の値を求めなさい。

（x は【解答番号15】，y は【解答番号16】）

① 2　② 3　③ 4　④ 5

⑤ 6　⑥ 7　⑦ 8　⑧ 9

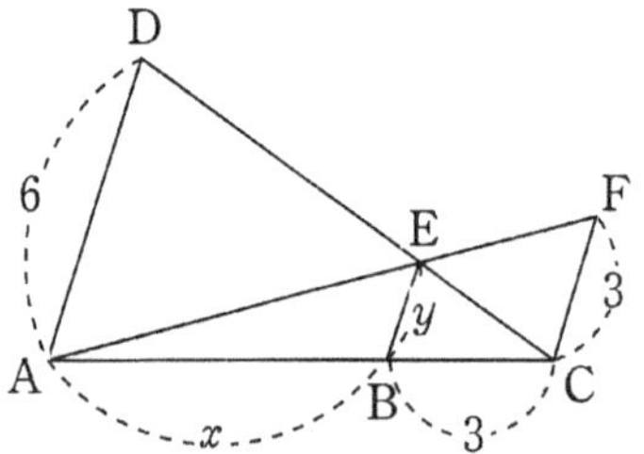

⑵ 円すいの展開図において，おうぎ形の半径は3㎝，中心角は120°である。この展開図を組み立ててできる円すいの表面積を求めなさい。【解答番号17】

① 2π㎝^{2}　② 3π㎝^{2}　③ 4π㎝^{2}

④ 5π㎝^{2}　⑤ 6π㎝^{2}　⑥ 7π㎝^{2}

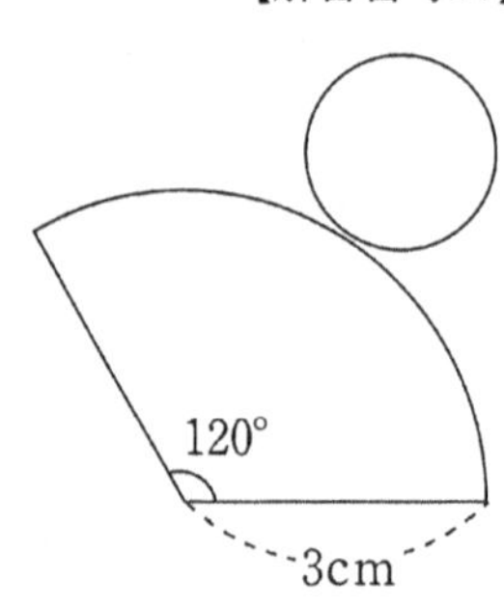

4 次の各問に答えなさい。

⑴ 図において，関数 $y=\frac{1}{2}x^2$ のグラフ上に，２点A，Bがある。 A，Bの x 座標がそれぞれ－6，２であるとき２点A，Bを通る直線の式を求めなさい。　【解答番号18】

① $y=-2x+4$　② $y=-2x+6$

③ $y=-x+2$　④ $y=-x+3$

⑤ $y=2x+2$　⑥ $y=2x+3$

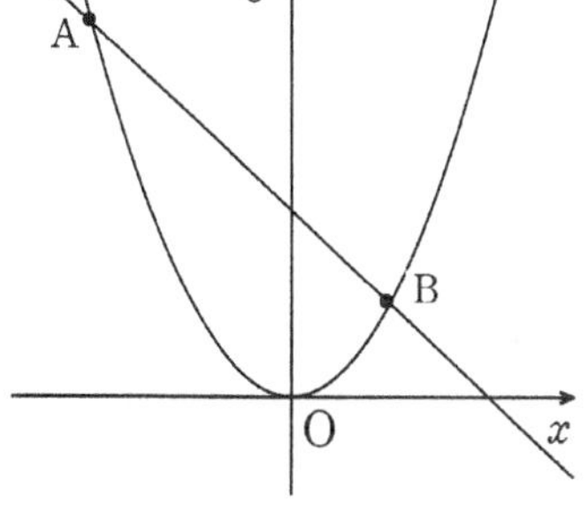

⑵ 図において，関数 $y=ax^2$ のグラフ上に２点A，Bがあり，Aの x 座標は４である。点Cを x 軸上に，四角形ABOCが平行四辺形になるようにとる。このとき，点Cの x 座標を求めなさい。また平行四辺形ABOCの面積が32であるとき，a の値を求めなさい。

（点Cの x 座標は【解答番号19】，a の値は【解答番号20】）

① 6　② 7　③ 8　④ 9　⑤ 10

⑥ $\frac{1}{2}$　⑦ $\frac{1}{3}$　⑧ $\frac{1}{4}$　⑨ $\frac{1}{5}$　⑩ $\frac{1}{6}$

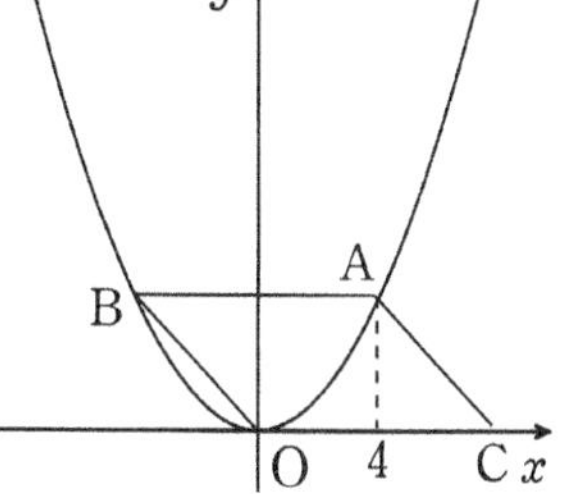

【英　語】（40分）　＜満点：100点＞

1　次の語について，最も強く発音する部分を１つ選び，答えなさい。

(1) won-der-ful　【解答番号１】
①　②　③

(2) tech-nol-o-gy　【解答番号２】
①　②③④

(3) va-ca-tion　【解答番号３】
①②　③

(4) beau-ti-ful　【解答番号４】
①　②③

2　次の句が表すものとして，適当なものを１つ選び，答えなさい。

(1) father and mother in your family　【解答番号５】
① grandparents　② parents　③ son　④ children

(2) a fruit which is sweet and pink color　【解答番号６】
① apple　② orange　③ peach　④ banana

(3) a place to buy something to make dinner　【解答番号７】
① supermarket　② hospital　③ post office　④ restaurant

(4) an animal which lives in the sea　【解答番号８】
① lion　② dolphin　③ tiger　④ bear

(5) a thing to write something　【解答番号９】
① eraser　② computer　③ desk　④ pencil

3　次の日本語の意味になるように，各英文の（　）に適当なものを１つ選び，答えなさい。

(1) この本はあの本よりも面白いです。　【解答番号10】
This book is (　　　) than that one.
① more interesting　② the most interesting
③ interesting　④ interestinger

(2) このケーキの作り方を教えてください。　【解答番号11】
Please tell me (　　　) this cake.
① which to make　② what to make
③ where to make　④ how to make

(3) 彼女はピアノを弾くのをやめました。　【解答番号12】
She stopped (　　　) the piano.
① to play　② playing　③ played　④ play

(4) サリーはお気に入りのおもちゃを壊しました。　【解答番号13】
Sally (　　　) her favorite toys.
① break　② broke　③ breaks　④ broken

⑸ この車はアメリカ製です。 【解答番号14】

This car ( ) in America.

① is made ② was made ③ is using ④ was using

⑹ ベッキーはピアノを弾くことができます。 【解答番号15】

Becky can ( ) the piano.

① be played ② played ③ play ④ plays

⑺ 買い物をすることは楽しいです。 【解答番号16】

( ) shopping is very fun.

① Go ② Go to ③ Going ④ Went

⑻ 私が北海道にいる間，あなたは何をしていましたか。 【解答番号17】

What were you doing ( ) I was in Hokkaido?

① that ② if ③ while ④ where

4 次の日本語の意味になるように，( )内の語(句)を並び替えたときに，4番目にくるものを選び，答えなさい。なお，文頭にくるものも小文字になっているので留意すること。

⑴ 私は音楽を聴くことが好きです。 【解答番号18】

(① music ② I ③ to ④ listen ⑤ to ⑥ like).

⑵ 彼女にはアメリカに住んでいる友達がいます。 【解答番号19】

(① in America ② who ③ she ④ a friend ⑤ has ⑥ lives).

⑶ どのバスが東京駅に行きますか。 【解答番号20】

(① bus ② station ③ to ④ goes ⑤ which ⑥ Tokyo)?

⑷ クミはいつも妹の面倒を見ています。 【解答番号21】

(① takes ② of ③ her sister ④ Kumi ⑤ always ⑥ care).

⑸ 彼らは外国語に興味がありますか。 【解答番号22】

(① languages ② they ③ foreign ④ in ⑤ interested ⑥ are)?

5 次のAとBの会話が成り立つように，( )に適当な文を1つ選び，答えなさい。

⑴ A：This room is so hot. 【解答番号23】

B：I think so, too. ( )

① Shall I open the window? ② Are you from America?

③ Did you eat lunch? ④ Is it hot?

⑵ A：What are you planning to do this weekend? 【解答番号24】

B：( )

① I have a plan. ② I'm going to play soccer with my friends.

③ I went to the library. ④ For three hours.

⑶ A：( ) 【解答番号25】

B：Of course!

① How long does it take? ② What subject do you like?

③ Where are you going? ④ Why don't you join us?

6 次の英文を読んで，あとの問いに答えなさい。

Hello, everyone. I'm Saya. I'm going to talk about Cebu. Cebu is the island in Asia.

It's one of the most famous ※1 resorts. Why is it famous? First, it's warm ※2 all year round, so we can wear T-shirt every day. Second, a lot of people go there to enjoy its beautiful ※3 nature. Finally, we can study English ※4 cheaper than any other countries. I want to go to Cebu someday. Thank you.

（注釈） ※1 resort：リゾート　※2 all year round：１年中　※3 nature：自然　※4 cheaper：より安い

⑴ 本文の内容に合うように，適当なものを１つ選び，答えなさい。 【解答番号26】

① The people who live in Cebu can't speak English.

② Cebu is a good place to go abroad to study.

③ Cebu is a cold place to live.

④ In Cebu, goods are cheap.

⑵ 本文の内容から Cebu がどこの国だと推測できるか。適当なものを１つ選び，答えなさい。

【解答番号27】

①ドイツ

②ニュージーランド

③アメリカ

④フィリピン

7 次の英文を読んで，あとの問いに答えなさい。

Smartphones are used all over the world. Now, more than 60 million people use (ア)them.

Why do we use them? Smartphones are very useful. A We can ※1 contact our friends, play games and listen to music ※2 every time, everywhere with them. We need them to enjoy our life. But there are bad points by using them.

B Students especially use too much them. (イ)It causes a lot of problems. For example, if they use them late at night, their studying and sleeping time get shorter. C Also, if they use them, it is difficult for them to learn real communication. Smartphones can ※3 prevent students learning important things.

D So students and their parents must be careful about using smartphones.

（注釈） ※1 contact：連絡を取る　※2 every time, everywhere：いつでも，どこでも　※3 prevent：妨げる

⑴ 下線部（ア）が指すものは何か。適当なものを１つ選び，答えなさい。 【解答番号28】

① the Internet　② smartphones　③ games　④ friends

⑵ 以下の文は，AからDのどこに入れたらよいか。適当なものを１つ選び，答えなさい。

【解答番号29】

According to the survey（調査によると）, 80 percent of people use them more than 2 hours to 3 hours every day on average（平均して）.

①A　②B　③C　④D

⑶　下線部（イ）はどんなことを指しているか。適当なものを１つ選び，答えなさい。
【解答番号30】

①スマートフォンで，ゲームをすること。
②生徒がスマートフォンを使いすぎてしまうこと。
③スマートフォンで音楽を聴くこと。
④生徒がコミュニケーションを学べないこと。

⑷　この英文のタイトルとして適当なものを１つ選び，答えなさい。　【解答番号31】

① Big problems of smartphones
② Every time, everywhere
③ Use of smartphones
④ Learning important things for using smartphones

【社　会】（理科と合わせて40分）　＜満点：50点＞

1　次の文章を読んであとの問いに答えなさい。

中学３年生のゴロウたちは，夏の研修で見知らぬ土地へやってきた。ゴロウはツヨシ，シンゴと３人で地図を使って目的地まで移動する訓練に参加した。

３人はAスタート地点に立った。

ゴロウ：これが今朝渡された「新しい地図」だよ。この地図を使って午前中に目的地までいくのさ。このXが付いているのが目的地だよ。
シンゴ：困ったなあ。どっちへ行ったらいいんだろう。だいたいここはどこなのさ。
ツヨシ：見る限りでは河原だね。
ゴロウ：地図ってさ，たいていは上が（　B　）なんだよね。この地図には方角をあらわす記号があるよ。
シンゴ：目の前に川があって，その向こうに高速道路があるよ。
ツヨシ：太陽は今僕たちの右にあるよ。
シンゴ：つまり，背中の方向に行けばいいのか。

３人がしばらく歩いていくと，崖があり，正面にお城の石垣がみえた。

ゴロウ：目的地Xはこの上にある城跡のようだね。
ツヨシ：C段差のある崖になっているね。戦国時代のお城をつくるには絶好の場所だよ。
シンゴ：ここを登るのか。いやだなあ…。
ツヨシ：仕方がないよ，シンゴ。

やっとのことで目的地Xの城跡についたゴロウたち
ナガイ先生が城跡で待っていた。

ナガイ：おお，みんなよくがんばったね。
シンゴ：ああ，疲れた。
ツヨシ：都会のお城は平地にあって，天守閣にもエレベーターが付いているよ。
シンゴ：本当かい。
ゴロウ：大阪城にエレベーターがついているって総理大臣がいってたよ。2019年の大阪（　D　）サミットで聞いたよ。
ツヨシ：そういえば大阪城はもともとは「大坂城」と書いたんだよね。
シンゴ：大坂城といえば，豊臣秀吉！
ナガイ：今残っている城は徳川秀忠が再建したんだよ。焼け落ちた大坂城を埋めてその上に新しい城を造ったんだよ。
ツヨシ：大坂の陣で大坂城が落城して，豊臣家は２代で滅亡したんだよね。
ナガイ：大坂城はいろいろなところから見えたみたいだね。瓦屋根は金ぴかだったから，さぞかし遠くからでもよく分かったんだろうな。
シンゴ：こんな立派なお城がどうして落城したのだろう。

ゴロウ：二つの離れた場所から大坂城がみえるのか。なるほど，大坂城までの距離が分かれば，大坂城に大砲を打ち込めるわけだ。

シンゴ：大坂城に大砲の玉が当たったの？

ナガイ：砲弾が天守閣近くに着弾して，淀殿の侍女が８人亡くなったのをきっかけに講和が成立したんだけど，条件で堀をすべて埋められて，その後の「大坂夏の陣」で豊臣家は滅亡したんだよ。その後２代将軍徳川秀忠は豊臣大坂城を埋めて，その上に新しい大坂城を造ったんだね。

ツヨシ：豊臣秀吉の大坂城を隠してしまったのか。それだけ豊臣家を憎んでいたのかな。

ナガイ：いや，そうじゃないかも。秀忠の娘千姫は豊臣秀頼と結婚していたからね。秀頼の相手は千姫と遺言したのは豊臣秀吉だったからね。

ゴロウ：そうか。それで$_E$徳川秀忠は名前を変えなかったんだ。

ナガイ：かわいがってもらった豊臣秀吉の豊臣家を滅ぼしてしまって申し訳ないと思っていたんじゃないかな。嫌な思い出を消し去るために自分が攻撃した大坂城を土のなかに閉じ込めた…

ツヨシ：何か嫌なことがあったんですか，ナガイ先生…。

ナガイ：いや…何でもないよ。ところで，みんなそろったか。

シンゴ：先生，まだタクヤたちが来ていません。

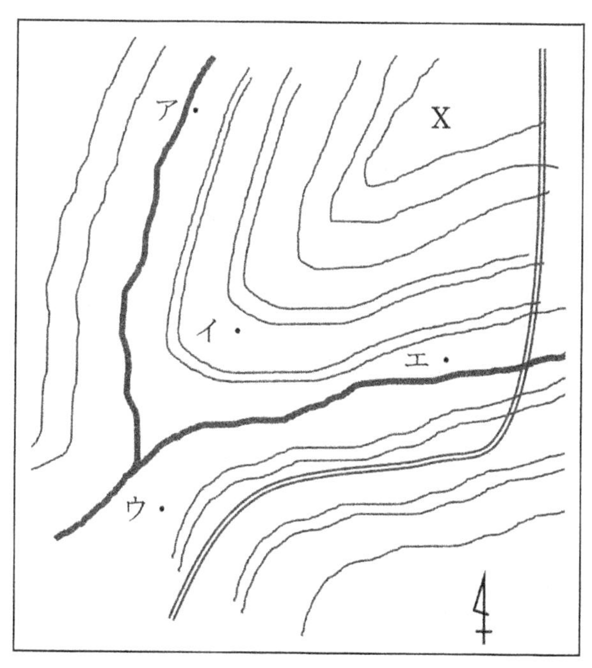

「新しい地図」

問１　下線部Ａは「新しい地図」のなかのどこか。　【解答番号１】

①ア　②イ　③ウ　④エ

問２　空欄Ｂにあてはまるものはどれか。　【解答番号２】

①東　②西　③南　④北

問３　下線部Ｃがしめす地形はどれか。　【解答番号３】

①リアス式海岸　②河岸段丘　③扇状地　④デルタ

問４　空欄Ｄにあてはまるものはどれか。　【解答番号４】

①Ｇ１　②Ｇ３　③Ｇ８　④G20

問５　下線部Ｅについて，徳川秀忠は次の名前に改めたらどうかといわれたが，名前を変えなかったといわれている。あてはまるものはどれか。　【解答番号５】

①信康　②頼忠　③光康　④家忠

2　次の地図は東アジアから南アジアを表したものである。それぞれの設問に答えなさい。

問１　次の⑴から⑷にあてはまる海域について以下の問いに答えなさい。

⑴　16世紀にポルトガルのバスコ・ダ・ガマがこの海域を通って，コルカタ（カリカット）に到達した。　【解答番号６】

①A　②B　③C　④D

⑵　地球温暖化により，近年アジアとヨーロッパとの最短ルートとしてこの海域が注目されている。　【解答番号７】

①A　②B　③C　④D

⑶　島根県の竹島を韓国が不法占拠している。　【解答番号８】

①A　②B　③C　④D

⑷　南沙諸島の領有権をめぐって各国が争っている。　【解答番号９】

①A　②B　③C　④D

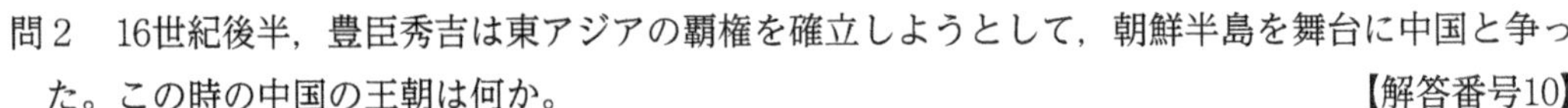

問２　16世紀後半，豊臣秀吉は東アジアの覇権を確立しようとして，朝鮮半島を舞台に中国と争った。この時の中国の王朝は何か。　【解答番号10】

①漢　②唐　③明　④清

3　次のページの３つの写真について，あとの問いに答えなさい。

問１　日本の閣議について，2020年１月31日の時点で構成メンバーでないのは誰か。【解答番号11】

①大蔵大臣　②外務大臣　③法務大臣　④財務大臣

問２　閣議が開かれる部屋があるのはどこか。　【解答番号12】

①国会議事堂　②内閣府　③皇居　④総理大臣官邸

問３　高等裁判所の判決で裁判が確定しない場合最高裁判所に判断が持ち込まれることを何というか。　【解答番号13】

①上告　②控訴　③上訴　④越訴

問４　国会では政府から提出された予算案を審議することが最も重要な仕事の一つと言われている。ある国では国会（議会）では政府の予算案が審議されないがそれはどこか。【解答番号14】

①イギリス　②フランス　③ドイツ　④アメリカ合衆国

問５　日本の国会では政府提出の予算案が毎年審議される。衆議院・参議院のどちらから審議が開始されるのか。【解答番号15】

①衆議院　②参議院　③どちらからでもよい　④隔年（１年おきに交代）

A　閣議（日本）

B　最高裁判所（日本）

C　国会（日本、大臣席から議場を望む）

【理　科】（社会と合わせて40分）　＜満点：50点＞

4 以下の問いに答えなさい。

⑴ 次の文章の（ア），（イ），（ウ）に当てはまる言葉や記号の組み合わせとして正しいものを選びなさい。【解答番号16】

右図の様に鏡に光を当てた時，鏡に当たる光を（ ア ）光，反射する光を（ イ ）光といい，鏡に光の当たった点から垂直に引いた法線と（ ア ）光がなす角のことを（ ア ）角と言い，法線と（ イ ）光のなす角を（ イ ）角という。

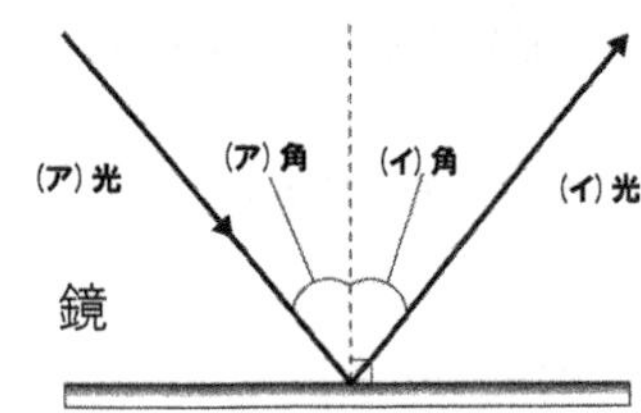

また角度の関係は（ ア ）角（ ウ ）（ イ ）角となる。

①(ア) 入射 (イ) 反射 (ウ) ＞　②(ア) 反射 (イ) 入射 (ウ) ＞
③(ア) 入射 (イ) 反射 (ウ) ＝　④(ア) 反射 (イ) 入射 (ウ) ＝

⑵ 空気中での重さが５Ｎの物体の水中での重さを量ると4.5Nだった。この物質にはたらいている浮力の大きさとして正しいものを選びなさい。【解答番号17】

①0.5N　②0.9N　③9.5N　④22.5N

⑶ 両端に3.0Vの電圧を加えると300mAの電流が流れる電熱線がある。この電熱線の両端に1.5Vの電圧を加えた時に流れる電流の強さとして正しいものを選びなさい。【解答番号18】

①100mA　②150mA　③300mA　④600mA

⑷ モノコードを使って，表のア～カの条件で音を出したとき，弦の長さと音の高低の関係を調べるために比べる条件の組み合わせとして正しいものを選びなさい。【解答番号19】

①アとイ　②イとエ
③アとエ　④オとカ

	弦の直径 cm	長さ cm	おもりの数 個
ア	2	30	1
イ	2	30	2
ウ	3	40	3
エ	3	30	1
オ	4	50	1
カ	4	60	1

5 以下の問いに答えなさい。

⑴ 次の文章の実験を行った際に発生する気体とその気体を集めるために最も適した置換法の組み合わせとして正しいものを選びなさい。【解答番号20】

実験　二酸化マンガンに過酸化水素水を加えて，発生した気体を試験管に集めた。気体を集めた試験管の口に線香を近づけると線香が炎をあげて燃えた。

①発生した気体：水素　置換法：水上置換法　②発生した気体：酸素　置換法：下方置換法
③発生した気体：酸素　置換法：水上置換法　④発生した気体：水素　置換法：下方置換法

⑵ ポリエチレンの袋に液体のエタノールを少量入れて口を閉じ，上から熱湯をかけたところ，袋は大きく膨らんだ。この時，ポリエチレンの袋の中のエタノールの粒子のようすについて述べた文として正しいものを選びなさい。【解答番号21】

①袋中のエタノールの粒子の密度は変化せず，質量は増えた。

②袋中のエタノールの粒子の密度は低くなり，質量は減った。

③袋中のエタノールの粒子の密度は高くなり，質量は増えた。

④袋中のエタノールの粒子の密度は低くなり，質量は変化していない。

⑶　質量パーセント濃度が８％のミョウバン水溶液が150ｇある。この水溶液に含まれるミョウバンの質量として正しいものを選びなさい。　【解答番号22】

①12ｇ　②18.15ｇ　③158ｇ　④1200ｇ

⑷　うすい塩酸にBTB溶液を加えたのち，水酸化ナトリウム水溶液を少しずつ加えていったときの溶液の色の変化として正しいものを選びなさい。　【解答番号23】

①青色→緑色→黄色　②青色→黄色→緑色　③黄色→緑色→青色　④黄色→青色→緑色

6　以下の問いに答えなさい。

⑴　呼気を吹き込んで緑色にしたBTB溶液を入れて，下図のような４つの試験管を用意した。これらの試験管を５日間日光に当てたとき，BTB溶液が青色に変化したものを選びなさい。

【解答番号24】

①BTB溶液と水草

②BTB溶液と水草を入れアルミホイルで巻く

③BTB溶液のみ

④BTB溶液のみを入れアルミホイルで巻く

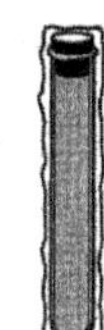

⑵　次の文の（ア），（イ）に当てはまる言葉の組み合わせとして正しいものを選びなさい。

【解答番号25】

神経系には脳と脊髄（せきずい）からなる（　ア　）と，感覚神経と運動神経からなる（　イ　）に分けられる。

①（ア）末しょう神経　（イ）中枢神経　②（ア）反射神経　（イ）末しょう神経

③（ア）中枢神経　（イ）反射神経　④（ア）中枢神経　（イ）末しょう神経

⑶　減数分裂における染色体の数の変化として正しいものを選びなさい。　【解答番号26】

①４分の１になる　②半分になる　③変わらない　④２倍になる

⑷　丸い種子のエンドウとしわの種子のエンドウを親として子の代を得たところ，子の代はすべて丸い種子のエンドウになった。次に子の代の種子をまいて育てたエンドウを自家受粉して孫の代を得たところ，全体のうち丸い種子は3024個だった。このときのしわの種子のおよその数として正しいものを選びなさい。　【解答番号27】

①０個　②1000個　③3000個　④9000個

7 以下の問いに答えなさい。

⑴ 示準化石の説明とその例の組み合わせとして正しいものを選びなさい。 【解答番号28】

①説明：地層が堆積した年代を決めるのに役立つ。 例：フズリナ

②説明：地層が堆積した年代を決めるのに役立つ。 例：サンゴ

③説明：地層が堆積した当時の環境を知ることが出来る。 例：サンゴ

④説明：地層が堆積した当時の環境を知ることが出来る。 例：フズリナ

⑵ 次の文はA，B，Cの形の火山についてマグマの噴火の様子を比較し，説明したものである。文の（ア），（イ）に当てはまる記号と言葉の組み合わせとして正しいものを選びなさい。

【解答番号29】

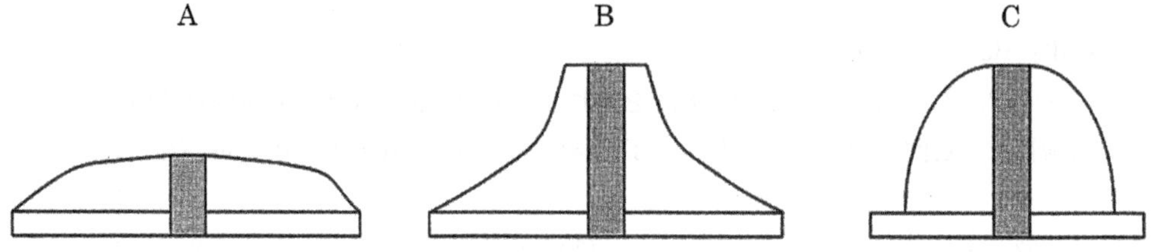

A，B，Cを比較すると，マグマの粘り気が最も強いのは（　ア　）であり，（　イ　）噴火が起こりやすい。

①(ア)A (イ)激しい ②(ア)A (イ)おだやかな

③(ア)C (イ)激しい ④(ア)C (イ)おだやかな

⑶ 太陽の南中高度は１年を周期で変化する。南中高度のように１年周期で変化するものとして正しいものを選びなさい。 【解答番号30】

①月の満ち欠け ②日没時に見える金星の位置

③太陽の黒点 ④真夜中に見える星座の位置

問五　次の一文は【A】～【D】のどこに入るか、最も適切なものを次の中から選び、解答番号31にマークしなさい。

「象牙を狙う密猟が止まらない」

①【A】　②【B】　③【C】　④【D】

問六　本文の内容として適当でないものを次の中から選び、解答番号32にマークしなさい。

①アフリカゾウは十年ほど前には、五十万頭以上いた。
②象牙の国際取引は禁止されていないため各国国内市場が封鎖されていない。
③アフリカにおける象牙の密猟はテロ組織によって行われている。
④アフリカゾウの象牙を狙うのは、テロの資金源とするためである。

3　次の文章を読み、あとの設問に答えなさい。

優れたものを持っているために、かえって不幸になってしまう。そんな意味を表す成句がある。「象は歯有りて以（もっ）て其（そ）の身を焚（や）かる」。象は象牙があるがゆえに、攻撃されてしまうという意味だ。中国の古い『春秋左氏伝』にもある表現だから、象にとっての不幸は古代からあったということか▼近年、アフリカでその不幸に(1)拍車が掛かっている。【A】アフリカゾウは四十万頭余りいるが、十年ほどで約十万頭減ったとする調査がある。(a)絶滅を恐れる声も真剣味を帯びる▼(2)米誌ナショナル・ジオグラフィックがかつて報じていたが、テロ組織が象牙を狙い密猟を行っている。【B】テロの資金源として、命ごと狙われる悲惨な(b)現実があるようだ▼先日のワシントン条約締約国会議では、(c)禁止されているはずの象牙の国際取引を防ぐため、各国国内市場の閉鎖が焦点となった。　I　、閉鎖勧告は見送られている。【C】密猟などとは無関係として、わが国は市場維持の側に立った▼影響を避けられた格好だが、当然のように批判を浴びている。【D】日本市場が抜け穴になっているのではないかと厳しい視線も向けられる。(d)汚名を脱するための策が、必要となるだろう▼成句を聞いた(3)為政者は、尊敬と引き換えであろう、貢ぎ物を少なくした。できるだけ持たないほうが尊敬を集められる。現代の象牙の市場にも通じるだろうか。

（令和元年九月三日付「中日春秋」）

問一　傍線部（1）「拍車が掛かっている」、傍線部（3）「為政者」の意味として最も適切なものを次の中から選び、解答番号23・24にマークしなさい。

「拍車が掛かっている」

①事の成り行きが一段とはやくなっている。
②物事に対して賞賛の拍手を送っている。
③歯止めをきかせ、事態の進行を食い止めている。
④車に乗りながら様子を見ている。

「為政者」

①政治を行う者。　②場を取り仕切る者。
③政治に参加しない者。　④趣味に打ち込む者。

問二　傍線部（2）の「米」はある国のことを指している。その国はどこか、最も適切なものを次の中から選び、解答番号25にマークしなさい。

①ロシア
②マレーシア
③ベトナム
④アメリカ

問三　波線部（a）～（d）とあるが、これらの対義語として最も適切なものを次の中から選び、解答番号26～29にマークしなさい。

絶滅⇔①前進　②繁殖　③発生　④消滅
現実⇔①理想　②過去　③現在　④将来
禁止⇔①束縛　②禁断　③許可　④許容
汚名⇔①汚染　②著名　③名誉　④栄光

問四　I　に入る接続詞として最も適切なものを次の中から選び、解答番号30にマークしなさい。

①そして　②つまり　③また　④だが

整理し、相互に関連づけると、第二次的な思考、知識が生まれる。これをさらに同種のものの間で昇華させると、第三次的情報ができるようになる。

第一次的な情報の代表に、ニュースがある。これは事件や事実を伝える点で興味があるけれども、それがどのような意味をもつか、その限りでは、はっきりしない。生々しいニュースというのは、第一次情報の特性にほかならない。

新聞の社会面には主としてこの第一次情報が並んでいる。そのもつ意味もはっきりしないかわり、解釈をしなくても、それが伝えようとしていることはわかる。理解が容易である。

同じ新聞でも、社説は、そういう多くの［C］情報のニュースを基礎に、整理を加えたもので、メタ・ニュース、つまり、［D］情報である。社会面記事を興味をもって読む人も、社説はまるで勝手が違う。社説の読者がすくない。おもしろくないというのは、ほかの記事の多くが第一次情報であるのに、これがメタ情報で、別の読み方を必要とすることを心得ないからである。

（外山滋比古『思考の整理学』）

問一　波線部（a）～（d）のカタカナを漢字に直す時、同じ漢字を含むものを次の中から選び、解答番号11～14にマークしなさい。

a　ショクリン　①生殖　②食物　③植樹　④接触
b　シャメン　①傾斜　②写真　③謝罪　④誤射
c　コウド　①硬派　②光沢　③公務　④高低
d　カテイ　①石庭　②底辺　③日程　④定義

問二　［A］～［D］を補うのに最も適切なものを次の中から選び、解答番号15～18にマークしなさい。

①芸術　②自然　③人為　④事象
⑤メタ　⑥第一次　⑦メタ・メタ　⑧第二次

問三　傍線部（1）の内容と一致するものを次の中から選び、解答番号19にマークしなさい。

①自然はすべてアートになりうる。
②アートとは、すべての事象・現実のことを指す。
③人為の加わっていない自然はアートではない。
④美しさを感じられる自然はアートである。

問四　傍線部（2）とあるが、第一次的情報をⅠ、Ⅱの中から選び、解答番号20・21にマークしなさい。

Ⅰ　①風景画　②折れ線グラフ
　　③感想文　④山の景色
Ⅱ　①随想　②試験問題
　　③写真　④小説

問五　本文の内容として最も適当なものを次の中から選び、解答番号22にマークしなさい。

①筆者は、新聞の社会面記事と社説とでは、社説の方が理解が容易でおもしろいと考えている。
②ニュースは、はっきりとしないことを伝えるばかりで、事件や事実の情報もあいまいにしか把握できない。
③メタ情報である第二次情報は、第一次情報を抽象化したもので、もっとも即物的な思考・知識がこれにあたる。
④第一次情報は最も具体的かつ即物的知識・思考であり、これを同種のものを集め関連づけることで第二次情報が生まれる。

①顧問に話に来た晴希と遭遇した気まずさで、その場から一刻も早く立ち去りたかったから。
②自分がやらなければならないことを終え、気持ちが軽くなったから。
③昼時で急がなければ昼食を食べ損ねると思ったから。
④顧問と話していたことを晴希に知られ、恥ずかしくなり逃げ出したくなったから。

問六　傍線部（5）の説明として最も適切なものを次の中から選び、解答番号9にマークしなさい。
①何も考えないうちに、感情のままはやし立てるということ。
②大脳を介さず反射で、言葉を発しているためとりとめのないことを言うということ。
③考えるだけの時間がなく、思ったことを吟味せず言葉にしたということ。
④いつもは頭でよく考えたうえで言葉を発していたが、考える間もなく疑問を口に出したということ。

問七　本文に出てくる「晴希」の人物像として、最も適切なものを次の中から選び、解答番号10にマークしなさい。
①勢いだけで行動し、誰かに注意されてもそれに構うことのない横柄な人物。
②柔道部を辞められないでいることに悩み食欲すらも忘れる神経質な人物。
③姉の晴子に対する恐怖をぬぐい切れず、決意を曲げる優柔不断な人物。
④自分のことをそっちのけで友人を心配する友達思いな人物。

2　次の文章を読み、あとの設問に答えなさい。

われわれのまわりにあるすべての事象、現実は、自然と人為の二つに分れる。山があり、川が流れるのは、人為の加わっていない自然である。山に(a)ショクリンし、川に護岸工事を施したりすれば、その部分は A であるが、山そのもの、川そのものは B である。

この山川を描いた絵があれば、どんなにそっくりに描かれていても、これは人為である。美しいという感情をよびおこされたり、それを目的とした活動であれば、(1)この人為のことをアート（芸術）と言う。ただし、アートは芸術にかぎらない。およそ人為の加わったものならすべてこの名で呼ばれておかしくないのである。

ことばそのものが人間のつくり上げたものである。自然について語られたことばは、もちろん人為になる。自然を直接に表現したものが、(2)第一次的情報になる。

「○○山は南側の(b)シャメンが砂走になっている」というようなことばは第一次情報である。これに対して、「この地方の山は△△火山帯に属している」といった表現は、第二次情報である。第一次情報をふまえて、より(c)コウドの抽象を行っている。〝メタ〟情報である。さらにこれをもとにして抽象化をすすめれば、第三次情報ができる。〝メタ・メタ〟情報というわけである。

このようにして、人為としての情報は高次の抽象化へ昇華して行く。思考、知識についても、このメタ化の(d)カテイが認められる。もっとも具体的、即物的な思考、知識は第一次的である。その同種を集め、ハルといっしょのこと。

晴希は、教官室の中で難しい顔をしている顧問めがけて走った。太ももがデスクにぶつかって大きな音がする。「室内を走るな！」という誰かの声が聞こえたが、そんな注意に構ってはいられない。

「先生」

「……おう、晴希」

顧問は顔を上げると、悲しそうに眉を下げた。

「お前も、話があるんだったよな」

「先生」（5）頭で考えるよりも口が早く動くなんて、晴希は初めてだった。

「さっきカズとすれ違ったんですけど、あいつは何の用だったんですか？」

顧問は一瞬だけ、晴希から目を逸らした。いつも大声で怒鳴っている顧問のそんな表情を、晴希は初めて見た。

「一馬は部を辞めるそうだ。きっとこのあと話をしにくる晴希もそう言うつもりだろうから、話を聞いてあげてくださいと言っていたよ」

（朝井リョウ『チア男子!!』）

問一　波線部（a）～（d）のカタカナ部分に相当する漢字を次の中から選び、解答番号1～4にそれぞれマークしなさい。

a　①短　②単　③端　④担

b　①各　②格　③拡　④確

c　①臨　②望　③除　④希

d　①金　②緊　③近　④勤

問二　傍線部（1）の説明として最も適切なものを次の中から選び、解答番号5にマークしなさい。

①口にするのをためらわれるような言葉の一つ一つが音にならないということ。

②口にしたい言葉があまりにも多く、何を言おうか迷っているということ。

③言わなければならないという義務感で言葉が思うように出てこないこと。

④頭では口に出せているつもりでも、それが音になっていないということ。

問三　傍線部（2）とあるが、図書館の中で音として表れていないものを、次の中から選び、解答番号6にマークしなさい。

①シャーペンの芯が削れる音　②ふぞろいな足音

③本のページをめくる音　④晴希の声

問四　傍線部（3）の理由として最も適切なものを次の中から選び、解答番号7にマークしなさい。

①顧問への裏切りを考えると不安と恐怖から食べ物が喉を通りそうにないため。

②約束の時間を意識するあまり、食欲を忘れてしまっているため。

③柔道をしていた時とは違い、運動量に差があり、朝食を消化しきれないままでいるため。

④顧問との約束を思うと、食欲よりもストレスが上回り、何も考えられないため。

問五　傍線部（4）の理由として最も適切なものを次の中から選び、解答番号8にマークしなさい。

【国　語】（四〇分）〈満点：一〇〇点〉

1　次の文章を読み、あとの設問に答えなさい。

シャーペンの(a)先タンは、ノートを突き刺しているかのように動かない。

もう言いに行こうか。しかし、顧問には、昼休みに会いたいと伝えてしまった。昼休みまであと一時間以上もある。晴希は、椅子の背もたれに思いっきり身を委ねて天井を見上げた。口を小さく動かしてみる。

柔道部、やめます。

たったこれだけの言葉なのに、(1)一文字一文字が糸を引いて喉に引っかかる。シャーペンの芯が削れる音、ふぞろいな足音、本のページをめくる音、(2)静かなようで様々な音があふれている図書館の中で、晴希の声だけが音にならない。

柔道部をやめる。その決意を噛み砕くたび、晴希の頭の中に浮かんでくるのは、顧問でも両親でも一馬の顔でもなく、姉である晴子の凛々しい顔だった。

汗が目にしみたって相手を睨み続けるあの目を見つめて、俺は、姉ちゃんに伝えられるだろうか。

いくら考えてもわからない。だけど、自分はもう柔道をしないのだという(b)カク信のような思いだけは、頭のど真ん中から動くことはない。

これから、今までで一番大切な試合に(c)ノゾむようだ。そう思ったとき、ノック三回分のシャーペンの芯がぽきりと折れた。

十二時半に、スポーツ科学研究室。

(3)いつもだったらこの時間にはもうすっかり空腹になっている晴希でも、今日は違った。全身に張りめぐらされていた(d)キン張の種が、体内の至る所でパンパンに膨らんでしまっているようだ。中国語のクラスメイトから昼食に誘われたが、断った。今は何も食べたくない。

試合前のキン張感に似ている。晴希は少しだけ懐かしい気持ちになる。大切な試合前や、団体戦のメンバーの発表前などは、それこそ何も考えられないくらいに、キン張感が体を支配していた。

（中略）

スポーツ科学研究室は、キャンパスの奥にある部室棟の裏にある。各部活の顧問、コーチがいる教官室や、パソコンの設備が整っている講義室が入っている。柔道部もたまにここの講義室でミーティングをしたりする。

晴希が教官室の扉に手をかけようとすると、勝手に扉が開いた。

「お、ハル」

中から現れたのは、一馬だった。朝見たのと同じヘッドフォンを首にかけたまま、一馬は「じゃ」と手を挙げてするりとすれ違おうとする。

「おい」

晴希は一馬の肩を摑んで、こちらへ振り返らせる。朝とは違い、ヘッドフォンからは音が漏れていない。

「何してんだよ……こんなとこで」

一馬は、晴希の両目を見つめたまま言った。

「ハルといっしょのこと」

一馬は、ふ、と目を逸らして、「じゃね」とその場から立ち去って行った。(4)見慣れたブルージーンズの足取りが軽い。

開いた扉の前で、晴希は立ち尽くしていた。

2020年度

解　答　と　解　説

《2020年度の配点は解答欄に掲載してあります。》

＜数学解答＞

1　(1) 1 ⑥　(2) 2 ④　(3) 3 ⑤　(4) 4 ⑥　(5) 5 ②　(6) 6 ③

2　(1) 7 ③　(2) 8 ②　(3) 9 ④　(4) 10 ④　11 ⑤　12 ⑩
(5) 13 ②　(6) 14 ①

3　(1) 15 ⑤　16 ①　(2) 17 ③

4　(1) 18 ②　(2) 19 ③　20 ⑧

○配点○

各5点×20　　計100点

＜数学解説＞

基本　1　(正負の数，平方根，単項式の乗除，数の性質，因数分解，2次方程式)

(1)　$11-5\times(2-3)=11-5\times(-1)=11+5=16$

(2)　$\sqrt{12}+\sqrt{48}-\sqrt{27}=2\sqrt{3}+4\sqrt{3}-3\sqrt{3}=3\sqrt{3}$

(3)　$6x^2y\times(-2y)^2\div(3xy)^2=\dfrac{6x^2y\times4y^2}{9x^2y^2}=\dfrac{8}{3}y$

(4)　$3<\sqrt{n}<4$　$9<n<16$　これを満たす自然数nは，10，11，12，13，14，15の6個。

(5)　和が-4，積が-12となる2数は2と-6だから，$x^2-4x-12=(x+2)(x-6)$

(6)　$x(x-1)=3(x+1)$　$x^2-x=3x+3$　$x^2-4x=3$　$(x-2)^2=3+4$　$x-2=\pm\sqrt{7}$　$x=2\pm\sqrt{7}$

2　(確率，変化の割合，方程式の利用，資料の整理，角度，空間図形)

基本　(1)　サイコロの目の出方の総数は，$6\times6=36$(通り)　このうち，目の差が1になるのは，(1，2)，(2，1)，(2，3)，(3，2)，(3，4)，(4，3)，(4，5)，(5，4)，(5，6)，(6，5)の10通りだから，求める確率は，$\dfrac{10}{36}=\dfrac{5}{18}$

基本　(2)　$\dfrac{4\times3^2-4\times(-2)^2}{3-(-2)}=\dfrac{20}{5}=4$

(3)　はじめに買おうとしたケーキ1個の値段をx円とすると，所持金について，$5x-100=7(x-120)+100$　$5x-100=7x-840+100$　$-2x=-640$　$x=320$　よって，所持金は，$320\times5-100=1500$(円)

基本　(4)　平均値は，$(2+3+3+2+1+0+4+5+3+1)\div10=24\div10=2.4$(点)　得点を小さい順に並べると，0，1，1，2，2，3，3，3，4，5だから，中央値は，5番目と6番目の平均値で，$\dfrac{2+3}{2}=2.5$(点)　最頻値は3試合ある3点。

基本　(5)　四角形の内角の和は360°だから，2○+2●+91°+135°=360°　○+●=(360°−226°)÷2=67°　よって，$\angle x=180°-67°=113°$

重要　(6)　切断面と辺OB，OCとの交点をそれぞれE，Fとすると，三角すいOABC∽三角すいODEF

だから，相似比は，OA：OD＝(2＋1)：2＝3：2　よって，体積比は，3^3：2^3＝27：8　したがって，頂点Aを含む立体の体積はもとの三角すいの体積の$\frac{27-8}{27}=\frac{19}{27}$(倍)

3 （図形の計量）

重要 (1) 平行線と比の定理より，AE：EF＝AD：CF＝6：3＝2：1　AB：BC＝AE：EF　x：3＝2：1　x＝6　BE：CF＝AE：AF　y：3＝2：(2＋1)　y＝2

基本 (2) 底面の円の半径を$x$cmとすると，$2\pi x=2\pi\times3\times\frac{120}{360}$　x＝1　よって，円すいの表面積は，$\pi\times3^2\times\frac{120}{360}+\pi\times1^2=4\pi$ (cm²)

4 （図形と関数・グラフの融合問題）

基本 (1) $y=\frac{1}{2}x^2$に，$x=-6$を代入して，$y=\frac{1}{2}\times(-6)^2=18$　よって，A(−6，18)　$y=\frac{1}{2}x^2$に，$x=2$を代入して，$y=\frac{1}{2}\times2^2=2$　よって，B(2，2)　直線ABの式を$y=ax+b$とすると，2点A，Bを通るから，$18=-6a+b$，$2=2a+b$　この連立方程式を解いて，$a=-2$，$b=6$　よって，$y=-2x+6$

重要 (2) 四角形ABOCは平行四辺形だから，AB//CO，AB＝CO　よって，点Aのx座標が4より，点Bのx座標は−4だから，CO＝AB＝4−(−4)＝8　したがって，点Cのx座標は8　平行四辺形ABOCの底辺をOCとしたときの高さをhとすると，$8\times h=32$　$h=4$　よって，A(4，4)　点Aは$y=ax^2$上の点だから，$4=a\times4^2$　$a=\frac{1}{4}$

★ワンポイントアドバイス★

大問数は変わらないが，数と式の計算が減り，小問数は16題となった。基礎力重視の素直な出題であるから，ミスのないように落ち着いて解いていこう。

＜英語解答＞

1 (1) ①　(2) ②　(3) ②　(4) ①

2 (1) ②　(2) ③　(3) ①　(4) ②　(5) ④

3 (1) ①　(2) ④　(3) ②　(4) ②　(5) ②　(6) ③　(7) ③　(8) ③

4 (1) ④　(2) ②　(3) ③　(4) ⑥　(5) ④

5 (1) ①　(2) ②　(3) ④

6 (1) ②　(2) ④

7 (1) ②　(2) ②　(3) ②　(4) ①

○配点○

1～2 各2点×9　3～4 各4点×13　5～6 各3点×5　7 (1)・(2) 各3点×2 (3) 4点　(4) 5点　計100点

＜英語解説＞

1 （アクセント）

(1) 「不思議な，すばらしい」 第1音節を最も強く発音する。

(2) 「科学技術」 第2音節を最も強く発音する。

(3) 「休暇」 第2音節を最も強く発音する。

(4) 「美しい」 第1音節を最も強く発音する。

基本 2 （語彙）

(1) 「家族の父親と母親」＝ parents「両親」 ①「祖父母」，③「息子」，④「子どもたち」

(2) 「甘くてピンク色のフルーツ」＝ peach「桃」 ①「りんご」，②「オレンジ」，④「バナナ」

(3) 「夕飯を作るための物を買う場所」＝ supermarket「スーパーマーケット」 ②「病院」，③「郵便局」，④「レストラン」

(4) 「海に住んでいる動物」＝ dolphin「いるか」 ①「ライオン」，③「とら」，④「くま」

(5) 「何かを書くためのもの」＝ pencil「鉛筆」 ①「消しゴム」，②「コンピューター」，③「机」

重要 3 （語句補充問題：比較，不定詞，動名詞，受動態，助動詞，接続詞）

(1) than「～よりも」があるので比較の文と考える。interesting は前に more をつけて比較級「より面白い」となる。

(2) 〈疑問詞＋ to ＋動詞の原形〉で「(疑問詞)～すべき(か)」という意味を表すことができる。how to make で「どのように作るべきか」なので「作り方」の意味となる。which to ～「どちらを～すべきか」，what to ～「何を～すべきか」，where to ～「どこへ～すべきか」となる。

(3) stop ～ ing は「～するのをやめる」，〈stop to ＋動詞の原形〉は「～するために止まる」。

(4) 過去の文なので過去形にする。「壊す」 break の過去形は broke。

(5) 〈be動詞＋動詞の過去分詞形〉で「～される，られる」という受け身の意味を表す。「アメリカで作られた」という意味になるので「アメリカ製」と訳せる。

(6) 助動詞 can「できる」の後ろには動詞の原形を続ける。

(7) 動詞のing形で「～すること」という意味の動名詞となる。go shopping「買い物に行く」

(8) while は「～している間に」の接続詞。

4 （語句整序問題：不定詞，前置詞，関係代名詞）

基本 (1) I like to <u>listen</u> to music. 〈like to ＋動詞の原形〉で「～することが好き」の意味。listen to ～ で「～を聴く」。

(2) She has a friend <u>who</u> lives in America. who は人が先行詞のときに用いられる関係代名詞。ここでは先行詞は a friend で「アメリカに住んでいる友達」と後ろから修飾している。

(3) Which bus goes <u>to</u> Tokyo station? Which は「どの，どちらの」を表し，which bus で「どのバス」となる。

(4) Kumi always takes <u>care</u> of her sister. take care of ～ で「～の世話をする」。頻度を表す always「いつも」は一般動詞の前にくる。

(5) Are they interested <u>in</u> foreign languages? be interested in ～「～に興味がある」 be動詞の疑問文は主語の前にbe動詞がくる。

5 （会話文問題：文選択補充）

(1) 「A：この部屋はとても暑いですね。／B：私もそう思います。<u>窓を開けましょうか？</u>」 ①の Shall I ～? は「～しましょうか？」と相手の意思を尋ねる表現。②「アメリカ出身ですか？」，③「昼食を食べましたか？」，④「暑いですか？」は文脈に合わない。

(2) 「A：今週末何をする予定ですか？／B：<u>友だちとサッカーをするつもりです</u>」 ② 〈be going

to ＋動詞の原形〉で「～するつもり」の意味を表す。①「計画があります」，③「図書館に行きました」，④「3時間」は文脈に合わない。

(3) 「A：私たちに加わったらどうですか？／B：もちろん！」 ④ Why don't you ～？で「～したらどうですか？」という提案の意味を表す。①「どれくらい（の時間が）かかりますか？」，②「どの科目が好きですか？」，③「どこへ行くんですか？」は文脈に合わない。

6 （長文読解問題・スピーチ：内容吟味）

（全訳） みなさん，こんにちは。私はサヤです。セブ島について話をします。セブ島はアジアにある島です。

そこは最も有名なリゾートの1つです。なぜ有名なのでしょうか？ まず，一年中暖かいので毎日Tシャツを着られます。次に，美しい自然を楽しむために多くの人たちがそこに行きます。最後に，他の国よりも安く英語を勉強することができます。私はいつかセブ島に行きたいです。ありがとうございました。

(1) ①「セブ島に住んでいる人たちは英語を話せない」（×） 第9文参照。 ②「セブ島は勉強するために海外へ行くのにいい場所だ」（○） 第9文参照。 ③「セブ島は住むには寒い場所だ」（×） 第7文参照。 ④「セブ島では物が安い」（×） そのような記述はない。

(2) 第4文に「アジアの島」とあるのでフィリピンとわかる。

7 （長文読解問題・説明文：指示語，文挿入，要旨把握）

（全訳） スマートフォンは世界中で使われています。今，6千万人以上の人たちが(ア)それを使っています。

なぜ私たちはそれを使うのでしょうか？ スマートフォンはとても役に立ちます。いつでもどこでも友達と連絡を取ったり，ゲームしたり，音楽を聴いたりできるのです。生活を楽しむためにそれが必要です。でも使うことによる悪い点もあります。

B調査によると，80％以上の人が平均して毎日2～3時間使っています。生徒たちは特にスマートフォンを使いすぎています。(イ)それが多くの問題を引き起こします。例えば，夜遅く使えば勉強や寝る時間が短くなります。また，スマートフォンを使っていると，本当のコミュニケーションを学ぶことが難しくなります。スマートフォンは生徒が大切なことを学ぶことを妨げうるのです。

だから生徒たちと両親はスマートフォンの使い方に注意しなくてはなりません。

(1) them は前述された複数の物を指しているので，ここではスマートフォンがふさわしい。

(2) 使用時間についての内容なので，時間について述べられている第3段落に入ると考える。Bに入れて，続く文で，生徒がスマートフォンを使用した場合について詳しく述べられるという流れになる。

(3) it は前述された文内容を指すことができるので，ここでは直前の文の内容全体を指していると考える。

やや難 (4) 第2段落でスマートフォンのいい点を述べてはいるが，その最終文では悪い点があることが述べられ，第3段落ではその例，そして最終文にも「注意するべきだ」とあるので，スマートフォンに対して肯定的ではない内容であることがわかる。①「スマートフォンの大きな問題」がふさわしい。②「いつでも，どこでも」は第2段落に出てくる表現であるが，全体の内容ではない。③「スマートフォンの使用」はこの本文内容に比べて具体性に欠けているので合わない。④「スマートフォンを使うために重要なことを学ぶこと」は第3段落最終文の内容と合っておらず，全体の内容でもない。

★ワンポイントアドバイス★

3の語句補充問題は英文が短く基本的だが，幅広い文法知識が問われている。比較や受け身などの語形変化のともなうものがよく出題されるので復習しておこう。

＜社会解答＞

1 問1 ④ 問2 ④ 問3 ② 問4 ④ 問5 ④

2 問1 (1) ② (2) ① (3) ④ (4) ③ 問2 ③

3 問1 ① 問2 ④[①] 問3 ① 問4 ④ 問5 ①

○配点○

1 各4点×5 2・3 各3点×10 計50点

＜社会解説＞

1 (日本の地理―地形図・地形，公民―国際政治，日本の歴史―政治史)

問1 シンゴの「目の前に川」「その向こうに高速道路がある」，目的地Xが「背中の方向」にあるとの発言から，3人はエの地点に立って南側を向いていると判断できる。

基本 問2 地図では，特に指定がない限り，上が北，下が南，右が東，左が西で表される。

問3 川が川底や両岸を削ったり，川原に上流から運ばれてきた石や砂がたまったりして平らな面ができ，その平らな面が，地殻変動で隆起して地表に残っているものを，河岸段丘という。

やや難 問4 2019年に大阪で開かれたのは，G20サミットである。リーマン・ショックを契機に発生した経済・金融危機に対処するため，2008年に主要先進国・新興国の首脳が参画するフォーラムとして，ワシントンDCで第1回G20サミットが開催された。2011年以降は年1回開催されている。

重要 問5 徳川秀忠は，1605年に将軍に就任する際に，家康の一字をとった家忠に改名するという話があったが，まだ豊臣家の勢力が強く，これを刺激することは避け，秀忠の名を続けた。

2 (世界の歴史―社会史，日本の歴史―外交史，地理―世界の地形など)

基本 問1 (1) バスコ・ダ・ガマは喜望峰を回航し，インド航路を開拓して1498年にカリカットに到達し，大量の香辛料を持ち帰った。バスコ・ダ・ガマの開拓したインド航路の海域はBである。
(2) 地球温暖化により北極海の氷が減少し，航海が容易となったため，Aの海域が，近年アジアとヨーロッパの最短ルートとして，注目されるようになった。 (3) 日本は，サンフランシスコ平和条約において，日本海にある竹島の領有権を認められたが，竹島は韓国により不法占拠され続けている。地図上のDの海域である。 (4) 南シナ海の南沙諸島については，中国・台湾・ベトナム・フィリピン・マレーシア・ブルネイが領有権などの権利を主張し，争っている。特に中国は，この海域に人工島を建設し，領有権を主張している。地図上のCの海域である。

重要 問2 豊臣秀吉は，国内統一後，朝鮮・明の征服をもくろみ，朝鮮出兵を行った。これに対し，明は援軍を派遣し，日本軍と戦った。

3 (公民―政治のしくみ・裁判制度・国際政治など)

基本 問1 2001年の中央省庁再編により，大蔵省は財務省となり，大蔵大臣は財務大臣となった。そのため，2020年1月31日の時点では，大蔵大臣は存在しない。

問2 定例閣議は，原則として火曜日と金曜日の週2回，総理大臣官邸の閣議室で行われる。写真Aも，総理大臣官邸の閣議室である。ただし，国会開会中には，国会議事堂の院内閣議室で開かれる。

やや難 問3 第一審の判決に対して不服がある場合に，上級の裁判所に対して，その判決の確定を遮断して，新たな判決を求める不服申立てを，控訴という。第二審は高等裁判所で審理されるが，その結果に不服があり，なおかつ憲法に違反があると考えられる時に，最高裁判所に上告することが可能とされている。

重要 問4 アメリカでは，大統領には法案提出権がなく，大統領は予算教書を議会に送付することはできるが，予算案は提出できない。よって，アメリカでは，予算案は議会が提出し，審議することになる。したがって，「政府の予算案」を審議しない国はアメリカである。

やや難 問5 日本国憲法第60条に，「予算は，さきに衆議院に提出しなければならない。」との規定がある。衆議院の優越の一つで，これを衆議院の予算先議権という。なお，憲法60条では，「予算について，……又は参議院が衆議院の可決した予算を受け取った後，国会休会中の期間を除いて三十日以内に議決しないときは，衆議院の議決を国会の議決とする。」と定めている。

★ワンポイントアドバイス★

地図の問題は出題されがちなので，慣れておこう。ここでは，簡略な地図だったが，正式な地形図も読み取りができるように，主要な地図記号等は覚えておこう。地形図上の長さと実際の距離の計算や，標高差の計算などができるようになろう。

<理科解答>

	(1)	(2)	(3)	(4)
4	③	①	②	④
5	③	④	①	③
6	①	④	②	②
7	①	③	④	

○配点○

4 (2) 4点 他 各3点×3　5 (1)・(4) 各3点×2 (2)・(3) 各4点×2

6 (1) 4点 他 各3点×3　7 (1) 4点 他 各3点×2　計50点

<理科解説>

4 (物理総合－反射の法則，浮力，オームの法則，音の高低)

基本 (1) 入射角と反射角は等しい。

(2) この物体に働く浮力は，5－4.5＝0.5(N)である。

(3) この電熱線の抵抗は，$\frac{3.0(\mathrm{V})}{0.3(\mathrm{A})}=10(\Omega)$である。したがって，1.5Vの電圧を加えると，流れる電流は，$\frac{1.5(\mathrm{V})}{10(\Omega)}=0.15(\mathrm{A})$より，150mAである。

基本 (4) 対照実験なので，弦の長さ以外の条件はそろえる必要がある。

5 (化学総合－酸素，エタノール，ミョウバンの質量，中和)

基本 (1) 二酸化マンガンに過酸化水素水を加えると，過酸化水素が水と酸素に分解する。酸素は水に溶けにくい気体なので，水上置換法で集める。

基本 (2) エタノールが液体から気体になると，体積が大きく増え，密度が小さくなる。

(3) 8%で150gのミョウバン水溶液に含まれているミョウバンの質量は，150×0.08＝12(g)である。

基本 (4) BTB溶液は酸性で黄色，中性で緑色，アルカリ性で青色である。

基本 6 **（生物総合－光合成，神経系，減数分裂，優性の法則）**

(1) 水草に光を当てると，光合成を行い，水中の二酸化炭素を吸収するので，BTB溶液は青色になる。

(2) 中枢神経は判断や命令を出し，末しょう神経が信号を伝える。

(3) 精子や卵などの生殖細胞においては，減数分裂によって，染色体の数が半分になる。

(4) 孫の代では，丸い種子としわの種子の数の比は，3：1なので，しわの種子の数は，3024÷3＝1008(個)である。

基本 7 **（地学総合－示準化石，マグマの噴火，天体の見え方）**

(1) フズリナは古生代の示準化石，サンゴは暖かくて浅いきれいな海であったことを示す示相化石である。

(2) マグマの粘り気が強いと，ドーム状の火山となり，激しい噴火が起こりやすい。

(3) 真夜中に見える星座の位置は1年周期で変化する。なお，月の満ち欠けは約1か月周期，金星が見える位置は約1.6年で変化し，太陽の黒点の数は約11年で変化する。

★ワンポイントアドバイス★

生物・化学・地学・物理の4分野において，基本問題に十分に慣れておくこと。

＜国語解答＞

1 問一 a ③ b ④ c ① d ② 問二 ③ 問三 ④ 問四 ④
問五 ② 問六 ④ 問七 ④

2 問一 a ③ b ① c ④ d ③ 問二 A ③ B ② C ⑥ D ⑧
問三 ③ 問四 Ⅰ ② Ⅱ ③ 問五 ④

3 問一 (1) ① (2) ① 問二 ④ 問三 a ② b ① c ③ d ③
問四 ④ 問五 ③ 問六 ②

○配点○

1 問一 各2点×4 他 各4点×6 2 問三～問五 各4点×4 他 各2点×8
3 問一 各2点×2 他 各4点×8 計100点

＜国語解説＞

1 **（小説－情景・心情，内容吟味，漢字の書き取り）**

基本 問一 a「先端」は，細長い物などの一番先の部分。 b「確信」は，固く信じて疑わないこと。 c「臨む」は，出席または参加すること。 d「緊張」は，心やからだが引き締まること。

やや難 問二 傍線部(1)前で，「柔道部，やめます。」ということを伝えるために，柔道部の顧問に昼休みに会いたいと伝えてしまった，ということが描かれている。顧問と会う約束をした以上，柔道部をやめることを言わなければならないという義務感が生じて言葉が思うように出てこない様子を，(1)は表しているので，③が適切。柔道部をやめることを言わなければならない，という心情を説明していない他の選択肢は不適切。

問三　傍線部(2)前後で，①，②，③は「様々な音があふれている」ものとして描かれているが，④は「晴希の声だけが音にならない」と描かれている。

問四　傍線部(3)は，緊張感で「今は何も食べたくない」晴希の様子で，問二でも考察したように，柔道部をやめることを言うために昼休みに顧問と会う約束をしているために(3)のようになっているので，④が適切。「顧問への裏切り」とまでは読み取れないので，①は不適切。「時間」のことだけ説明している②も不適切。顧問との約束について説明していない③も不適切。

重要 問五　傍線部(4)は，「ハルといっしょのこと」，つまり柔道部を辞めることを顧問に話す，ということを終えた一馬の様子である。「足取りが軽い」というのは，気持ちが軽くなっているということなので，②が適切。気持ちが軽くなっていることを説明していない他の選択肢は不適切。

問六　傍線部(5)は，「頭で考えるよりも口が早く動く」ことが「初めてだった」ので，「いつもは頭でよく考えたうえで言葉を発していたが，考える間もなく疑問を口に出した」とある④が適切。「初めてだった」ことに対して，いつもの晴希の様子を説明していない他の選択肢は不適切。

重要 問七　最後の教官室での場面で，教官室から出てきた一馬が「ハルといっしょのこと」と言って立ち去ったことで，自分が柔道部を辞める話よりも先に，カズが何の用だったかを顧問に走り寄って聞いている晴希の様子が描かれているので，④が適切。教官室で，顧問めがけて走っている晴希の様子が描かれているが，①の「横柄な人物」とは読み取れない。③の「決意を曲げる」も描かれていないので不適切。「柔道部，やめます」と顧問に言うことに緊張しているので，「柔道部を辞められないでいることに悩み」とある②も不適切。

2 **（論説文―大意・要旨，内容吟味，文脈把握，脱語補充，漢字の書き取り）**

基本 問一　a「植林」は，山野に苗木を植えること。　b「斜面」は，水平面に対して，傾いて斜めになっている面。　c「高度」は，程度が高いこと。　d「過程」は，物事が進行し変化して結果に達するまでの道筋。プロセスともいう。

問二　空欄Aは，「山に植林し，川に護岸工事を施したり」することなので，人の手が加わったという意味で③が適切。空欄Bは，「山そのもの，川そのもの」のことなので，②が適切。空欄Cは，直前の段落で「第一次的な情報の代表に，ニュースがある」と述べているように，ニュースのことなので⑥が適切。空欄Dは，第一次的情報であるニュースを基礎に，整理を加えたメタ・ニュースのことなので，⑧が適切。「『〇〇山は……』」で始まる段落で，第一次情報をふまえた第二次情報を〝メタ〟情報である，と述べていることを参考にする。

問三　傍線部(1)は，直後でも述べているように，アートは芸術に限らず，人為の加わったものならすべてこの名(＝アート)と呼ばれてもおかしくない，ということである。冒頭で「すべての事象，現実は，自然と人為の二つに分れる」と述べていることをふまえ，アート＝人為の加わったものすべてであることに対し，人為の加わっていない自然はアートではない，ということなので，③が適切。

やや難 問四　傍線部(2)の「第一次的情報」は，「もっとも具体的，即物的な思考，知識」のことであり，ニュースのように「事件や事実を伝える」ものである。具体的に事実を伝えているⅠの②と，直接表現しているⅡの③が第一次的情報である。Ⅰでは，自然そのものではない①，④，読んだ本の内容を整理し思考している③，Ⅱでは，物事に対して思う①，論説文や小説などで作成する②，事実ではない④は，第一次的情報ではない。

重要 問五　新聞の社会面記事は，それがどのような意味をもつかははっきりしないが，解釈をしなくても理解が容易であること，また社説がおもしろくないことについて述べているので，①，②は不適当。「即物的な思考，知識は第一次的である」と述べているので，③も不適当。④は，「思考，知識に……」で始まる段落で述べている。

3 **（論説文―内容吟味，文脈把握，接続語，脱文補充，漢字の書き取り，語句の意味，対義語）**

基本 問一　傍線部(1)の「拍車」は，乗馬をする人が靴に取りつける金具のことで，拍車で馬の腹を刺激して速く走らせることから。傍線部(2)は「いせいしゃ」と読む。

問二　アメリカは漢字で「亜米利加」と書き，「米国(べいこく)」と表記することもある。他の国の漢字表記は，①は「露(露西亜)」，②は「馬(馬来西亜)」，③は「越(越南)」。

問三　a　生物の種などがほろびて絶えるという意味の波線部aの対義語は，動物や植物などが生まれてふえるという意味の②。　b　目の前に事実として存在している事柄や状態という意味の波線部bの対義語は，人が考えることのできる最もすばらしい状態という意味の①。　c　ある行為を行わないように命令するという意味の波線部cの対義語は，ある行為や行動を許すという意味の③。　d　悪い評判という意味の波線部dの対義語は，世間から高く評価されることという意味の③。

問四　空欄Ⅰには，直前の内容とは相反する内容が続いているので，逆接の④が適切。

やや難 問五　象牙の国際取引を防ぐための各国国内市場の閉鎖勧告は見送られている→その結果として「象牙を狙う密猟が止まらない」，という文脈になっている。

重要 問六「ワシントン条約締約国会議では，禁止されているはずの象牙の国際取引を防ぐため……」と述べているので，「象牙の国際取引は禁止されていない」とある②は，適当でない。

★ワンポイントアドバイス★

論説文では，本文で繰り返し用いられているキーワードに対して，筆者がどのような意味で用いているかを読み取っていこう。

大切なことはメモしておこうネ！

解答用紙集

○月×日 △曜日　天気(合格日和)

◆ご利用のみなさまへ

＊解答用紙の公表を行っていない学校につきましては、弊社の責任において、解答用紙を制作いたしました。

＊編集上の理由により一部縮小掲載した解答用紙がございます。

＊編集上の理由により一部実物と異なる形式の解答用紙がございます。

人間の最も偉大な力とは、その一番の弱点を克服したところから生まれてくるものである。 ——カール・ヒルティ——

東京学参株式会社

誉高等学校　2024年度

◇数学◇

※解答欄は実物大になります。

良い例	●
悪い例	◐ ◑ ⊗

数　学

1	①②③④⑤⑥⑦⑧⑨⑩	14	①②③④⑤⑥⑦⑧⑨⑩
2	①②③④⑤⑥⑦⑧⑨⑩	15	①②③④⑤⑥⑦⑧⑨⑩
3	①②③④⑤⑥⑦⑧⑨⑩	16	①②③④⑤⑥⑦⑧⑨⑩
4	①②③④⑤⑥⑦⑧⑨⑩	17	①②③④⑤⑥⑦⑧⑨⑩
5	①②③④⑤⑥⑦⑧⑨⑩	18	①②③④⑤⑥⑦⑧⑨⑩
6	①②③④⑤⑥⑦⑧⑨⑩	19	①②③④⑤⑥⑦⑧⑨⑩
7	①②③④⑤⑥⑦⑧⑨⑩	20	①②③④⑤⑥⑦⑧⑨⑩
8	①②③④⑤⑥⑦⑧⑨⑩		
9	①②③④⑤⑥⑦⑧⑨⑩		
10	①②③④⑤⑥⑦⑧⑨⑩		
11	①②③④⑤⑥⑦⑧⑨⑩		
12	①②③④⑤⑥⑦⑧⑨⑩		
13	①②③④⑤⑥⑦⑧⑨⑩		

※解答欄は実物大になります。

良い例	●
悪い例	◉ ◐ ⊗

英語			
1	①②③④⑤⑥⑦⑧⑨⑩	18	①②③④⑤⑥⑦⑧⑨⑩
2	①②③④⑤⑥⑦⑧⑨⑩	19	①②③④⑤⑥⑦⑧⑨⑩
3	①②③④⑤⑥⑦⑧⑨⑩	20	①②③④⑤⑥⑦⑧⑨⑩
4	①②③④⑤⑥⑦⑧⑨⑩	21	①②③④⑤⑥⑦⑧⑨⑩
5	①②③④⑤⑥⑦⑧⑨⑩	22	①②③④⑤⑥⑦⑧⑨⑩
6	①②③④⑤⑥⑦⑧⑨⑩	23	①②③④⑤⑥⑦⑧⑨⑩
7	①②③④⑤⑥⑦⑧⑨⑩	24	①②③④⑤⑥⑦⑧⑨⑩
8	①②③④⑤⑥⑦⑧⑨⑩	25	①②③④⑤⑥⑦⑧⑨⑩
9	①②③④⑤⑥⑦⑧⑨⑩	26	①②③④⑤⑥⑦⑧⑨⑩
10	①②③④⑤⑥⑦⑧⑨⑩	27	①②③④⑤⑥⑦⑧⑨⑩
11	①②③④⑤⑥⑦⑧⑨⑩	28	①②③④⑤⑥⑦⑧⑨⑩
12	①②③④⑤⑥⑦⑧⑨⑩	29	①②③④⑤⑥⑦⑧⑨⑩
13	①②③④⑤⑥⑦⑧⑨⑩		
14	①②③④⑤⑥⑦⑧⑨⑩		
15	①②③④⑤⑥⑦⑧⑨⑩		
16	①②③④⑤⑥⑦⑧⑨⑩		
17	①②③④⑤⑥⑦⑧⑨⑩		

誉高等学校　2024年度

◇社会・理科◇

※解答欄は実物大になります。

良い例	●
悪い例	● ◐ ⊗

社会・理科

社1	①②③④⑤⑥⑦⑧⑨⑩	理16	①②③④⑤⑥⑦⑧⑨⑩
社2	①②③④⑤⑥⑦⑧⑨⑩	理17	①②③④⑤⑥⑦⑧⑨⑩
社3	①②③④⑤⑥⑦⑧⑨⑩	理18	①②③④⑤⑥⑦⑧⑨⑩
社4	①②③④⑤⑥⑦⑧⑨⑩	理19	①②③④⑤⑥⑦⑧⑨⑩
社5	①②③④⑤⑥⑦⑧⑨⑩	理20	①②③④⑤⑥⑦⑧⑨⑩
社6	①②③④⑤⑥⑦⑧⑨⑩	理21	①②③④⑤⑥⑦⑧⑨⑩
社7	①②③④⑤⑥⑦⑧⑨⑩	理22	①②③④⑤⑥⑦⑧⑨⑩
社8	①②③④⑤⑥⑦⑧⑨⑩	理23	①②③④⑤⑥⑦⑧⑨⑩
社9	①②③④⑤⑥⑦⑧⑨⑩	理24	①②③④⑤⑥⑦⑧⑨⑩
社10	①②③④⑤⑥⑦⑧⑨⑩	理25	①②③④⑤⑥⑦⑧⑨⑩
社11	①②③④⑤⑥⑦⑧⑨⑩	理26	①②③④⑤⑥⑦⑧⑨⑩
社12	①②③④⑤⑥⑦⑧⑨⑩	理27	①②③④⑤⑥⑦⑧⑨⑩
社13	①②③④⑤⑥⑦⑧⑨⑩	理28	①②③④⑤⑥⑦⑧⑨⑩
社14	①②③④⑤⑥⑦⑧⑨⑩	理29	①②③④⑤⑥⑦⑧⑨⑩
社15	①②③④⑤⑥⑦⑧⑨⑩	理30	①②③④⑤⑥⑦⑧⑨⑩
		理31	①②③④⑤⑥⑦⑧⑨⑩

※解答欄は実物大になります。

良い例	●
悪い例	◐ ⊗

国語			
1	①②③④⑤⑥⑦⑧⑨⑩	17	①②③④⑤⑥⑦⑧⑨⑩
2	①②③④⑤⑥⑦⑧⑨⑩	18	①②③④⑤⑥⑦⑧⑨⑩
3	①②③④⑤⑥⑦⑧⑨⑩	19	①②③④⑤⑥⑦⑧⑨⑩
4	①②③④⑤⑥⑦⑧⑨⑩	20	①②③④⑤⑥⑦⑧⑨⑩
5	①②③④⑤⑥⑦⑧⑨⑩	21	①②③④⑤⑥⑦⑧⑨⑩
6	①②③④⑤⑥⑦⑧⑨⑩	22	①②③④⑤⑥⑦⑧⑨⑩
7	①②③④⑤⑥⑦⑧⑨⑩	23	①②③④⑤⑥⑦⑧⑨⑩
8	①②③④⑤⑥⑦⑧⑨⑩	24	①②③④⑤⑥⑦⑧⑨⑩
9	①②③④⑤⑥⑦⑧⑨⑩	25	①②③④⑤⑥⑦⑧⑨⑩
10	①②③④⑤⑥⑦⑧⑨⑩	26	①②③④⑤⑥⑦⑧⑨⑩
11	①②③④⑤⑥⑦⑧⑨⑩	27	①②③④⑤⑥⑦⑧⑨⑩
12	①②③④⑤⑥⑦⑧⑨⑩	28	①②③④⑤⑥⑦⑧⑨⑩
13	①②③④⑤⑥⑦⑧⑨⑩		
14	①②③④⑤⑥⑦⑧⑨⑩		
15	①②③④⑤⑥⑦⑧⑨⑩		
16	①②③④⑤⑥⑦⑧⑨⑩		

※解答欄は実物大になります。

良い例	●
悪い例	◐ ◖ ⊗

数　学

1	①②③④⑤⑥⑦⑧⑨⑩	14	①②③④⑤⑥⑦⑧⑨⑩
2	①②③④⑤⑥⑦⑧⑨⑩	15	①②③④⑤⑥⑦⑧⑨⑩
3	①②③④⑤⑥⑦⑧⑨⑩	16	①②③④⑤⑥⑦⑧⑨⑩
4	①②③④⑤⑥⑦⑧⑨⑩	17	①②③④⑤⑥⑦⑧⑨⑩
5	①②③④⑤⑥⑦⑧⑨⑩	18	①②③④⑤⑥⑦⑧⑨⑩
6	①②③④⑤⑥⑦⑧⑨⑩	19	①②③④⑤⑥⑦⑧⑨⑩
7	①②③④⑤⑥⑦⑧⑨⑩	20	①②③④⑤⑥⑦⑧⑨⑩
8	①②③④⑤⑥⑦⑧⑨⑩		
9	①②③④⑤⑥⑦⑧⑨⑩		
10	①②③④⑤⑥⑦⑧⑨⑩		
11	①②③④⑤⑥⑦⑧⑨⑩		
12	①②③④⑤⑥⑦⑧⑨⑩		
13	①②③④⑤⑥⑦⑧⑨⑩		

誉高等学校　2023年度

◇英語◇

※解答欄は実物大になります。

良い例	●
悪い例	● ◐ ⊗

英語			
1	①②③④⑤⑥⑦⑧⑨⑩	18	①②③④⑤⑥⑦⑧⑨⑩
2	①②③④⑤⑥⑦⑧⑨⑩	19	①②③④⑤⑥⑦⑧⑨⑩
3	①②③④⑤⑥⑦⑧⑨⑩	20	①②③④⑤⑥⑦⑧⑨⑩
4	①②③④⑤⑥⑦⑧⑨⑩	21	①②③④⑤⑥⑦⑧⑨⑩
5	①②③④⑤⑥⑦⑧⑨⑩	22	①②③④⑤⑥⑦⑧⑨⑩
6	①②③④⑤⑥⑦⑧⑨⑩	23	①②③④⑤⑥⑦⑧⑨⑩
7	①②③④⑤⑥⑦⑧⑨⑩	24	①②③④⑤⑥⑦⑧⑨⑩
8	①②③④⑤⑥⑦⑧⑨⑩	25	①②③④⑤⑥⑦⑧⑨⑩
9	①②③④⑤⑥⑦⑧⑨⑩	26	①②③④⑤⑥⑦⑧⑨⑩
10	①②③④⑤⑥⑦⑧⑨⑩	27	①②③④⑤⑥⑦⑧⑨⑩
11	①②③④⑤⑥⑦⑧⑨⑩	28	①②③④⑤⑥⑦⑧⑨⑩
12	①②③④⑤⑥⑦⑧⑨⑩	29	①②③④⑤⑥⑦⑧⑨⑩
13	①②③④⑤⑥⑦⑧⑨⑩	30	①②③④⑤⑥⑦⑧⑨⑩
14	①②③④⑤⑥⑦⑧⑨⑩	31	①②③④⑤⑥⑦⑧⑨⑩
15	①②③④⑤⑥⑦⑧⑨⑩	32	①②③④⑤⑥⑦⑧⑨⑩
16	①②③④⑤⑥⑦⑧⑨⑩	33	①②③④⑤⑥⑦⑧⑨⑩
17	①②③④⑤⑥⑦⑧⑨⑩		

誉高等学校　2023年度

◇社会・理科◇

※解答欄は実物大になります。

良い例	●
悪い例	◌ ◐ ⊗

社会 ・ 理科

社1	①②③④⑤⑥⑦⑧⑨⑩	理16	①②③④⑤⑥⑦⑧⑨⑩
社2	①②③④⑤⑥⑦⑧⑨⑩	理17	①②③④⑤⑥⑦⑧⑨⑩
社3	①②③④⑤⑥⑦⑧⑨⑩	理18	①②③④⑤⑥⑦⑧⑨⑩
社4	①②③④⑤⑥⑦⑧⑨⑩	理19	①②③④⑤⑥⑦⑧⑨⑩
社5	①②③④⑤⑥⑦⑧⑨⑩	理20	①②③④⑤⑥⑦⑧⑨⑩
社6	①②③④⑤⑥⑦⑧⑨⑩	理21	①②③④⑤⑥⑦⑧⑨⑩
社7	①②③④⑤⑥⑦⑧⑨⑩	理22	①②③④⑤⑥⑦⑧⑨⑩
社8	①②③④⑤⑥⑦⑧⑨⑩	理23	①②③④⑤⑥⑦⑧⑨⑩
社9	①②③④⑤⑥⑦⑧⑨⑩	理24	①②③④⑤⑥⑦⑧⑨⑩
社10	①②③④⑤⑥⑦⑧⑨⑩	理25	①②③④⑤⑥⑦⑧⑨⑩
社11	①②③④⑤⑥⑦⑧⑨⑩	理26	①②③④⑤⑥⑦⑧⑨⑩
社12	①②③④⑤⑥⑦⑧⑨⑩	理27	①②③④⑤⑥⑦⑧⑨⑩
社13	①②③④⑤⑥⑦⑧⑨⑩	理28	①②③④⑤⑥⑦⑧⑨⑩
社14	①②③④⑤⑥⑦⑧⑨⑩	理29	①②③④⑤⑥⑦⑧⑨⑩
社15	①②③④⑤⑥⑦⑧⑨⑩	理30	①②③④⑤⑥⑦⑧⑨⑩

誉高等学校　2023年度

◇国語◇

※解答欄は実物大になります。

良い例	●
悪い例	◐ ◑ ⊗

国語

1	①②③④⑤⑥⑦⑧⑨⑩	17	①②③④⑤⑥⑦⑧⑨⑩
2	①②③④⑤⑥⑦⑧⑨⑩	18	①②③④⑤⑥⑦⑧⑨⑩
3	①②③④⑤⑥⑦⑧⑨⑩	19	①②③④⑤⑥⑦⑧⑨⑩
4	①②③④⑤⑥⑦⑧⑨⑩	20	①②③④⑤⑥⑦⑧⑨⑩
5	①②③④⑤⑥⑦⑧⑨⑩	21	①②③④⑤⑥⑦⑧⑨⑩
6	①②③④⑤⑥⑦⑧⑨⑩	22	①②③④⑤⑥⑦⑧⑨⑩
7	①②③④⑤⑥⑦⑧⑨⑩	23	①②③④⑤⑥⑦⑧⑨⑩
8	①②③④⑤⑥⑦⑧⑨⑩	24	①②③④⑤⑥⑦⑧⑨⑩
9	①②③④⑤⑥⑦⑧⑨⑩	25	①②③④⑤⑥⑦⑧⑨⑩
10	①②③④⑤⑥⑦⑧⑨⑩	26	①②③④⑤⑥⑦⑧⑨⑩
11	①②③④⑤⑥⑦⑧⑨⑩	27	①②③④⑤⑥⑦⑧⑨⑩
12	①②③④⑤⑥⑦⑧⑨⑩	28	①②③④⑤⑥⑦⑧⑨⑩
13	①②③④⑤⑥⑦⑧⑨⑩		
14	①②③④⑤⑥⑦⑧⑨⑩		
15	①②③④⑤⑥⑦⑧⑨⑩		
16	①②③④⑤⑥⑦⑧⑨⑩		

誉高等学校　　2022年度

◇数学◇

※解答欄は実物大になります。

数学			
1	①②③④⑤⑥⑦⑧⑨⑩	14	①②③④⑤⑥⑦⑧⑨⑩
2	①②③④⑤⑥⑦⑧⑨⑩	15	①②③④⑤⑥⑦⑧⑨⑩
3	①②③④⑤⑥⑦⑧⑨⑩	16	①②③④⑤⑥⑦⑧⑨⑩
4	①②③④⑤⑥⑦⑧⑨⑩	17	①②③④⑤⑥⑦⑧⑨⑩
5	①②③④⑤⑥⑦⑧⑨⑩	18	①②③④⑤⑥⑦⑧⑨⑩
6	①②③④⑤⑥⑦⑧⑨⑩	19	①②③④⑤⑥⑦⑧⑨⑩
7	①②③④⑤⑥⑦⑧⑨⑩	20	①②③④⑤⑥⑦⑧⑨⑩
8	①②③④⑤⑥⑦⑧⑨⑩		
9	①②③④⑤⑥⑦⑧⑨⑩		
10	①②③④⑤⑥⑦⑧⑨⑩		
11	①②③④⑤⑥⑦⑧⑨⑩		
12	①②③④⑤⑥⑦⑧⑨⑩		
13	①②③④⑤⑥⑦⑧⑨⑩		

※解答欄は実物大になります。

良い例	●
悪い例	◉ ◐ ⊗

英　語

1	①②③④⑤⑥⑦⑧⑨⑩	18	①②③④⑤⑥⑦⑧⑨⑩
2	①②③④⑤⑥⑦⑧⑨⑩	19	①②③④⑤⑥⑦⑧⑨⑩
3	①②③④⑤⑥⑦⑧⑨⑩	20	①②③④⑤⑥⑦⑧⑨⑩
4	①②③④⑤⑥⑦⑧⑨⑩	21	①②③④⑤⑥⑦⑧⑨⑩
5	①②③④⑤⑥⑦⑧⑨⑩	22	①②③④⑤⑥⑦⑧⑨⑩
6	①②③④⑤⑥⑦⑧⑨⑩	23	①②③④⑤⑥⑦⑧⑨⑩
7	①②③④⑤⑥⑦⑧⑨⑩	24	①②③④⑤⑥⑦⑧⑨⑩
8	①②③④⑤⑥⑦⑧⑨⑩	25	①②③④⑤⑥⑦⑧⑨⑩
9	①②③④⑤⑥⑦⑧⑨⑩	26	①②③④⑤⑥⑦⑧⑨⑩
10	①②③④⑤⑥⑦⑧⑨⑩	27	①②③④⑤⑥⑦⑧⑨⑩
11	①②③④⑤⑥⑦⑧⑨⑩	28	①②③④⑤⑥⑦⑧⑨⑩
12	①②③④⑤⑥⑦⑧⑨⑩	29	①②③④⑤⑥⑦⑧⑨⑩
13	①②③④⑤⑥⑦⑧⑨⑩	30	①②③④⑤⑥⑦⑧⑨⑩
14	①②③④⑤⑥⑦⑧⑨⑩	31	①②③④⑤⑥⑦⑧⑨⑩
15	①②③④⑤⑥⑦⑧⑨⑩	32	①②③④⑤⑥⑦⑧⑨⑩
16	①②③④⑤⑥⑦⑧⑨⑩	33	①②③④⑤⑥⑦⑧⑨⑩
17	①②③④⑤⑥⑦⑧⑨⑩	34	①②③④⑤⑥⑦⑧⑨⑩

◇社会・理科◇

※解答欄は実物大になります。

良い例	●
悪い例	◯ ◐ ⊗

社会 ・ 理科

社1	①②③④⑤⑥⑦⑧⑨⑩	理16	①②③④⑤⑥⑦⑧⑨⑩
社2	①②③④⑤⑥⑦⑧⑨⑩	理17	①②③④⑤⑥⑦⑧⑨⑩
社3	①②③④⑤⑥⑦⑧⑨⑩	理18	①②③④⑤⑥⑦⑧⑨⑩
社4	①②③④⑤⑥⑦⑧⑨⑩	理19	①②③④⑤⑥⑦⑧⑨⑩
社5	①②③④⑤⑥⑦⑧⑨⑩	理20	①②③④⑤⑥⑦⑧⑨⑩
社6	①②③④⑤⑥⑦⑧⑨⑩	理21	①②③④⑤⑥⑦⑧⑨⑩
社7	①②③④⑤⑥⑦⑧⑨⑩	理22	①②③④⑤⑥⑦⑧⑨⑩
社8	①②③④⑤⑥⑦⑧⑨⑩	理23	①②③④⑤⑥⑦⑧⑨⑩
社9	①②③④⑤⑥⑦⑧⑨⑩	理24	①②③④⑤⑥⑦⑧⑨⑩
社10	①②③④⑤⑥⑦⑧⑨⑩	理25	①②③④⑤⑥⑦⑧⑨⑩
社11	①②③④⑤⑥⑦⑧⑨⑩	理26	①②③④⑤⑥⑦⑧⑨⑩
社12	①②③④⑤⑥⑦⑧⑨⑩	理27	①②③④⑤⑥⑦⑧⑨⑩
社13	①②③④⑤⑥⑦⑧⑨⑩	理28	①②③④⑤⑥⑦⑧⑨⑩
社14	①②③④⑤⑥⑦⑧⑨⑩	理29	①②③④⑤⑥⑦⑧⑨⑩
社15	①②③④⑤⑥⑦⑧⑨⑩	理30	①②③④⑤⑥⑦⑧⑨⑩

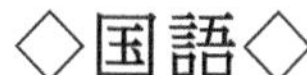

※解答欄は実物大になります。

良い例	●
悪い例	◐ ◑ ⊗

国語			
1	①②③④⑤⑥⑦⑧⑨⑩	17	①②③④⑤⑥⑦⑧⑨⑩
2	①②③④⑤⑥⑦⑧⑨⑩	18	①②③④⑤⑥⑦⑧⑨⑩
3	①②③④⑤⑥⑦⑧⑨⑩	19	①②③④⑤⑥⑦⑧⑨⑩
4	①②③④⑤⑥⑦⑧⑨⑩	20	①②③④⑤⑥⑦⑧⑨⑩
5	①②③④⑤⑥⑦⑧⑨⑩	21	①②③④⑤⑥⑦⑧⑨⑩
6	①②③④⑤⑥⑦⑧⑨⑩	22	①②③④⑤⑥⑦⑧⑨⑩
7	①②③④⑤⑥⑦⑧⑨⑩	23	①②③④⑤⑥⑦⑧⑨⑩
8	①②③④⑤⑥⑦⑧⑨⑩	24	①②③④⑤⑥⑦⑧⑨⑩
9	①②③④⑤⑥⑦⑧⑨⑩	25	①②③④⑤⑥⑦⑧⑨⑩
10	①②③④⑤⑥⑦⑧⑨⑩	26	①②③④⑤⑥⑦⑧⑨⑩
11	①②③④⑤⑥⑦⑧⑨⑩	27	①②③④⑤⑥⑦⑧⑨⑩
12	①②③④⑤⑥⑦⑧⑨⑩	28	①②③④⑤⑥⑦⑧⑨⑩
13	①②③④⑤⑥⑦⑧⑨⑩		
14	①②③④⑤⑥⑦⑧⑨⑩		
15	①②③④⑤⑥⑦⑧⑨⑩		
16	①②③④⑤⑥⑦⑧⑨⑩		

誉高等学校　　2021年度

◇数学◇

※解答欄は実物大になります。

数	学		
1	①②③④⑤⑥⑦⑧⑨⑩	14	①②③④⑤⑥⑦⑧⑨⑩
2	①②③④⑤⑥⑦⑧⑨⑩	15	①②③④⑤⑥⑦⑧⑨⑩
3	①②③④⑤⑥⑦⑧⑨⑩	16	①②③④⑤⑥⑦⑧⑨⑩
4	①②③④⑤⑥⑦⑧⑨⑩	17	①②③④⑤⑥⑦⑧⑨⑩
5	①②③④⑤⑥⑦⑧⑨⑩	18	①②③④⑤⑥⑦⑧⑨⑩
6	①②③④⑤⑥⑦⑧⑨⑩	19	①②③④⑤⑥⑦⑧⑨⑩
7	①②③④⑤⑥⑦⑧⑨⑩	20	①②③④⑤⑥⑦⑧⑨⑩
8	①②③④⑤⑥⑦⑧⑨⑩	21	①②③④⑤⑥⑦⑧⑨⑩
9	①②③④⑤⑥⑦⑧⑨⑩	22	①②③④⑤⑥⑦⑧⑨⑩
10	①②③④⑤⑥⑦⑧⑨⑩	23	①②③④⑤⑥⑦⑧⑨⑩
11	①②③④⑤⑥⑦⑧⑨⑩	24	①②③④⑤⑥⑦⑧⑨⑩
12	①②③④⑤⑥⑦⑧⑨⑩	25	①②③④⑤⑥⑦⑧⑨⑩
13	①②③④⑤⑥⑦⑧⑨⑩	26	①②③④⑤⑥⑦⑧⑨⑩

誉高等学校　2021年度

◇英語◇

※解答欄は実物大になります。

良い例	●
悪い例	◐ ◯ ⊗

英　語

1	①②③④⑤⑥⑦⑧⑨⑩	18	①②③④⑤⑥⑦⑧⑨⑩
2	①②③④⑤⑥⑦⑧⑨⑩	19	①②③④⑤⑥⑦⑧⑨⑩
3	①②③④⑤⑥⑦⑧⑨⑩	20	①②③④⑤⑥⑦⑧⑨⑩
4	①②③④⑤⑥⑦⑧⑨⑩	21	①②③④⑤⑥⑦⑧⑨⑩
5	①②③④⑤⑥⑦⑧⑨⑩	22	①②③④⑤⑥⑦⑧⑨⑩
6	①②③④⑤⑥⑦⑧⑨⑩	23	①②③④⑤⑥⑦⑧⑨⑩
7	①②③④⑤⑥⑦⑧⑨⑩	24	①②③④⑤⑥⑦⑧⑨⑩
8	①②③④⑤⑥⑦⑧⑨⑩	25	①②③④⑤⑥⑦⑧⑨⑩
9	①②③④⑤⑥⑦⑧⑨⑩	26	①②③④⑤⑥⑦⑧⑨⑩
10	①②③④⑤⑥⑦⑧⑨⑩	27	①②③④⑤⑥⑦⑧⑨⑩
11	①②③④⑤⑥⑦⑧⑨⑩	28	①②③④⑤⑥⑦⑧⑨⑩
12	①②③④⑤⑥⑦⑧⑨⑩	29	①②③④⑤⑥⑦⑧⑨⑩
13	①②③④⑤⑥⑦⑧⑨⑩	30	①②③④⑤⑥⑦⑧⑨⑩
14	①②③④⑤⑥⑦⑧⑨⑩	31	①②③④⑤⑥⑦⑧⑨⑩
15	①②③④⑤⑥⑦⑧⑨⑩	32	①②③④⑤⑥⑦⑧⑨⑩
16	①②③④⑤⑥⑦⑧⑨⑩		
17	①②③④⑤⑥⑦⑧⑨⑩		

◇社会・理科◇

※解答欄は実物大になります。

良い例	●
悪い例	● ◐ ⊗

社会 ・ 理科			
社1	①②③④⑤⑥⑦⑧⑨⑩	理16	①②③④⑤⑥⑦⑧⑨⑩
社2	①②③④⑤⑥⑦⑧⑨⑩	理17	①②③④⑤⑥⑦⑧⑨⑩
社3	①②③④⑤⑥⑦⑧⑨⑩	理18	①②③④⑤⑥⑦⑧⑨⑩
社4	①②③④⑤⑥⑦⑧⑨⑩	理19	①②③④⑤⑥⑦⑧⑨⑩
社5	①②③④⑤⑥⑦⑧⑨⑩	理20	①②③④⑤⑥⑦⑧⑨⑩
社6	①②③④⑤⑥⑦⑧⑨⑩	理21	①②③④⑤⑥⑦⑧⑨⑩
社7	①②③④⑤⑥⑦⑧⑨⑩	理22	①②③④⑤⑥⑦⑧⑨⑩
社8	①②③④⑤⑥⑦⑧⑨⑩	理23	①②③④⑤⑥⑦⑧⑨⑩
社9	①②③④⑤⑥⑦⑧⑨⑩	理24	①②③④⑤⑥⑦⑧⑨⑩
社10	①②③④⑤⑥⑦⑧⑨⑩	理25	①②③④⑤⑥⑦⑧⑨⑩
社11	①②③④⑤⑥⑦⑧⑨⑩	理26	①②③④⑤⑥⑦⑧⑨⑩
社12	①②③④⑤⑥⑦⑧⑨⑩	理27	①②③④⑤⑥⑦⑧⑨⑩
社13	①②③④⑤⑥⑦⑧⑨⑩	理28	①②③④⑤⑥⑦⑧⑨⑩
社14	①②③④⑤⑥⑦⑧⑨⑩	理29	①②③④⑤⑥⑦⑧⑨⑩
社15	①②③④⑤⑥⑦⑧⑨⑩	理30	①②③④⑤⑥⑦⑧⑨⑩

※解答欄は実物大になります。

良い例	●
悪い例	● ◐ ⊗

国　語

1	①②③④⑤⑥⑦⑧⑨⑩	17	①②③④⑤⑥⑦⑧⑨⑩
2	①②③④⑤⑥⑦⑧⑨⑩	18	①②③④⑤⑥⑦⑧⑨⑩
3	①②③④⑤⑥⑦⑧⑨⑩	19	①②③④⑤⑥⑦⑧⑨⑩
4	①②③④⑤⑥⑦⑧⑨⑩	20	①②③④⑤⑥⑦⑧⑨⑩
5	①②③④⑤⑥⑦⑧⑨⑩	21	①②③④⑤⑥⑦⑧⑨⑩
6	①②③④⑤⑥⑦⑧⑨⑩	22	①②③④⑤⑥⑦⑧⑨⑩
7	①②③④⑤⑥⑦⑧⑨⑩	23	①②③④⑤⑥⑦⑧⑨⑩
8	①②③④⑤⑥⑦⑧⑨⑩	24	①②③④⑤⑥⑦⑧⑨⑩
9	①②③④⑤⑥⑦⑧⑨⑩	25	①②③④⑤⑥⑦⑧⑨⑩
10	①②③④⑤⑥⑦⑧⑨⑩	26	①②③④⑤⑥⑦⑧⑨⑩
11	①②③④⑤⑥⑦⑧⑨⑩	27	①②③④⑤⑥⑦⑧⑨⑩
12	①②③④⑤⑥⑦⑧⑨⑩	28	①②③④⑤⑥⑦⑧⑨⑩
13	①②③④⑤⑥⑦⑧⑨⑩	29	①②③④⑤⑥⑦⑧⑨⑩
14	①②③④⑤⑥⑦⑧⑨⑩	30	①②③④⑤⑥⑦⑧⑨⑩
15	①②③④⑤⑥⑦⑧⑨⑩		
16	①②③④⑤⑥⑦⑧⑨⑩		

◇数学◇

※解答欄は実物大になります。

良い例	●
悪い例	● ◐ ⊗

数　学

1	①②③④⑤⑥⑦⑧⑨⑩	14	①②③④⑤⑥⑦⑧⑨⑩
2	①②③④⑤⑥⑦⑧⑨⑩	15	①②③④⑤⑥⑦⑧⑨⑩
3	①②③④⑤⑥⑦⑧⑨⑩	16	①②③④⑤⑥⑦⑧⑨⑩
4	①②③④⑤⑥⑦⑧⑨⑩	17	①②③④⑤⑥⑦⑧⑨⑩
5	①②③④⑤⑥⑦⑧⑨⑩	18	①②③④⑤⑥⑦⑧⑨⑩
6	①②③④⑤⑥⑦⑧⑨⑩	19	①②③④⑤⑥⑦⑧⑨⑩
7	①②③④⑤⑥⑦⑧⑨⑩	20	①②③④⑤⑥⑦⑧⑨⑩
8	①②③④⑤⑥⑦⑧⑨⑩		
9	①②③④⑤⑥⑦⑧⑨⑩		
10	①②③④⑤⑥⑦⑧⑨⑩		
11	①②③④⑤⑥⑦⑧⑨⑩		
12	①②③④⑤⑥⑦⑧⑨⑩		
13	①②③④⑤⑥⑦⑧⑨⑩		

誉高等学校　2020年度

◇英語◇

※解答欄は実物大になります。

良い例	●
悪い例	● ◐ ⊗

英　語

番号	解答欄	番号	解答欄
1	①②③④⑤⑥⑦⑧⑨⑩	18	①②③④⑤⑥⑦⑧⑨⑩
2	①②③④⑤⑥⑦⑧⑨⑩	19	①②③④⑤⑥⑦⑧⑨⑩
3	①②③④⑤⑥⑦⑧⑨⑩	20	①②③④⑤⑥⑦⑧⑨⑩
4	①②③④⑤⑥⑦⑧⑨⑩	21	①②③④⑤⑥⑦⑧⑨⑩
5	①②③④⑤⑥⑦⑧⑨⑩	22	①②③④⑤⑥⑦⑧⑨⑩
6	①②③④⑤⑥⑦⑧⑨⑩	23	①②③④⑤⑥⑦⑧⑨⑩
7	①②③④⑤⑥⑦⑧⑨⑩	24	①②③④⑤⑥⑦⑧⑨⑩
8	①②③④⑤⑥⑦⑧⑨⑩	25	①②③④⑤⑥⑦⑧⑨⑩
9	①②③④⑤⑥⑦⑧⑨⑩	26	①②③④⑤⑥⑦⑧⑨⑩
10	①②③④⑤⑥⑦⑧⑨⑩	27	①②③④⑤⑥⑦⑧⑨⑩
11	①②③④⑤⑥⑦⑧⑨⑩	28	①②③④⑤⑥⑦⑧⑨⑩
12	①②③④⑤⑥⑦⑧⑨⑩	29	①②③④⑤⑥⑦⑧⑨⑩
13	①②③④⑤⑥⑦⑧⑨⑩	30	①②③④⑤⑥⑦⑧⑨⑩
14	①②③④⑤⑥⑦⑧⑨⑩	31	①②③④⑤⑥⑦⑧⑨⑩
15	①②③④⑤⑥⑦⑧⑨⑩		
16	①②③④⑤⑥⑦⑧⑨⑩		
17	①②③④⑤⑥⑦⑧⑨⑩		

◇社会・理科◇

※解答欄は実物大になります。

良い例	●
悪い例	● ◖ ⊗

社会 ・ 理科			
社1	①②③④⑤⑥⑦⑧⑨⑩	理16	①②③④⑤⑥⑦⑧⑨⑩
社2	①②③④⑤⑥⑦⑧⑨⑩	理17	①②③④⑤⑥⑦⑧⑨⑩
社3	①②③④⑤⑥⑦⑧⑨⑩	理18	①②③④⑤⑥⑦⑧⑨⑩
社4	①②③④⑤⑥⑦⑧⑨⑩	理19	①②③④⑤⑥⑦⑧⑨⑩
社5	①②③④⑤⑥⑦⑧⑨⑩	理20	①②③④⑤⑥⑦⑧⑨⑩
社6	①②③④⑤⑥⑦⑧⑨⑩	理21	①②③④⑤⑥⑦⑧⑨⑩
社7	①②③④⑤⑥⑦⑧⑨⑩	理22	①②③④⑤⑥⑦⑧⑨⑩
社8	①②③④⑤⑥⑦⑧⑨⑩	理23	①②③④⑤⑥⑦⑧⑨⑩
社9	①②③④⑤⑥⑦⑧⑨⑩	理24	①②③④⑤⑥⑦⑧⑨⑩
社10	①②③④⑤⑥⑦⑧⑨⑩	理25	①②③④⑤⑥⑦⑧⑨⑩
社11	①②③④⑤⑥⑦⑧⑨⑩	理26	①②③④⑤⑥⑦⑧⑨⑩
社12	①②③④⑤⑥⑦⑧⑨⑩	理27	①②③④⑤⑥⑦⑧⑨⑩
社13	①②③④⑤⑥⑦⑧⑨⑩	理28	①②③④⑤⑥⑦⑧⑨⑩
社14	①②③④⑤⑥⑦⑧⑨⑩	理29	①②③④⑤⑥⑦⑧⑨⑩
社15	①②③④⑤⑥⑦⑧⑨⑩	理30	①②③④⑤⑥⑦⑧⑨⑩

誉高等学校　2020年度

◇国語◇

※解答欄は実物大になります。

良い例	●
悪い例	◐ ◑ ⊗

国　語

1	①②③④⑤⑥⑦⑧⑨⑩	17	①②③④⑤⑥⑦⑧⑨⑩
2	①②③④⑤⑥⑦⑧⑨⑩	18	①②③④⑤⑥⑦⑧⑨⑩
3	①②③④⑤⑥⑦⑧⑨⑩	19	①②③④⑤⑥⑦⑧⑨⑩
4	①②③④⑤⑥⑦⑧⑨⑩	20	①②③④⑤⑥⑦⑧⑨⑩
5	①②③④⑤⑥⑦⑧⑨⑩	21	①②③④⑤⑥⑦⑧⑨⑩
6	①②③④⑤⑥⑦⑧⑨⑩	22	①②③④⑤⑥⑦⑧⑨⑩
7	①②③④⑤⑥⑦⑧⑨⑩	23	①②③④⑤⑥⑦⑧⑨⑩
8	①②③④⑤⑥⑦⑧⑨⑩	24	①②③④⑤⑥⑦⑧⑨⑩
9	①②③④⑤⑥⑦⑧⑨⑩	25	①②③④⑤⑥⑦⑧⑨⑩
10	①②③④⑤⑥⑦⑧⑨⑩	26	①②③④⑤⑥⑦⑧⑨⑩
11	①②③④⑤⑥⑦⑧⑨⑩	27	①②③④⑤⑥⑦⑧⑨⑩
12	①②③④⑤⑥⑦⑧⑨⑩	28	①②③④⑤⑥⑦⑧⑨⑩
13	①②③④⑤⑥⑦⑧⑨⑩	29	①②③④⑤⑥⑦⑧⑨⑩
14	①②③④⑤⑥⑦⑧⑨⑩	30	①②③④⑤⑥⑦⑧⑨⑩
15	①②③④⑤⑥⑦⑧⑨⑩	31	①②③④⑤⑥⑦⑧⑨⑩
16	①②③④⑤⑥⑦⑧⑨⑩	32	①②③④⑤⑥⑦⑧⑨⑩

大切なことはメモしておこうネ！

T・G

大切なことはメモしておこうネ！

T.G

東京学参の

中学校別入試過去問題シリーズ

＊出版校は一部変更することがあります。一覧にない学校はお問い合わせください。

東京ラインナップ

あ 青山学院中等部(L04)
麻布中学(K01)
桜蔭中学(K02)
お茶の水女子大附属中学(K07)

か 海城中学(K09)
開成中学(M01)
学習院中等科(M03)
慶應義塾中等部(K04)
啓明学園中学(N29)
晃華学園中学(N13)
攻玉社中学(L11)
国学院大久我山中学
（一般・CC）(N22)
（ＳＴ）(N23)
駒場東邦中学(L01)

さ 芝中学(K16)
芝浦工業大附属中学(M06)
城北中学(M05)
女子学院中学(K03)
巣鴨中学(M02)
成蹊中学(N06)
成城中学(K28)
成城学園中学(L05)
青稜中学(K23)
創価中学(N14)★

た 玉川学園中学部(N17)
中央大附属中学(N08)
筑波大附属中学(K06)
筑波大附属駒場中学(L02)
帝京大中学(N16)
東海大菅生高中等部(N27)
東京学芸大附属竹早中学(K08)
東京都市大付属中学(L13)
桐朋中学(N03)
東洋英和女学院中学部(K15)
豊島岡女子学園中学(M12)

な 日本大第一中学(M14)
日本大第三中学(N19)
日本大第二中学(N10)

は 雙葉中学(K05)
法政大学中学(N11)
本郷中学(M08)

ま 武蔵中学(N01)
明治大付属中野中学(N05)
明治大付属八王子中学(N07)
明治大付属明治中学(K13)

ら 立教池袋中学(M04)

わ 和光中学(N21)
早稲田中学(K10)
早稲田実業学校中等部(K11)
早稲田大高等学院中学部(N12)

神奈川ラインナップ

あ 浅野中学(O04)
栄光学園中学(O06)

か 神奈川大附属中学(O08)
鎌倉女学院中学(O27)
関東学院六浦中学(O31)
慶應義塾湘南藤沢中等部(O07)
慶應義塾普通部(O01)

さ 相模女子大中学部(O32)
サレジオ学院中学(O17)
逗子開成中学(O22)
聖光学院中学(O11)
清泉女学院中学(O20)
洗足学園中学(O18)
捜真女学校中学部(O29)

た 桐蔭学園中等教育学校(O02)
東海大付属相模高中等部(O24)
桐光学園中学(O16)

な 日本大中学(O09)

は フェリス女学院中学(O03)
法政大第二中学(O19)

や 山手学院中学(O15)
横浜隼人中学(O26)

千・埼・茨・他ラインナップ

あ 市川中学(P01)
浦和明の星女子中学(Q06)

か 海陽中等教育学校
（入試Ⅰ・Ⅱ）(T01)
（特別給費生選抜）(T02)
久留米大附設中学(Y04)

さ 栄東中学(東大・難関大)(Q09)
栄東中学(東大特待)(Q10)
狭山ヶ丘高校付属中学(Q01)
芝浦工業大柏中学(P14)
渋谷教育学園幕張中学(P09)
城北埼玉中学(Q07)
昭和学院秀英中学(P05)
清真学園中学(S01)
西南学院中学(Y02)
西武学園文理中学(Q03)
西武台新座中学(Q02)
専修大松戸中学(P13)

た 筑紫女学園中学(Y03)
千葉日本大第一中学(P07)
千葉明徳中学(P12)
東海大付属浦安高中等部(P06)
東邦大付属東邦中学(P08)
東洋大附属牛久中学(S02)
獨協埼玉中学(Q08)

な 長崎日本大中学(Y01)
成田高校付属中学(P15)

は 函館ラ・サール中学(X01)
日出学園中学(P03)
福岡大附属大濠中学(Y05)
北嶺中学(X03)
細田学園中学(Q04)

や 八千代松陰中学(P10)

ら ラ・サール中学(Y07)
立命館慶祥中学(X02)
立教新座中学(Q05)

わ 早稲田佐賀中学(Y06)

公立中高一貫校ラインナップ

北海道 市立札幌開成中等教育学校(J22)
宮　城 宮城県仙台二華・古川黎明中学校(J17)
市立仙台青陵中等教育学校(J33)
山　形 県立東桜学館・致道館中学校(J27)
茨　城 茨城県立中学・中等教育学校(J09)
栃　木 県立宇都宮東・佐野・矢板東高校附属中学校(J11)
群　馬 県立中央・市立四ツ葉学園中等教育学校・
市立太田中学校(J10)
埼　玉 市立浦和中学校(J06)
県立伊奈学園中学校(J31)
さいたま市立大宮国際中等教育学校(J32)
川口市立高等学校附属中学校(J35)
千　葉 県立千葉・東葛飾中学校(J07)
市立稲毛国際中等教育学校(J25)
東　京 区立九段中等教育学校(J21)
都立大泉高等学校附属中学校(J28)
都立両国高等学校附属中学校(J01)
都立白鷗高等学校附属中学校(J02)
都立富士高等学校附属中学校(J03)
都立三鷹中等教育学校(J29)
都立南多摩中等教育学校(J30)
都立武蔵高等学校附属中学校(J04)
都立立川国際中等教育学校(J05)
都立小石川中等教育学校(J23)
都立桜修館中等教育学校(J24)
神奈川 川崎市立川崎高等学校附属中学校(J26)
県立平塚・相模原中等教育学校(J08)
横浜市立南高等学校附属中学校(J20)
横浜サイエンスフロンティア高校附属中学校(J34)
広　島 県立広島中学校(J16)
県立三次中学校(J37)
徳　島 県立城ノ内中等教育学校・富岡東・川島中学校(J18)
愛　媛 県立今治東・松山西中等教育学校(J19)
福　岡 福岡県立中学校・中等教育学校(J12)
佐　賀 県立香楠・致遠館・唐津東・武雄青陵中学校(J13)
宮　崎 県立五ヶ瀬中等教育学校・宮崎西・都城泉ヶ丘高校附属中学校(J15)
長　崎 県立長崎東・佐世保北・諫早高校附属中学校(J14)

公立中高一貫校
「適性検査対策」
問題集シリーズ

作文問題編　資料問題編　数と図形編　生活と科学編　実力確認テスト編

私立中・高スクールガイド
THE(ザ) 私立
私立中学＆高校の学校生活がわかる！

〈ダウンロードコンテンツについて〉

本問題集のダウンロードコンテンツ、弊社ホームページで配信しております。現在ご利用いただけるのは「2025年度受験用」に対応したもので、**2025年3月末日**までダウンロード可能です。弊社ホームページにアクセスの上、ご利用ください。
※配信期間が終了いたしますと、ご利用いただけませんのでご了承ください。

高校別入試過去問題シリーズ
誉高等学校　2025年度
ISBN978-4-8141-3064-1

[発行所] 東京学参株式会社
〒153-0043　東京都目黒区東山2-6-4

書籍の内容についてのお問い合わせは右のQRコードから ⇒ 

※書籍の内容についてのお電話でのお問い合わせ、本書の内容を超えたご質問には対応できませんのでご了承ください。

2024年7月26日　初版